D1745881

Berthold Winter
Schwierige Rückkehr

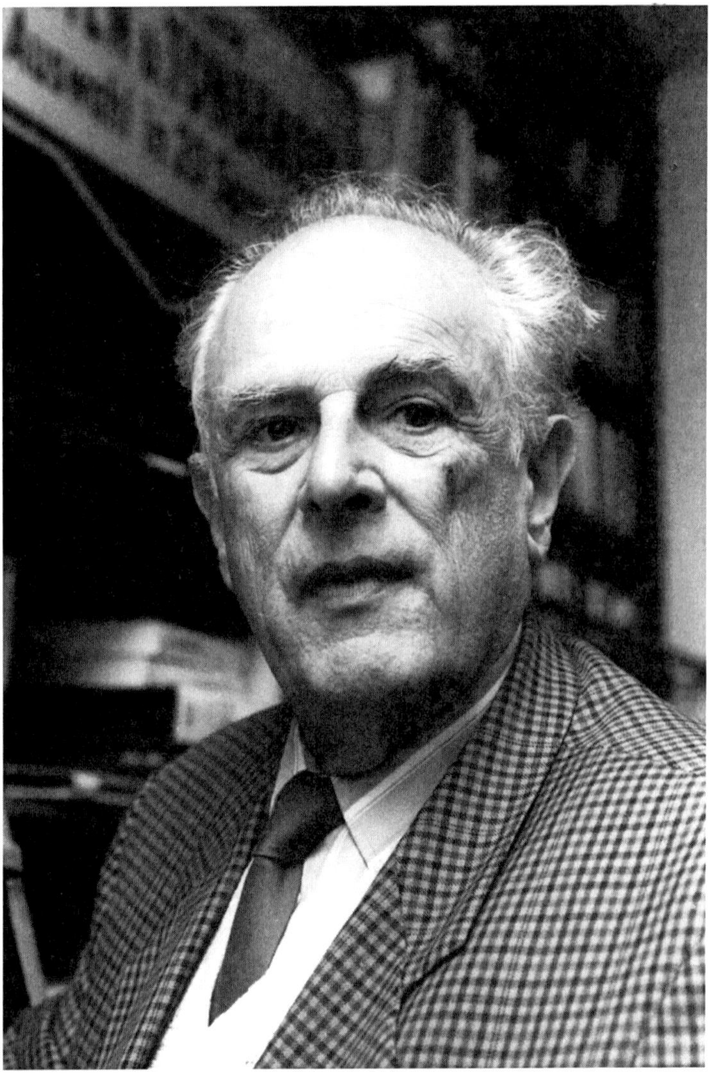

Berthold Winter

Schwierige Rückkehr

Das Schicksal einer jüdischen Berliner Buchhändlerfamilie

Mit einem Geleitwort von Norbert Kampe

Ⓜ | METROPOL

Umschlagbild:

Berthold Winter in seiner Buchhandlung
in der Knesebeckstraße in Berlin-Charlottenburg,
7. Mai 1993.

Alle Bilder, wenn nicht anders angegeben, befinden sich
im Privatbesitz des Autors

ISBN: 978-3-86331-107-0

© 2013 Berthold Winter
und Metropol Verlag
Ansbacher Str. 70
D–10777 Berlin
www.metropol-verlag.de
Alle Rechte vorbehalten
Druck: SPPrint Consult, Berlin

Inhalt

Geleitwort von Norbert Kampe 7

Ein Buch über meine Geschichte 11

Kindheit in Berlin 15

Flucht nach Österreich 57

Exil in Argentinien 76

Zurück in Berlin 157

Geleitwort

Berthold Winter, geboren 1921 in Berlin und hier aufgewachsen als einziges Kind religiös liberaler jüdischer Eltern, erzählt in diesen Erinnerungen die Geschichte vom glücklichen Leben und gefahrvollen Überleben, von Verlust und Schmerz, Emigration und schließlich von der Rückkehr in seine Heimatstadt, die Remigranten wie ihn nicht gerade mit offenen Armen wieder aufzunehmen bereit war. Es gelingt ihm dabei, zwei Erzählebenen abwechselnd zu trennen und zu verbinden: die kindliche, fragende, staunende Ebene im Versuch, die Welt der Erwachsenen und auch die fatale Politik zu verstehen; die erwachsene Ebene der reifen Persönlichkeit eines älteren Menschen, der viele Dokumente heranholt, um sich mit deren Hilfe zu erinnern, was geschehen ist und in welcher historischen Konstellation das eigene Schicksal zum Teil eines Generationenschicksals jüdischer Deutscher wurde.

Gleichzeitig ist es ein Bericht aus einer Profession, der Mutter, Vater und Sohn mit gleicher Leidenschaft angehörten: der Welt des Buchhandels und des Antiquariats. Das vom Vater 1932 in Berlin-Mitte aufgemachte Geschäft ist erfolgreich. 1933 holen SA und NS-Studenten ein Drittel aller Bücher ab für das große Feuer am 10. Mai auf dem Opernplatz. »Meine Kindheit war vorbei«, resümiert der Autor für den 12-jährigen Knaben. Dennoch bleiben die Kunden dem Vater treu, sodass im Januar 1935 sogar noch ein zweiter Laden aufgemacht werden kann. Doch zum Ende dieses Jahres wird die Zwangsschließung verordnet. Alles muss an einen Ariseur verramscht werden. Über bürokratische Hürden gelingt die Flucht der Familie nach Wien zu den Eltern des Vaters. Hier lernt der junge Berthold das Leben in Armut kennen. Gleichzeitig erfährt er die Liebe der ihm bis dahin unbekannten Familie des Vaters wie auch die ungewöhnliche Hilfsbereitschaft völlig fremder Menschen, zu denen auch Anna Freud gehörte.

Die zweite Flucht beginnt, als sich im Juli 1936 Österreich und Nazi-Deutschland annähern. Während sich die österreichischen Freunde selbst beruhigen, dass Mussolini den »Anschluss« schon verhindern werde, sind sich Vater und Sohn sofort einig, dass sie fortmüssen. Mit der Hilfe des jüdischen HICEM gelingt über Marseille Ende 1936 die Überfahrt nach Argentinien. Der Schmerz über das spätere Schicksal der in Wien zurückgebliebenen Familie verursacht im Herzen des Autors eine bis heute offene Wunde.

Buenos Aires: Der junge Berthold stürzt sich eifrig auf das Erlernen der Sprache. Seine patriotischen Lehrer sind stolz auf die freiheitliche Verfassung Argentiniens, auf die Gewaltenteilung, auf die Gleichheit aller Menschen – gern und begeistert lernt Berthold. Anschaulich beschreibt der Autor sein Hineinwachsen in die neue Heimat. Mit diversen Jobs hält er sich und die Eltern am Leben, während der Vater ernstlich erkrankt und die wiederkehrenden Versuche, Bücher-Lesezirkel aufzubauen, mühsam und nicht erfolgreich sind. Der junge Mann liebt Argentiniens Kultur und die Menschen dort. Er heiratet, wird Vater; doch es kommt zur Entfremdung und Trennung, weil er die kommunistische Untergrundarbeit der Ehefrau, die naive Verehrung Stalins nicht billigen kann. Allein dieser Bericht über das Leben in Argentinien macht die Erinnerungen lesenswert.

Doch es kommt zu einer erneuten dramatischen Wende im Lebensweg von Berthold Winter: Seine Rückkehr nach Berlin 1964 war verbunden mit der festen Absicht, sich mit den bisher empfangenen Brosamen der »Wiedergutmachung« nicht abzufinden. Nach Eröffnung einer Buchhandlung in Charlottenburg kämpfte der Autor um öffentliche Aufträge von Schulen und Bibliotheken. Nach den Paragrafen der Entschädigungsgesetze ständen ihm bevorzugte Beauftragungen durch die öffentliche Hand zu. Doch das war Theorie. Die Praxis belegt Berthold Winter mit vielen Dokumenten. Aus Konkurrenzneid wurden Intrigen mit Verleumdungskampagnen selbst innerhalb der IHK und im Buchhändlerverein gegen ihn gesponnen, gegen die auch seine politischen und juristischen Helfer lange nicht ankommen. Ab 1985, also 20 Jahre nach der Geschäftseröffnung in Berlin, stellt der Autor fest, dass der bis dahin wirksame Boykott – besonders seitens des Schulsenats – aufgehört hat. Seine spezialisierte Sprachbuchhandlung blüht auf; er bekommt wieder Kredite bei Banken und Grossisten. »Und plötzlich war ich irgendwie eingegliedert ...« Erste Rücklagen fürs Alter können gebildet werden.

Während also seine Existenz lange ungesichert bleibt, erfüllt ihn im privaten Leben eine neue Liebe. Die Schilderung dieses dritten Lebensabschnittes mit den zwei- und vierbeinigen Freunden zeichnet sich durch viel Humor aus. Noch bis zum Alter von 80 Jahren recherchiert er für öffentliche und private Auftraggeber weltweit nach verschollener Exilliteratur.

Nicht viele Menschen haben mit mehr als neunzig Jahren noch die Kraft und Fähigkeit, so anschaulich ihr Leben zu erzählen. Berthold Winters Lebensweg war gezwungenermaßen sehr bewegt. Sein klarer Blick wird nicht durch falsche »Altersmilde« getrübt. Seine größte Gabe im Leben war es wohl, in allen Lebenslagen immer Freunde und Freundinnen zu finden. Er sei ein glücklicher Mensch, sagt Berthold Winter von sich selbst.

Dr. Norbert Kampe
Leiter der Gedenk- und Bildungsstätte
Haus der Wannsee-Konferenz

Ein Buch über meine Geschichte

Ich träum als Kind mich zurücke
Und schüttle mein greises Haupt;
Wie sucht ihr mich heim, ihr Bilder,
Die lang ich vergessen geglaubt?
Adelbert von Chamisso

Ja, ab und zu suchen sie mich heim, die Bilder der Vergangenheit, wenn ich mit selbst Erlebtem konfrontiert werde. »Schreib es auf, notier es!«, sagt mir meine Lebensgefährtin Edeltraud. »Es ist gut, wenn man erfährt, was ihr alles erlebt habt: Du musst es tun.«

Es wird also ein ganzes Album voller Episoden geben. Und ich werde, solange ich kann, von den »Episoden« erzählen.

Ein Denkmal für Herbert Heinrich

Vor einiger Zeit hatte ich mit Edeltraud den Film »Die Spaziergängerin von Sans-Souci« mit Romy Schneider und Michel Piccoli angesehen. Dieser Film schildert die selbstlose Bereitschaft eines Berliner Verleger-Ehepaares, einen von entmenschten SA-Männern in Anwesenheit der Protagonistin zum Krüppel geschlagenen jüdischen Jungen jahrelang in ihre Obhut zu nehmen. Das Thema sprach mich in meinem Innersten an, erinnerte ich mich doch an längst vergessene Zeiten, und ich sagte zu meiner Lebensgefährtin: »Ich möchte Herbert Heinrich, von dem ich dir schon erzählt habe, ein Denkmal setzen.«

Um die Zusammenhänge zu verstehen, müssen wir uns in das Berlin der 1930er-Jahre zurückversetzen. Ich bin als Berliner des Jahrgangs 1921 bei meinen Eltern aufgewachsen. Wir wohnten zuerst im Bezirk Charlottenburg und später in Berlin-Mitte. Mein Vater Arnold Winter hatte seinen Beruf als Buchhändler und Antiquar in seiner Geburtsstadt

Wien erlernt und war etwa 1915 als Volontär nach Berlin gekommen. 1916 wurde er leitende Kraft einer renommierten Buchhandlung, in der auch meine Mutter als Verkäuferin tätig war. Sie heirateten 1920 und machten sich dann selbstständig. Seit 1932 betrieben meine Eltern eine Buchhandlung mit Antiquariat und Leihbibliothek in der Invalidenstraße 6 in Berlin-Mitte.

Herbert Heinrich, von dessen beispielhafter Hilfsbereitschaft ich hier berichten möchte, besaß eine kleine Buchdruckerei um die Ecke in der Bergstraße. Mein Vater ließ bei ihm große Mengen an Wurfzetteln für sein Leihbücher-Angebot drucken, die dann in allen Miethäusern der Umgebung treppauf treppab verteilt wurden.

Aus den geschäftlichen Kontakten meines Vaters mit Herbert Heinrich entwickelte sich im Laufe der Zeit fast eine Freundschaft. Herbert kam öfters nach der Arbeit zu einem Plausch in unsere Buchhandlung, was umso sonderlicher war, als er durch viele Gespräche über unsere Situation als Juden informiert war, während er als altes Mitglied der NSDAP manchmal in brauner Uniform bei uns aufkreuzte. Er lehnte die Diskriminierung jüdischer Bürger ab und sah in der NSDAP die Möglichkeit einer wirtschaftlich-politischen Erholung Deutschlands in der damaligen Situation.

Eines Tages berichtete ihm mein Vater von einer Begebenheit, deren Zeuge er kurz zuvor gemeinsam mit meiner Mutter in der Rosenthaler Straße gewesen war: Zwei Hitlerjungen beschmierten das Schaufenster eines Juwelierladens mit antisemitischen Parolen. Mein Vater sagte zu ihnen: »Ihr macht doch dem Mann mit dem Wasserglas die ganzen Scheiben kaputt!« Einer der Jungen deutete auf meinen Vater und meinte: »Ist denn kein Schupo zu sehen? Wir müssen seinen Namen und seine Adresse feststellen lassen.« Sein Kumpel erwiderte: »Du wirst dir doch nich an 'nem alten Mann verjreifen!« Meine Mutter zog meinen Vater schnell weg. Sie nahmen eine Straßenbahn und später einige U-Bahnen und fuhren in Panik kreuz und quer durch Berlin. Nach etwa drei Stunden waren sie wieder im Geschäft.

An Herbert Heinrich gewandt, sagte mein Vater: »Und jetzt haben wir wirklich Angst um unsere Sicherheit.«

Herbert Heinrich reagierte sofort: »Arnold, gib mir den Jungen mit und lass ihn in den nächsten Tagen gleich nach der Schule direkt zu uns kommen. Bei mir suchen sie ihn nicht. Er kann bei uns wohnen, bis ihr euch wieder sicherer fühlt.«

Ich fand also in Berlin im Jahr 1934 Asyl bei einem SA-Mann – Herbert Heinrich. Mein Leben war damals zwar nicht in Gefahr, die Möglichkeit rassistischer Repressalien gegen uns war jedoch nicht zu übersehen. Herbert Heinrich bewies in dieser Situation Mut und Menschlichkeit, als er, ohne zu zögern und ungeachtet der Risiken, die sich für ihn und seine Familie speziell als Mitglied der NSDAP ergeben konnten, während vieler Tage seine schützenden Hände über mich hielt. Diese menschliche Größe verdient Anerkennung.

Eines Morgens kam Mutter Heinrich überraschend aus Hamburg zu Sohn und Schwiegertochter in die Bergstraße, um ihr gerade geborenes Enkeltöchterchen zu sehen. Sie bemerkte aber auch, dass ich dort übernachtet und gefrühstückt hatte und nun daran war, meine Schulmappe zu schultern, um zur Schule zu gehen. Sofort fragte sie: »Ist das nicht der Junge von dem Buchhändler in der Invalidenstraße? Was macht denn der Bengel bei euch?«

Ich sah noch, wie Onkel Herbert seine Mutter beiseite nahm und auf sie einsprach. Während ich hinausging, konnte ich noch die Worte hören: »Wenn ich diesen Jungen heute Abend wieder hier sehe, werde ich zur Polizei gehen und dich anzeigen.«

Ich lief so schnell ich nur konnte zu meinen Eltern und erzählte ihnen von meinem Erlebnis. Dann ging ich zur Schule.

Selbstverständlich übernachtete ich nicht weiter bei Heinrichs in der Bergstraße. Wir wussten, dass seine Mutter ihn wirklich anzeigen würde, und wollten ihn nicht der Gefahr von unangenehmen Fragen oder gar Gestapo-Maßnahmen aussetzen. Das Intermezzo bei Onkel Herbert war beendet.

75 Jahre später, im November 2009, schrieb ich einen Brief an die Holocaust-Gedenkstätte Yad Vashem in Jerusalem:

»Liebe Freunde,

hiermit bitte ich Euch, von meinem oben geschilderten Erlebnis, das vollkommen der Wahrheit entspricht, Kenntnis zu nehmen und posthum einen Baum zu Ehren des Mitmenschen Herbert Heinrich, geb. etwa 1907, dessen weitere Daten leider unbekannt sind, zu pflanzen.

Der Buchdrucker Herbert Heinrich hatte unter der Gefahr, wegen des Verrats an den antisemitischen Prinzipien seiner Partei schlimmste Strafen zu erleiden, seine schützende Hand über mich, ein jüdisches Kind, gehalten und gehört somit zu den unbesungenen Helden der NS-Verfolgung. Dreißig Jahre nach dem geschilderten Vorfall war ich das erste Mal aus Buenos Aires, wohin wir s. Zt. geflüchtet waren, nach Berlin zurückgekehrt und habe sofort Herbert Heinrich gesucht. Er war nicht auffindbar. Ich wäre euch dankbar, wenn ihr euch meiner Bitte nicht verschließen würdet.

Mit freundlichem Gruß und aufrichtigem Schalom

Berthold Winter«

Kindheit in Berlin

Lietzensee

Ich hatte eine wunderschöne Kindheit. Vom ersten Moment meines Lebens an im Juni 1921 bis zum 30. Januar 1933, da sich die Welt veränderte, erinnere ich mich eigentlich nur an eine Kette bester und liebevoller Situationen. Während sich die Erwachsenen ihre Köpfe über Inflation, Währungsreform, Wirtschaftskrise und Reichstagswahlen zerbrechen mussten, kreisten meine Gedanken über viele Dinge, die zum Kinderalltag gehören.

Kindergeburtstag.

Da war zum Anfang der Lietzenseepark, wenige Schritte vom Elternhaus entfernt, mit seinem freundlichen See, den gekräuselten Wellen, dem mit Schwertlilien bewachsenen Ufer, den künstlichen Wasserfällen in beiden Parkhälften, dies- und jenseits der Neuen Kantstraße, und dem Zentrum allerfrühester Aktivitäten: der Sandkasten unter den großen Kastanienbäumen, in denen jährlich viele Maikäfer wohnten. Natürlich habe ich die Maikäfer mit einem großen Blatt im Schuhkarton, Atemlöcher nicht vergessen, zum Unterricht in die Schule mitgenommen. Als ich später Taschengeld bekam, gönnte ich mir schon mal eine Eiswaffel vom Eiswagen am Parkrand.

Im Winter absolvierte ich erste Schlittschuhübungen auf dem zugefrorenen See beim Bootshaus, wo es nach Glühwein und heißen Würstchen roch. Bunte Glühbirnen wurden in Ketten von Ufer zu Ufer gespannt, und der Schlittschuhwalzer tönte aus dem Lautsprecher. Die Welt war wieder – noch! – im Frieden.

Zusammen mit Vater und Mutter haben wir unzählige Ausflüge in den Grunewald gemacht, nach Schildhorn, wo Familien Kaffee kochen konnten, und auf die Pfaueninsel, die in früheren Jahren von Ihro Majestät in einen botanischen Garten, später sogar in einen Zoo verwandelt worden war. Jetzt aber stolzierten dort nur noch die schönen Pfauen, die ihre Federn zu herrlichen bunten Fächern aufstellten, einher.

Wannsee

Zum Baden ging es hinaus zum Wannsee. Am Vorabend mussten Koteletts gebraten, Eier gekocht, Tomaten abgewaschen und belegte Brote in Butterbrotpapier eingewickelt werden, nicht zu vergessen das Salz in einer Papiertüte. Dies alles mit drei Äpfeln am nächsten Morgen in Vaters Rucksack, und auf ging es zum Bahnhof Charlottenburg, wo der Bahnsteig schon stark bevölkert war.

Dann kam der Zug, der uns nach Wannsee bringen sollte. Schon von Weitem sahen wir die rauchende Lokomotive. Dann war er da, die Bremsen quietschten. »Alles einsteigen!«, tönte es durch die Halle, Abteiltüren wurden mit lautem Knallen zugeworfen – jedes Abteil hatte seine eigene Tür –, und mit einem gellenden Pfiff setzte sich der Zug in Bewegung. Das Abteil war gedrängt voll. Mein Vater hatte mich kleinen Knirps zur Belustigung der Mitreisenden und zu meinem eigenen Vergnügen einfach in das Gepäcknetz oberhalb der Abteilbank gesetzt.

Bahnhof Nikolassee: »Alles aussteigen!« Wir gingen zu Fuß weiter zum Wannsee. Das große Strandbad erfreute sich stets regen Zuspruchs. Es war schwierig, ein Plätzchen zu bekommen. Der Trubel gefiel mir sehr, ich konnte mich nicht satt sehen an den sonn- und wasserbadenden Kindern und Erwachsenen. Das große Stimmengewirr wurde manchmal durchbrochen von den Ankündigungen fliegender Händler: »Saure Gurken aus dem Spreewald!« oder auch »Der kalte Kuss, ein Hochgenuss!« Ich durfte ins Wasser bis zum Bauch, in den Wellen der vorbeifahrenden Ausflugsdampfer planschen – herrlich! Später holte mein Vater Limonade, und wir schmausten zufrieden die mitgebrachten Köstlichkeiten. Auf der Rückfahrt schlief ich ein, glücklich von all dem Erlebten.

Zirkus Sarrasani, Lunapark, Scala, und Wintergarten

Man hörte sie schon von Weitem: die fröhliche Musik, sie kam immer näher. Ich lief also auf die Straße zur Ecke Neue Kantstraße, und da kam er schon, der farbenfrohe Zug der Artisten und Tiere, angeführt von der Zirkuskapelle. Sarrasani war wieder da! Freundlich lächelnde junge Reiterinnen und Dompteure, Tierpfleger mit unzähligen Pferden, zahlreiche Raubtiere in ihren Käfigen, 20 Elefanten, Stelzenläufer, Indianer in typischer Kleidung und Bemalung, Clowns und viele viele mehr in einem nicht enden wollenden Zug, der sich von den Messehallen ins Zentrum von Berlin ergoss. Ein Spektakel, wie ich es später nie wieder erleben sollte.

Natürlich gingen meine Eltern mit mir dann auch in die Vorstellung am Fuße des Funkturms, bewunderten die durch die Luft fliegenden Menschen am Trapez, die Kunststücke der verschiedenen Tiergruppen, die Tänze der Pferde und Elefanten, die Späße der Clowns. Es gab nichts Schöneres für ein Kinderherz. Dazu eine Tüte Erdnüsse in der linken, ein kandierter Apfel in der rechten Hand.

Onkel Max war zu Besuch nach Berlin gekommen und hatte mir, ich war etwa 5 Jahre alt, zum Abschied einen Taler geschenkt. Dieses 3-Mark-Stück brannte mir ein paar Tage zwischen den Fingern, dann sagte ich zu meinen Eltern: »Ich lade euch ein.« Und: »Wir fahren mit einer Taxe zum Lunapark.«

Der Lunapark am Ostufer des Halensees, ein großzügig angelegtes Terrassencafé mit anschließendem Schaustellerplatz, hatte es mir angetan. Ein herrlicher Vergnügungspark, der bis 1933 die Berliner erfreute. Man spürte das Flair einer neuen Welt. Nicht nur Kinder liebten die Wasserrutschbahn, das Wellenbad und das Hippodrom. Jeden Abend gab es ein Feuerwerk. Man konnte die erste Rolltreppe ausprobieren. Revuen, Musik, Kabarett, aber auch Tanzturniere und Boxkämpfe dienten der Unterhaltung der Erwachsenen.

Ich sah dort einen Boxkampf mit Max Schmeling, flog in einem Flugzeugkarussel in den Lüften, besuchte ein afrikanisches Dorf mit seinen Hütten, der Töpferei und den kriegerischen Stammestänzen, hörte das Kreischen der Menschen in der Berg- und Talbahn, wenn es sausend bergab ging, und bekam auch so manche Süßigkeit. Am Ufer des Halensees wurde einem Taucher eine Taucherglocke mit Fenster übergestülpt: Er verschwand vor unseren Augen im See und wurde über eine von zwei Gehilfen betätigte Luftpumpe mit Sauerstoff versorgt. Unter Wasser schrieb er einige Wörter mit einem Griffel auf eine Tafel, die dann herausgezogen und dem Publikum gezeigt wurde.

Als es Abend wurde, strahlten bunte Scheinwerfer auf eine Fontäne in der Mitte einer künstlichen Insel, auf der dann auch eine Tanzgruppe ihre Künste zeigte. Dann fing ein riesiges Geknatter an: Das Feuerwerk nahm seinen Anfang. Der Lärm flößte mir, wie jedes Mal beim Schlussfeuerwerk, große Angst ein, und obwohl ich mir fest vorgenommen hatte, heute tapfer durchzustehen, drängte ich lautstark nach Hause. Gegen die Urängste konnte ich nicht angehen.

Berlin war damals voll von Bühnen jeder Art: Schauspiel, Oper, Operette, Revue, Varieté, Kabarett. Das Angebot war verführerisch, jede Neigung kam auf ihre Kosten. Mein Vater, der von Oper und Konzert verwöhnte Wiener, hatte in Berlin auch eine Vielfalt kultureller Möglichkeiten, die er, je nach Stand seines Kontos, wahrnahm. Konzerte, dirigiert von Wilhelm Furtwängler, standen stets auf seinem Programm. Als der große Tenor Giacomo Lauri Volpi von der Mailänder Scala ein Konzert gab, waren meine Eltern nicht zu halten; sie gingen hin, und ich versprach, »ganz bestimmt« inzwischen zu schlafen. Ich schlief natürlich nicht, sondern wartete sehnsuchtsvoll auf ihre Rückkehr, kniff tief die Augen zu, als sie an mein Bett kamen, und hörte sie dann sagen, wie sehr sie sich freuten, dass ich so brav eingeschlafen sei.

Ins Varieté durfte ich aber mitkommen. Derer gab es viele in Berlin. Wir besuchten jedenfalls nur die »Scala« und den »Wintergarten«. Der »Wintergarten« gefiel mir am besten, weil die Decke des Zuschauersaals dunkel gestrichen und mit vielen leuchtenden Sternen bestückt war. Zu Beginn der Vorstellung wurde immer der »Sternbanner-Marsch« (Stars and Stripes) gespielt, dessen fröhliche Musik ganz meinem damaligen Geschmack entsprach. Ich habe sie im Laufe der Jahre alle gesehen: die Legionen der Jongleure, allen voran der berühmte Rastelli, die Jahrhundert-Clowns Grock und Charles Rivel, die Zauberkünstler jeder Art mit ihren durchgesägten Partnerinnen, die Hypnotiseure und Hellseher, unter ihnen der berüchtigte Hanussen, der den Reichstagsbrand »vorhergesagt« und seine Verwegenheiten wenige Wochen nach Hitlers Regierungsantritt mit dem Leben bezahlen musste, die Rechenkünstler, die vielstellige Zahlen mühelos mit vielstelligen Zahlen multiplizieren und dividieren konnten, die Tillergirls mit ihren gemeinsamen, mechanisch anmutenden Tanzdarbietungen. Und auch sie habe ich gehört: die Sängerin Claire Waldoff, der später weitere Auftritte in der Scala vom Propagandaminister Goebbels wegen ihrer kommunistischen Vergangenheit zeitweilig verboten wurden; und dann die beste aller Truppen: die Comedian Harmonists, die von den Nazis in eine »arische« und eine »nichtarische« Gruppe aufgeteilt wurden und deren Kern sich dann 1941 im Ausland auflöste. Noch heute klingt es mir zart in den Ohren: »Liebling, mein Herz lässt Dich grüßen …«

Der Realität entrückt

Die Oper in Wien ließ meinen Vater nicht mehr los. Die Ouvertüren, Arien und mehrstimmigen Gesänge, der gesamte polyphone Betrieb hatte sich seiner bemächtigt. Und so musste er, aus dem Ersten Weltkrieg zurückgekommen und nun in Berlin ansässig, wenigstens die

Melodien wiederholen, sie mit allen Texten singen, um nicht zu bersten von der Vielfalt der Klänge, die sich als Jüngling in ihm angesammelt hatten. Als Heranwachsender hatte er sich mit zwei Freunden oft eine gemeinsame Stehplatzkarte zu einer Aufführung in der Staatsoper gekauft, damit jeder von ihnen je einen Akt hören konnte. Auch wenn es nur dieser Zipfel war, sie genossen den Abend in vollen Zügen. Ganz Wien war Anfang des zwanzigsten Jahrhunderts in einem wahren Musiktaumel, dem sich auch Arnold Winter nicht entziehen konnte.

Noch heute habe ich die wohlklingende Stimme meines Vaters im Ohr. Er sang jeden Morgen beim Rasieren. Wie herrlich reihten sich doch die Perlen des Belcanto in ununterbrochener Fülle aneinander, die so trügerischen Herzen mit der holden Aida, der einstige Jüngling mit lockigem Haar des Abends spät durch die Straßen von Paris mit himmlischem Entzücken, Bruder Mensch: verzeih, verzeih! Wer sich Dir gibt, verwandelst Du ihn dann? Väterchen teures, hier am Herzen treu geborgen, denn lustig ist's und leichtes Spiel, lachte Bajazzo und liebte doch so sehr das Leben! Dies Bildnis ist bezaubernd schön, wie sich die Bilder gleichen, es ist nicht weit von hier, Carmen je t'aime, dolce fanciulla, ach, wenn ich sie nur finden könnte … und ewig wäre sie dann mein, ja, ewig wäre sie dann mein. Der gesungene Humanismus in einer Welt zwischen den Kriegen, die ihr Schicksal formen wollte und dem Bösen nicht entrinnen konnte; die Sehnsucht nach Liebe und Gerechtigkeit durch die Flucht in die Musik von Mozart, Beethoven und Puccini, Verdi, Wagner und Schubert, Leoncavallo, Bizet und Richard Strauss, Massenet, Gounod, Weber, Mascagni, Bellini, Mussorgsky, Smetana … in Europas Füllhorn der Arien und Lieder!

Kunterbunt

Schon früh hatten mich meine Eltern zur Selbstständigkeit erzogen. Wichtig waren dafür zwei Voraussetzungen: Die Schularbeiten mussten erledigt sein, und ich hatte pünktlich zu den Mahlzeiten am Tisch zu erscheinen. Wie ich mir die restliche Zeit einteilte, ob ich mit den

Kindern der Nachbarschaft spielte, in den Park ging oder später auch einen Freund besuchte, das war mir überlassen.

Ich war knappe zehn Jahre alt, als mich ein Mitschüler während einer Pause fragte, ob ich wüsste, dass es jeden Donnerstag im neuen Funkhaus eine Kinderstunde gibt. Ich hatte davon bislang nichts gehört. Er sagte mir, dass er ganz gerne mal dabei sein würde, und fragte mich, ob ich ihn mit einem weiteren Mitschüler begleiten möchte. Das wollte ich. Wir verabredeten uns für halb drei Uhr vor dem Bahnhof Witzleben. Bis zum Funkhaus in der Masurenallee war es von dort aus nur noch ein Katzensprung. Ich war pünktlich um halb drei vor dem Bahnhof, aber die beiden Jungen waren dort nicht zu sehen. Ich wartete noch eine Weile, dann fasste ich Mut und ging allein zum Funkhaus. Der Pförtner sagte mir, wo die Abteilung Kindersendung zu finden war. Ich suchte den entsprechenden Raum. Eine rote Lampe über der Tür zeigte an, dass ich dort richtig war. Die Sendung hatte schon begonnen. Ich klopfte an, öffnete und sah eine Dame an einem Mikrofon in der Mitte einer kleinen Kinderschar. Es wurde gerade ein Lied gesungen.

Als sie das Lied gesungen hatten, sagte die Dame ins Mikrofon: »Wir haben eben Besuch von einem Jungen bekommen. Komm doch mal her und sag uns, wie du heißt.«

Ich ging ein paar Schritte zu der jungen Frau, verneigte mich und sagte meinen Namen.

»Du brauchst vor dem Mikrofon aber wirklich keinen Diener zu machen. Unsere Hörer sehen dich nicht. Doch erzähl, weshalb du zu uns gekommen bist.«

»Ich war mit zwei Freunden verabredet. Die sind aber nicht gekommen. Deshalb bin ich nun alleine hier und möchte gerne sehen, was in der Kinderstunde gemacht wird.«

Sie lud mich ein, mich seitwärts auf einen Stuhl zu setzen, und fuhr mit den Kindern in ihrem Programm fort. Als die Sendung beendet war, fragte sie mich, ob ich die nächsten Male wieder zusehen und zuhören möchte. Es hatte mir gefallen, und so sagte ich »Ja.«

Ich ging nach Hause, meine Mutter war viel freundlicher als sonst.

»Du hast dich also vor dem Mikrofon verneigt, so so …«

Ich hatte ihr nichts von dem Vorhaben meines Besuches im Funkhaus erzählt. Die Kinderstunde hatte sie ganz zufällig eingestellt und mich plötzlich in ihrem Empfänger gehört. Nachdem ich einige Male »Gasthörer« bei Tante Gertruds Sendung gewesen war, fragte sie mich, ob ich Lust hätte, ständiges Mitglied der Kinderschar »Kunterbunt« zu werden. Ich hatte. Und so begann einer der schönsten Abschnitte meines jungen Lebens. Wir, etwa zehn Jungen und Mädchen zwischen neun und zwölf Jahren alt, trafen uns jeden Mittwoch bei Tante Gertrud (Gertrud van Eyseren) in ihrer Wohnung in der Brandenburgischen Straße, um dort mit ihr das Programm des nächsten Tages (Donnerstag 15 Uhr) zu besprechen. Jeder bekam seinen Rollentext für die einzuübenden Kinder-Hörspiele und Lieder sowie Hinweise zu den verschiedenen Themen in freier Aussprache. Die Sendungen machten großen Spaß. Ab und zu kam auch der Chef, Herr Braun, vor oder nach der Sendung, um mit Tante Gertrud einige Worte zu wechseln. Alfred Braun war Intendant des Berliner Rundfunks.

Neben Theateraufführungen, die wir mitgestalten durften, gab es immer wieder Überraschungen im Sendealltag. Da war zum Beispiel der Besuch einer Mutter, Frau Kieling, mit ihrem kleinen Sohn Wolfgang, der damals etwa sechs Jahre alt war und von dessen Sangeskunst sie fröhlich schwärmte. Und ehe wir's uns versahen, stellte sie das Kind vor das Mikrofon und sagte: »Nun hört doch, wie schön er singen kann«. Und prompt begann er: »Guten Morgen sollt' ich sagen und ein schönes Kompliment, und die Mutter ließe fragen, wie das Kindchen sich befänd …« Und dann kam eine Strophe nach der anderen, und das Lied endete mit den Worten »… und bald hätt' ich's ganz vergessen, gratulieren sollt' ich auch, gratulieren sollt' ich auch.«

Dieses Kind hatte unsere Herzen erobert. Wölfi wurde ein weiteres Mitglied unserer Schar, als jüngster Junge quasi unser Maskottchen. Als ich viele Jahrzehnte später aus meinem argentinischen Exil nach Deutschland zurückkehrte, sah ich Filme mit Wolfgang Kieling, der sich zu einem der berühmtesten deutschen Schauspieler gemausert hatte. Ein Gespräch zwischen ihm und mir hatte sich nicht ergeben, Welten lagen ja zwischen uns. 1985 fand er seinen Frieden.

Dampfer, Schildhorn und Kremser

Zu den frühesten Erinnerungen meiner Kindheit gehört unser Aufenthalt in Greifswald. Kleinste Erinnerungsfetzen drängen sich an die Oberfläche, so der Aufenthalt mit meiner Mutter am Strand, während mein Vater langsam ins Wasser ging und dann weit hinaus, fast bis zum Horizont schwamm, bis ich seinen Kopf nicht mehr sehen konnte. Ich weinte und rief nach ihm, während mich meine Mutter lächelnd tröstete und sagte, dass Papa ein sehr guter Schwimmer sei und bestimmt bald wieder zurückkommen würde.

Dann war da noch das Warten auf einen Dampfer an einem Anlegesteg, wo sich viele Leute drängten und ich das Gefühl bekam, selbst erdrückt zu werden, bis das Schiff mit seinen vielen bunten Fähnchen schließlich doch eintraf, um uns nach Wieck zu bringen. Von Wieck bleibt bis zum heutigen Tage nur noch die Erinnerung an den Duft geräucherter Fische neben einer Zugbrücke, ein Geruch, an den ich mich mit großer Sympathie erinnere.

Bleibt noch die kleinste Modellbahn in einer Streichholzschachtel, die ich im Schaufenster eines Geschäftes entdeckt und auf die ich meine Mutter mit dem Zeigefinger hingewiesen hatte, denn mein Wortschatz war noch zu gering. Zu meiner großen Freude verstand sie mich und kaufte dieses wunderbare Spielzeug: meine allererste Eisenbahn mit einer Lok, einem Tender und zwei Waggons, alles im Liliput-Format.

Neben der Schlossbrücke, am Nordufer der Spree, war die Anlegestelle der Stern- und Kreisschifffahrt. Von dort stach meist kurz vor den Sommerferien ein Dampfer ab, der die ganze Klasse durch die Schleuse in die Havel bringen sollte. Die Fahrziele waren unterschiedlich: Schildhorn, Nikolskoje oder Pfaueninsel mit anschließender Wanderung durch den Grunewald oder entlang des Havelufers. Es war herrlich, an einem solchen Tag keinen Schulranzen tragen zu müssen, sondern nur die am Riemen baumelnde Brottasche, die als Überraschung auch mal eine Tomate und ein hartes Ei, vielleicht sogar noch eine Banane enthielt.

Solche Ausflüge festigten die Kameradschaft unter den Mitschülern, ja sogar das Vertrauen zu den Lehrern. Es gab auch so manche Entdeckung. So konnte man im Gestrüpp der Schildhorn-Halbinsel eine verwitterte, mit einem Scheibenkreuz bestückte Säule sehen und vom Lehrer die seltsame Geschichte vom Wendenfürst Jaczo hören, der bei einer Verfolgung durch den Brandenburgischen Markgrafen Albrecht in voller Rüstung von seinem Pferd durch die Havel ans sichere Ufer dieser Landzunge gebracht wurde und in seiner Not den Christengott um Hilfe anflehte. Es hieß, dass Jaczo wegen seiner Rettung zum Christentum übergetreten war.

Gerne erinnere ich mich auch an eine Kremserfahrt mit Tante Gertrud und der Kunterbuntgruppe im Sommer 1932, die uns über den Reichskanzlerplatz (dann Adolf-Hitler-Platz und heute Theodor-Heuss-Platz) über die Heerstraße (von den Preußischen Königen als Ausfallstraße extra breit für die nach Frankreich marschierenden Truppen angelegt) hinein in den Grunewald zum fröhlichen Beisammensein mit Alfred Braun brachte, der so viele interessante Geschichten und Anekdoten zu erzählen wusste.

Noch hörten wir Kinder nicht das Herannahen des grollenden politischen Gewitters. Noch war die Kunterbuntschar intakt. Noch war der Demokrat Alfred Braun Intendant, Regisseur und Schauspieler des Berliner Rundfunks. Unbeschwert genossen wir fröhlich die Gemeinsamkeit von kleinen »Künstlern« in der herrlichen Natur. Noch hatten sich die furchtbaren Erdspalten der braunen Diktatur nicht geöffnet, die dann die Mehrzahl der damals Anwesenden durch Krieg und Verfolgung verschlingen sollten. Die Nazis hatten schon zu jenem Zeitpunkt eine Mehrheit in freien Wahlen auf sich vereinigt. Bald konnte der Moment kommen, da sie die lästigen demokratischen Parteien von der Bühne drängten. Noch hatte der alte Reichspräsident die Zügel in der Hand, nicht wissend, dass er selbst bald Opfer eines Osthilfeskandals, in dem sein Sohn eine unrühmliche Rolle spielte, werden und dadurch politisch erpressbar sein würde.

Wir, die Kunterbuntkinder mit unseren erwachsenen Mentoren, genossen jedenfalls den schönen Ausflug, waren wir doch durch viele

Sendungen und später auch durch Theaterauftritte zu einer echten Gemeinschaft zusammengeschweißt worden.

Reportage, Hörspiel und Theater

Die Aktivitäten innerhalb der Kindergruppe im Berliner Rundfunk waren abwechslungsreich. Es gab gemeinsame und auch individuelle Aufgaben, je nach Alter und Eignung. Alle sangen wir gerne, und so wurde zu fast jeder Sendung ein neues Lied eingeübt. Ich wurde zur Besprechung von Kinderbüchern wie Kästners »Emil und die Detektive«, später »Pünktchen und Anton« und zu Berichten aus den Messehallen (Funk-Ausstellung und Grüne Woche) herangezogen. All das machte einen Riesenspaß und erweiterte meinen Horizont.

Voraussetzung für die Mitarbeit im Rundfunk war jedoch eine schriftliche Erlaubnis des Schulrektors, die jährlich vorzulegen war. Meine schulischen Leistungen litten nicht unter den verschiedenen Aktivitäten, auch meine Eltern gaben mir gerne ihre Erlaubnis.

Als ich eines Tages aus der Schule kam, zeigte mir meine Mutter ein an mich gerichtetes Telegramm aus dem Funkhaus, in dem ich dringend zu einer Hörspielprobe gebeten wurde. Das war neu für mich. Ich folgte dieser Einladung und wurde in das Büro des Intendanten Alfred Braun geführt, der mir mitteilte, dass er mich zum Mitspielen in einem von ihm geleiteten Hörspiel zur Probe hören wolle. Es ging in Sophokles' »Ödipus« um das Gespräch eines Vaters mit seinem Sohn über Krieg und Frieden. Die Sache war sehr aufregend. Ich bestand und durfte in der Premiere des Hörspiels meinen Teil als Brauns Partner sprechen. Aus dieser Zeit stammten dann die ersten Berichte und Kritiken in den lokalen Zeitungen und Rundfunkblättern. Zu meiner Überraschung und Freude las ich die ersten Kommentare über mein Wirken im Rundfunk.

Zur Spielzeit 1931/32 übte Alfred Braun mit Schauspielern und Mitgliedern der Kunterbuntgruppe die Theaterversion von Hugh Loftings damals beliebtem Kinderbuch »Dr. Dolittle und seine Tiere« ein. Regie und Titelrolle waren bei ihm. Weitere Hauptrollen waren mit Hans

Schaufuss, dem Sohn des bekannten Schauspielers Hans-Hermann Schaufuss, und mit Wolfgang Kieling, der das Äffchen spielte, besetzt. Die Aufführungen fanden in der Krolloper statt, einem großartigen Theater gegenüber dem Reichstag. Dieses Opernhaus wurde 1933 nach dem Reichstagsbrand zur provisorischen Stätte des Reichstages umgebaut, im Zweiten Weltkrieg zerstört und nicht wieder aufgebaut.

Die Geschichte des Dr. Dolittle, der nach Afrika ging, um die Tiere zu heilen, und ihre Sprache verstand, bewegte mich sehr. Als Dolittle und seine Leute nach England zurückkehren, kann sich das Wesen mit dem Namen »Stoßmich-Ziehdich«, das am vorderen und hinteren Teil des Körpers einen Kopf hat, der Gruppe anschließen. Als erste »Rolle« fiel mir ein Teil des »Stoßmich-Ziehdich« zu, der Gegenkopf wurde in der Verkleidung dieses vierbeinigen Tieres von meinem Klassenkameraden Alfred Dreifuss bestückt; wenn einer von uns vorwärts ging, musste der andere rückwärts gehen. Mit viel Übung schafft man es. Wir hatten zwar keine Sprechrollen, wurden aber wegen unserer komischen Gehweise sehr applaudiert. Außerdem hatte ich im zweiten Akt, in dem das Fabeltier noch nichts zu suchen hatte, eine kleine Sprechrolle als Junge, der mit seinem Vater in einen Zirkus ging. Mein Vater hieß im zivilen Leben Meinhart Maur und war ebenfalls Schüler der Reinhardtschen Schauspielerschmiede.

In besagtem Zirkus kam eine kurze Balletteinlage aus »Coppélia« von Léo Delibes durch eine Elevin der Staatsoper Unter den Linden zur Aufführung. Diese elegante Solistin mit ihrem Spitzentanz hatte es mir angetan. Gleich nach der ersten Probe fragte ich sie, ob sie mit mir einen Becher Kakao in der Kantine trinken wolle. Sie wollte! Ich hatte meine erste »richtige« Freundin gefunden. Wir hatten uns sehr gern. Sie hieß Gisela, war etwa so alt wie ich und ganz dem klassischen Tanz ergeben. Wir zogen über Alfred Braun und andere Leute auf der Bühne her, amüsierten uns königlich und trafen uns nach jeder Vorstellung in der Kantine.

Das ganze Ensemble gab dann noch Gastspiele im Reinhardtschen Großen Schauspielhaus und in den Messehallen zur Grünen Woche und war auch dadurch in aller Munde. Die Presse war voll des Lobes.

Zur Spielzeit 1932/33 wurde »Dr. Dolittle und seine Tiere« wieder eingeübt. Hans Schaufuss konnte seine damalige Rolle als Jip der Hund nicht übernehmen; er war bei den Dreharbeiten für »Emil und die Detektive« engagiert. Braun erinnerte sich an mich und bot mir die Rolle an.

Wir spielten im damaligen Schiller-Theater, hatten Erfolg und waren bei allen Vorstellungen sehr gut besucht. Gerne erinnere ich mich noch an die geselligen Zusammenkünfte nach den Vorstellungen mit der Familie Braun in der Schiller-Klause gleich neben dem Theater.

Religionsunterricht

Damals, als ich in der Grundschule die ersten Buchstaben und Ziffern lernte, war ich mir nicht bewusst, dass die Menschen über viele Dinge geteilter Meinung sind. So zum Beispiel auch in Fragen der Religion. Mein Elternhaus war liberal, was die Religion betraf. Feiertage wurden beachtet, aber es gab keine übermäßige Frömmigkeit oder gar Frömmelei. Dass die Leute außerhalb unserer Wohnung andere Feiertage hatten, war fiel mir nur am Rande auf. Dies sollte sich mit meinem Schulbesuch ändern.

Da hieß es plötzlich: »Alfred Dreifuss, Günther Engel, Alfred Jakubowski und Berthold Winter, aufstehen! Ihr geht jetzt in den Klassenraum gegenüber, da wartet euer Religionslehrer auf euch.«

Es gab also Unterschiede in der Klasse: die Christen und wir, die anderen! Nicht zu glauben!

Also: während die einen vom Katecheten über christliche Nächstenliebe unterrichtet wurden,

… lernten wir, dass in den Büchern des Moses klar und deutlich stand: »Du sollst Deinen Nächsten lieben wie Dich selbst!«,

von den Wundern Jesu lernten,

… erzählte man uns die Geschichte Davids, der zu seiner Harfe schöne Psalmen sang,

Berichten über die furchtbaren Exzesse im Alten Rom gegen frühe Christen lauschten,

… hörten wir die Geschichte von der Königin Esther und dem persischen Minister Hamann, dem Judenhasser, der am Galgen endete.

Wir wurden ausführlich über Biblische Geschichte unterrichtet, sodass wir allmählich Einblick bekamen in Fragen der Liebe und des Hasses, der Treue und des Verrats, des Kriegs und des Friedens, also über das, was letztlich in der Geschichte der Menschheit von schicksalhafter Bedeutung ist.

Als uns jüdischen Schülern im Schiller-Realgymnasium die politische Judenhetze jener Tage sehr große Sorgen bereitete, war es an einem Mitschüler aus der Oberprima, er hieß Goldschmidt, der für einen kranken Religionslehrer eingesprungen war, uns den entsprechenden Rückhalt zu vermitteln: »Lasst euch nicht einschüchtern! Wir sind Juden und sehr stolz darauf. Die uns am Berge Sinai gegebenen Zehn Gebote sind die ethische Grundlage der gesamten abendländischen Zivilisation. Ohne die Zehn Gebote wären alle, in deren Mitte wir leben, noch Barbaren. Seid stolz auf euer Judentum und geht erhobenen Hauptes!«

Viele Jahre später traf ich Goldschmidt in Argentinien, als er mit einer Arbeitskolonne einen Straßenschacht zum Verlegen von Kabeln aushob. Es war eine anstrengende Arbeit, denn sie musste mit dem Spaten und dem Einsatz der ganzen Körperkraft ausgeführt werden, und das im subtropischen Buenos Aires. Schweißgebadet antwortete er auf meinen Gruß; wir freuten uns über unser zufälliges Wiedersehen. Goldschmidt suchte mich ab und zu auf, erzählte mir von seiner Flucht aus Deutschland, von seiner Frau und von seiner angeschlagenen Gesundheit. Es wurde keine enge Freundschaft, nur eben, dass wir uns gerne ab und zu sahen und austauschten. Die meisten Zusammenkünfte ließen einen eher melancholischen Nachgeschmack zurück. Goldschmidt hatte eine anstrengende, aber feste Arbeit bei den Elektrizitätswerken gefunden, war daher relativ gut abgesichert. Wir, meine Eltern und ich, hatten dagegen in der Ferne noch immer keinen festen Grund unter den Füßen gefunden.

Goldschmidt hatte ich dann aus den Augen verloren. Das Exil hatte uns aufgesogen.

Familienfoto. Hochzeit von Betty Gappe-Wolff. Links im Vordergrund: der Großvater Louis Gappe, rechts hinter ihm: die Mutter Herta Winter, links neben ihr: der Vater Arnold Winter, Anfang der 1920er-Jahre.

Gappe

Meine Mutter, Herta Winter, geb. Gappe, würde man heute vielleicht als »Heldin des Alltags« bezeichnen. Sie verkörperte Geduld, Liebe, Kameradschaft, Treue und Zuverlässigkeit in allen Lebenslagen. Sie kannte fröhliche Tage in ihrer Jugend und sorgenvolle Zeiten in ihrer Ehe. Sie war Tochter des Kaufmanns Louis Gappe, der in Crone an der Brahe (heute Koronowo) ein Geschäft mit Landesprodukten, Spirituosen, Kaffeerösterei und Stallungen besaß. Ihre Mutter war 1893 bei Hertas Geburt verstorben. Zu diesem Zeitpunkt hatte Louis Gappe schon den Sohn Georg und die Töchter Selma, Emma und Frieda. In zweiter Ehe waren ihm dann noch die Töchter Anna und Betty beschert worden.

Den Erzählungen meiner Mutter konnte ich entnehmen, dass mein Großvater Louis in den Dingen des bürgerlichen Lebens mit zwei Begriffen zutiefst verbunden war: Vaterlandsliebe und Religion. Als Preuße, er hatte in Küstrin seinen Militärdienst geleistet, war er ein glühender deutscher Patriot. Ich hatte als Kind sogar noch

Soldatenlieder von meiner Mutter gelernt, die sie wiederum von ihm gehört hatte. Zu jener Zeit hieß es in der Kaserne: »Helm ab zum Gebet!« Dann erklang im Chor z. B. das »Niederländische Dankgebet«:

»Wir treten zum Beten / vor Gott, den Gerechten, / Er waltet und haltet / ein strenges Gericht. / Er lässt von den Schlechten / die Guten nicht knechten. / Sein Name sei gelobt: / Er vergisst unser nicht.«

Louis Gappe war ein frommer Jude. Er war Vorsteher seiner Gemeinde in Crone a. d. Brahe und erzog seine Kinder zu anständigen Menschen. Für jede Tochter legte er in seinem Schrank einen kleinen Stapel von Goldmünzen aus den Verdiensten seiner Arbeit zur Finanzierung der jeweiligen Mitgift an.

Opa Louis wurde 1929 im St. Hedwig-Krankenhaus zu Berlin – leider erfolglos – operiert. In der Agonie sang er mit seiner kräftigen Stimme »Das Niederländische Dankgebet« und dann das hebräische Glaubensbekenntnis: »Schma Jisroel«:

»Höre Israel: / Der Ewige ist unser Gott, / Der Ewige ist einzig.«

Und schließlich auch dieses:

»Ich hab' mich ergeben / Mit Herz und mit Hand / Dir Land voll Lieb' und Leben, / Mein deutsches Vaterland«.

Diese letzten Lieder, die seine Überzeugung belegten, brachte er voller Inbrunst heraus, und so hallten sie durch das ganze Krankenhaus. Er fand seine letzte Ruhestätte im Jüdischen Friedhof der Gesetzestreuen (Adass Jisroel) in Berlin-Weißensee.

Als Herta 1914 in Berlin die Handelsschule besuchte, erhielt sie von ihrem Vater eine Postkarte mit der Bitte, sie möge doch ihrer Schwester Emma, deren Mann Paul im Felde war, bei der Bewältigung des Haushalts und der Betreuung der Kinder helfen: »Der Lohn Gottes wird dir sicher sein.« So zog sie also zu ihrer Schwester Emma und war ihr bis zur Rückkehr Onkel Pauls behilflich. Die Herzen der drei Kinder flogen meiner Mutter später bei jedem unserer Besuche zu.

1917 erhielt Herta im Kaufhaus des Westens (KaDeWe) in Berlin eine Anstellung. Dort war sie bis zu ihrer Heirat mit Arnold Winter, der in der Buchabteilung des KaDeWe ihr Vorgesetzter wurde, als Leiterin der Abteilung »Jugendschriften« tätig. Meine Eltern wurden in der großen Charlottenburger Synagoge in der Fasanenstraße getraut. Seit 1920 bis zum Tode meines Vaters – 1964 – war ihr Schicksal eng mit dem Schicksal der Familie verknüpft.

Seit 1964 führte sie ein genügsames Leben als Rentnerin und betätigte sich als meine Beraterin in geschäftlichen Dingen, denn sie kannte sich im Buchhandel bestens aus. Sie starb 1992 in Berlin im Alter von 99 Jahren im Vollbesitz ihrer geistigen Kräfte.

Johanna Fankhänel, Berthold Winters Schwiegermutter (links)
mit seiner Mutter (rechts)
anlässlich des 90. Geburtstages von Herta Winter
am 10. Dezember 1982.

BUNDESREPUBLIK DEUTSCHLAND

REISEAUSWEIS
(Übereinkommen vom 28. September 1954)

TRAVEL DOCUMENT
(Convention of 28 September 1954)

REISEAUSWEIS / TRAVEL DOCUMENT
(Übereinkommen vom 28. September 1954)   (Convention of 28 September 1954)

Nr. 0031057

Dieser Ausweis wird am 16. JAN. 1988 ungültig, wenn
This document expires on   unless its validity is extended
er nicht verlängert wird.
or renewed.

Name ___WINTER geb. Gappe___
Name

Vorname(n) ___Herta___
Forename(s)

Begleitet von _____ Kind (Kindern).
Accompanied by   child (children).

1. Dieser Ausweis wird lediglich zu dem Zweck ausgestellt, dem Inhaber als Reiseausweis an Stelle eines nationalen Reisepasses zu dienen. Er stellt keine Entscheidung über die Staatsangehörigkeit des Inhabers dar und berührt diese nicht.
This document is issued solely with a view to providing the holder with a travel document which can serve in lieu of a national passport. It is without prejudice to and in no way affects the holder's nationality.

2. Es ist dem Inhaber gestattet, nach der BUNDESREPUBLIK DEUTSCHLAND bis zum _____ zurückzukehren, es sei denn, daß nachstehend ein späterer Zeitpunkt genannt ist. (Der Zeitraum, innerhalb dessen es dem Inhaber gestattet ist, zurückzukehren, darf nicht weniger als drei Monate betragen.)
The holder is authorized to return to the FEDERAL REPUBLIC OF GERMANY on or before _____ unless some later date is hereafter specified. (The period during which the holder is allowed to return must not be less than three months.)

3. Läßt sich der Inhaber in einem anderen Lande als demjenigen nieder, das den Ausweis ausgestellt hat, so hat der Inhaber, wenn er eine neue Reise antreten will, bei den ausländigen Behörden seines Aufenthaltslandes einen neuen Ausweis zu beantragen. (Der frühere Ausweis ist der Behörde, die den neuen Ausweis ausstellt, zwecks Rücksendung an die Behörde, die ihn ausgestellt hat, zu übergeben.)
Should the holder take up residence in a country other than that which issued the present document, he must, if he wishes to travel again, apply to the competent authorities of his country of residence for a new document. (The old travel document shall be withdrawn by the authority issuing the new document and returned to the authority which issued it.)

Reg.-Nr. ___5/86___
Registration No.

Dieser Ausweis enthält 32 Seiten ohne Umschlag.
This document contains 32 pages, exclusive of cover.

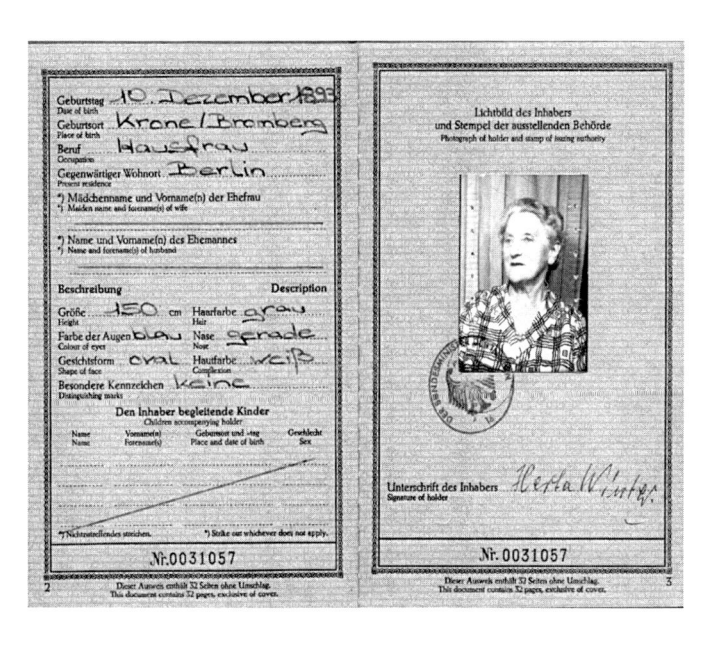

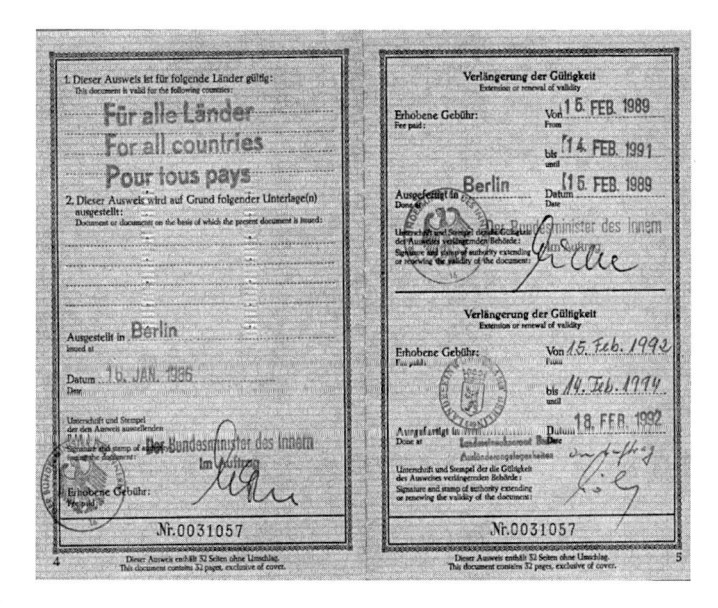

Reiseausweis von Herta Winter.

Der Stürmer

Das Wissen über Weltreligionen ist hierzulande wenig verbreitet. Daher stimme ich voll und ganz jenen Wissenschaftlern und Pädagogen zu, die ein entsprechendes Fach im Schulunterricht etablieren wollen. Mehr Wissen über Religionen kann zu mehr Toleranz führen.

In meiner Jugend war der »Stürmer«, das Blatt des fränkischen NS-Parteichefs Julius Streicher, weitverbreitet. Im Jahr 1934 nahm ich zum ersten Mal bewusst einen Schaukasten in der Straße Alt-Tegel wahr, in dem einige Seiten des »Stürmer« mit seiner Judenhetze ausgestellt worden waren. Mehrere Leute, unter ihnen viele Jugendliche, standen an dem Kasten und lasen von »schlimmen Greueltaten«, die »Juden« begangen haben sollen. Die Leser verschlangen gierig die pornografischen Berichte über die krummnasigen, nach Knoblauch und rohen Zwiebeln stinkenden Ungeheuer, die mit »arischen« Frauen Rassenschande trieben, den Menschen das Geld aus den Taschen stahlen und die Welt unterjochen wollten.

Der braune Hass, der einem da entgegenschlug und dem man wehrlos ausgeliefert war, flößte mir Furcht und ein Gefühl der Ohnmacht ein. Julius Streicher ist wegen Verbrechens gegen die Menschlichkeit in den Nürnberger Prozessen zum Tode verurteilt und hingerichtet worden.

Die Totengräber

Als ich etwa zehn Jahre alt war, bekam ich aus Gesprächen meines Vaters mit seinen Kunden so manche Geschichten des öffentlichen Lebens mit, wie sie heutigen Generationen tagtäglich über das Fernsehen zugänglich sind. Da waren zum Beispiel die sogenannten Notverordnungen, die der Reichspräsident zusammen mit den Reichskanzlern als Gesetzesersatz erlassen musste, da das Parlament oft nicht zur verfassungsgemäßen Gesetzgebung fähig war. Zu diesen Auflösungserscheinungen der Demokratie der Republik, die 1918 aus dem verlorenen Ersten Weltkrieg und der Abdankung des Kaisers entstanden war, kam noch der sogenannte Osthilfeskandal hinzu. Es ging um ein Gesetz aus dem Jahr 1931 zur Unterstützung der Landwirtschaft östlich der Elbe mit öffentlichen Mitteln. Dies war wegen der damaligen Weltwirtschaftskrise notwendig geworden. Nachdem am 19. Januar 1933 Unregelmäßigkeiten hinsichtlich der korrekten Verwendung der Ostgelder speziell durch Großgrundbesitzer ruchbar wurden, ergriffen deutschnationale Politiker und Verbände die Initiative, um ihrer Klientel beizustehen.

Die Zusammenhänge konnte ich als Kind natürlich nicht verstehen. Als Erwachsener habe ich die Einzelheiten Jahrzehnte später nachgelesen. Am 22. Januar 1933 trafen sich mehrere Nazigrößen im Hause des späteren Reichsaußenministers Joachim von Ribbentrop mit Oberst Oskar von Hindenburg, dessen Name im Verlauf der Untersuchungen zum Osthilfeskandal auch in Verruf gekommen war. Sie wollten dem greisen Reichspräsidenten Paul von Hindenburg Vorschläge zur Zusammensetzung eines neuen Kabinetts, bei dem u. a. der deutschnationale Stahl-, Rüstungs- und Medienmagnat Hugenberg die Oberaufsicht über die Osthilfe bekommen sollte, unterbreiten. Oskar von Hindenburg hatte bei dieser Zusammenkunft, so wurde im Nürnberger Prozess berichtet, ein Gespräch mit Hitler unter vier Augen, an dessen Ende er verlauten ließ, dass es nun keine andere Möglichkeit gebe, als Hitler zum Kanzler zu machen. Der Druck war offensichtlich geworden; die Totengräber der Republik hatten den Weg in die Diktatur geebnet.

Am 30. Januar 1933 wurde Hitler vom Reichspräsidenten Hindenburg zum Kanzler und Hugenberg zum Wirtschafts- und Ernährungsminister ernannt. Und am 18. August 1934 sagte Oskar v. Hindenburg in einer Rundfunkrede: »Mein nunmehr verewigter Vater selbst hat in Adolf Hitler seinen unmittelbaren Nachfolger als Oberhaupt des deutschen Reiches gesehen, und ich handle in Übereinstimmung mit meines Vaters Absicht, wenn ich alle deutschen Männer und Frauen aufrufe, für die Übergabe des Amtes meines Vaters an den Führer und Reichskanzler zu stimmen.«

Die Republik war tot.

Joachim v. Ribbentrop, Hermann Göring und Wilhelm Frick, die ebenfalls bei der Besprechung vom 22. Januar 1933 zugegen gewesen waren, wurden Jahre später bei den Nürnberger Prozessen zum Tode verurteilt.

Drei Zeitungen

Alle Wege führen nach Rom, aber nur ein Weg zum Gymnasium, nämlich der direkte, der kürzeste. Anders verhält es sich mit dem Heimweg. Man kann zum Beispiel über die Bismarckstraße mit einem kleinen Abstecher zum Piccadilly-Kino schlendern, in dessen Schaukästen die Bilder der gerade laufenden Filme ausgestellt sind. Oder auch über den Stuttgarter Platz, wo eine Eisenwarenhandlung ihre Novitäten in zwei großen Schaufenstern ausstellt: Nägel und Schrauben jeder Größe, Zangen, Luftpumpen und Werkbänke jeder Art – und alle paar Wochen ein neues Sortiment.

Auf dem Bürgersteig vor dem Eisenwarengeschäft stehen immer drei Uniformierte nebeneinander, je einer vom Reichsbanner, vom Spartakusbund und von der SA. Jeder dieser Männer bietet lautstark die Zeitung seiner Partei an: den »Vorwärts«, Die »Rote Fahne« und den »Angriff«.

Sie halten schon seit geraumer Zeit diesen Platz, kennen sich gegenseitig recht gut und machen nicht den Eindruck, Feinde zu sein. Im Gegenteil: »Haste mal 'ne Zijarette für mich?«

»Jib mir mal 'nen Fuffzijer.«

»Ick muss mal; pass auf meene Sachen uff.«

Was ich an den drei Zeitungen so interessant fand, waren die Überschriften. Die waren ein Kompass, der mich mit meinen elf oder zwölf Jahren durch den Dschungel der politischen Meinungen führte. Ich sah mir die Überschriften der drei Blätter an. Beim »Angriff« ging es meist um den Bolschewismus (mit diesem Ausdruck wusste ich gar nichts anzufangen), um den Versailler Schandvertrag und um Enthüllungen von angeblichen jüdischen Gaunereien. Diese fanatischen Meldungen waren mir in der Meinungsbildung keine Hilfe.

Anders, aber ähnlich erging es mir mit der »Roten Fahne«. Die Schlagzeilen drehten sich um die Erfolge des Sozialismus in der Sowjetunion, um die ständige Ausbeutung der Armen zugunsten der Monopolisten, um die Saalschlachten mit den Braunen bei den Wahlkämpfen. Nichts, was mich bei meiner jugendlichen Orientierungssuche hätte aus der Reserve locken können.

Die Berichterstattung über das politische, wirtschaftliche und soziale Tagesgeschehen brachte mir den »Vorwärts« nahe. Auch wenn ich das meiste kaum verstehen konnte, las ich die Meldungen über die Notverordnungen der Regierung Brüning und den pro-parlamentarischen Kurs der Republik. Natürlich mussten mir meine Eltern alles erklären.

Die Nachrichten über eine »Harzburger Front« erregten meine Aufmerksamkeit. Die »Harzburger Front« war der vorübergehende Zusammenschluss der »nationalen Opposition« (u. a. Deutschnationale Volkspartei, Stahlhelm und NSDAP) gegen die Regierung Brüning und die Weimarer Republik überhaupt.

Als Gegenbewegung formierte sich »Die Eiserne Front«, ein Zusammenschluss des Reichsbanners Schwarz-Rot-Gold, des Allgemeinen Deutschen Gewerkschaftsbundes, der SPD und anderer Organisationen. Sie wurde am 16. Dezember 1931 gegründet, um die Rechtsextremisten der Harzburger Front zu bekämpfen.

Instinktiv fühlte ich mich der Haltung der republikanischen Parteien und Vereine verbunden, und so bat ich den »Vorwärts«-Verkäufer, mir ein kleines Abzeichen der drei Pfeile, so wie er es auch trug, zu besorgen. Durch meine Aktivitäten im Rundfunk verfügte ich über genügend Taschengeld. Davon konnte ich das kleine Abzeichen, das ich bald sehr selbstbewusst trug, bezahlen. Bis mir dann unser Erdkunde-Lehrer, der mich über die Bedeutung der drei Pfeile fragte und dem ich dann geantwortet hatte: »Die stehen für Gerechtigkeit« den Rat gab, das Abzeichen tunlichst im Unterricht nicht mehr zu tragen, da solche Embleme in der Schule nicht erwünscht seien.

Als ich Jahrzehnte später aus dem Exil nach Berlin zurückkam, konnte sich keiner meiner Gesprächspartner an die drei Pfeile, die ich immer für das Abzeichen der SPD gehalten hatte, erinnern. Der Sand der Geschichte hatte sie verschüttet.

Eine Chance

Die Inflation der frühen Zwanzigerjahre hatte so manchen Millionär zum Bettler gemacht. Man brauchte indes kein Millionär zu sein, um sein Hab und Gut bei der ständigen Geldentwertung zu verlieren. Kostete zum Beispiel ein Brötchen erst 10 Pfennige, wachte man eines Tages auf und erfuhr beim Bäcker, dass es nun zwanzig Pfennige kostete. Nach einigen Wochen war sein Preis auf eine Mark gestiegen. Die Inflationsspirale drehte sich immer schneller, und nach zwei Jahren kostete das gleiche Brötchen sage und schreibe 1000 Mark. Die Einkünfte des einzelnen Bürgers konnten mit dieser Geschwindigkeit der Entwertung nicht Schritt halten, und so musste er allmählich alles, was nicht niet- und nagelfest war, veräußern, um das täglich Notwendigste abdecken zu können. Die Inflation fraß die Vermögenswerte des Volkes auf.

Auch meinem Vater erging es so. Hatte er aus der Mitgift noch ein Miethaus in Greifswald gekauft, reichten die Mieteinnahmen bald nicht mehr aus, um Fixkosten und Steuern bezahlen zu können. Aus dem Erlös dieses Hauses kaufte er dann ein kleines Kino in Berlin. Auch dies war bald nicht mehr rentabel. Über seine Versandbuchhandlung, die er 1920 eröffnete, schrieb er in seinem Lebenslauf: »Der sich überstürzende Ablauf der Geldentwertung während der Inflation machte die Führung der Versandbuchhandlung unmöglich, da jedes Preisangebot nach Drucklegung der notwendigen Prospekte schon überholt war.«

Nach dem Ende der Inflation 1924 widmete er sich dem Ankauf von Einzelbüchern, Bibliotheken, Bibliotheksnachlässen und dem Verkauf dieser Erwerbungen. Er versandte Prospekte an Bücherfreunde und zog in der Berliner Innenstadt einen Ring von Bücherwagen auf, der langsam populär wurde. Speziell seine in Universitätsnähe aufgestellten Handwagen, die mit Etageren voller Bücher ausgestattet waren und von arbeitslosen Buchhändlern für ihn betreut wurden, fanden regen Zuspruch bei Studenten und Professoren.

Mitte 1932 erhielt mein Vater von der Eigentümerin des Hauses Invalidenstraße 6 in Berlin – neben dem Stettiner Bahnhof – das Angebot, die Bestände einer Leihbücherei nebst kompletter Geschäftseinrichtung zu erwerben. Er pachtete das Objekt mit späterem Ankaufsrecht, erwarb es dann auch und richtete eine Leihbücherei und ein Antiquariat ein. Durch intensive Werbung in allen Haushalten der Umgebung und ein Angebot, das den Literaturbedürfnissen des Publikums entsprach und die Neuigkeiten rasch auf den Büchertisch brachte, begann das Geschäft recht bald zu florieren. Auch die Umsätze des Antiquariats zogen ihren Vorteil aus der Nähe zum Stettiner Bahnhof, der so manchen gut situierten Bücherfreund aus dem Norden nach Berlin lockte.

Was meinen Vater besonders hart traf, war die von den Nazis im Mai 1933 organisierte Bücherverbrennung Unter den Linden, die ihn etwa ein Drittel der Lagerbestände, die der SA und den NS-Studenten franko übergeben werden mussten, kostete. Auch durch den kurz zuvor propagierten Boykott jüdischer Geschäfte hatte er Einbußen erlitten. Die Mehrheit der Kunden ließ sich davon jedoch nicht abschrecken, sodass die Einnahmen wieder stiegen und neue Ankäufe für das wertvolle Antiquariat möglich waren.

Die Sparte Leihbüchereien genoss im Buchhandel zu jener Zeit einen hohen Stellenwert. Das Kaufhaus des Westens beispielsweise hatte um 1906 seinen beiden Buchetagen noch ein drittes Stockwerk mit einer Leihbibliothek von einigen tausend deutschsprachigen Büchern und Literatur in etwa 20 Sprachen hinzugefügt. Stadtbüchereien gab es damals noch nicht. Der Buchverleih lag zum größten Teil in privater Hand. In unmittelbarer Nachbarschaft zum Geschäft meines Vaters existierten noch zwei weitere Leihbüchereien, deren Erfolg aber nicht den meines Vaters erreichte: Sein Geschäft war sehr professionell geführt, seine Preisgestaltung annehmbar und die Auswahl reichhaltig. Gefragte Titel wurden in bis zu 20 Exemplaren angeschafft, sodass die Leser nicht lange auf ihre Vorzugslektüre warten mussten.

Vaters Fleiß und seine Beharrlichkeit trugen Früchte, sodass er im Mai 1935 sein Geschäft aus Platzgründen in das Haus Invalidenstraße 7, wo ihm dann zwei Läden zur Verfügung standen, verlegen musste. In einem Laden fand die Leihbücherei ihr Domizil und im Laden daneben das schöne Antiquariat mit alten Drucken, signierten Erstausgaben berühmter Bücher und bibliophilen Ausgaben.

In dieser Zeit begann ich im Geschäft, beim Umzug und der Einrichtung des Lagers mitzuhelfen. Unter der Leitung meines Vaters konnte ich mir wichtige Kenntnisse über Literatur, Buchwesen und Buchhandel aneignen. Ich war damals etwa zwölf Jahre alt, und die Arbeit gefiel mir sehr. Nach dem Schulunterricht war ich seither der Lehrling meines Vaters. Viele Jahre später wurde ich sein Partner.

Ein Fackelzug

Nun war es so weit. Die Kamarilla um den Reichspräsidenten von Hindenburg hatte es geschafft. Die zivile Regierung wurde erst von einem General der Reichswehr abgelöst, und dieser dann im Januar 1933 durch ein Kabinett, dem Hitler vorstand, ersetzt. Noch waren »nur« zwei Reichsminister aus dem Lager der Nazis (Göring und Frick) dabei, während der Rest der Ministerien von Deutschnationalen und Parteilosen geleitet wurde.

Die Übernahme der Gewalt durch die Nationalsozialisten wurde über alle Medien propagiert, und sofort formierten sich Fackelzüge in ganz Berlin, die sternförmig auf die Wilhelmstraße, den Sitz der Reichskanzlei, zumarschierten. Mit übermäßigem Pathos berichteten die NS-Zeitungen am nächsten Tag, dass Hitler fünf Stunden lang auf dem Balkon der Reichskanzlei den rechten Arm den vorbeimarschierenden Kolonnen zum Parteigruß entgegengehalten habe. Die Propagandamaschine des Regimes fing an, auf Hochtouren zu laufen.

So hörte auch ich eine Reportage aus der Wilhelmstraße über Radio und konnte somit erfahren, dass die Charlottenburger Kolonne des Fackelzuges ihren Rückweg über die Bismarckstraße und ab dem Sophie-Charlotte-Platz über die Schloßstraße nehmen würde. Ich lief also zum Sophie-Charlotte-Platz und stellte mich auf eine Bank, um besser über die wartende Menschenmenge sehen zu können. Schon von Weitem sah man das Herankommen der Fackelträger. Als Vorausschutz fuhren offene Polizeiwagen, die mit ihren starken Scheinwerfern die Häuserfronten abtasteten, um etwaige Attentäter zu entdecken. Je näher der Zug kam, desto deutlicher vernahm man die Rufe, das gemeinsame Geschrei der Demonstranten.

Da rief einer: »Deutschland!« und die Menge antwortete im Chor: »Erwache«, dann: »Juda!« und mit lautem Gegröle: »Verrecke!« Dann Pause, und dann wieder: »Deutschland. Erwache!« und »Juda, verrecke«. Den Gipfel der Verrohung bildete der lautstarke Gesang: »… und wenn das Judenblut vom Messer spritzt, dann geht's nochmal so gut!«. Diese Agitation ergoss sich in nicht enden wollender Folge.

Da stand ich also, ein fast zwölfjähriger Junge, auf der Bank eines Platzes, hörte all dies und fragte mich, was ich denn wohl Böses getan hätte, um derart angefeindet zu werden. Ich nahm an, dass dies alles nicht mir persönlich gelten könne, da ich mir keiner Schuld bewusst war. Dennoch blieb ein großes Unbehagen zurück und auch ein Misstrauen gegenüber meiner Umwelt. Denn diese bedrohlichen, oft ausgemergelten Gesichter und diese uniformierten Massen versprachen nichts Gutes. Ich war indes noch zu jung, um eine sofortige Gefahr zu erkennen, denn noch spielte sich alles unter Polizeischutz und einigermaßen geordnet ab. Als ich nach Hause kam, erzählte ich meinen Eltern, was ich erlebt hatte. Wir kamen überein, uns nicht einschüchtern zu lassen, sondern gewissenhaft unseren Pflichten nachzugehen und auf eine baldige Änderung der Verhältnisse zu hoffen, denn »so« könne es ja nicht weitergehen.

Es konnte.

Schon ein paar Tage später ging ich wie gewohnt zum Funkhaus, um zur Sendung anzutreten. Kaum dort angekommen, fragte mich der

Pförtner: »Sag mal, bist du ein Jude?« – »Ja.« – »Dann darfst du hier nicht mehr 'rein. Das Spiel ist aus!«

Goebbels und seine Kumpane hatten die Weichen gestellt. Das Spiel war aus, und meine Kindheit war zu Ende. Es begann ein neuer Lebensabschnitt. Meine Mitmenschen beobachtete ich von nun an mit Argwohn und Misstrauen. Traue niemandem – dieses Denken setzte sich in mir fest.

Große Hamburger Straße

Der von der Reichsregierung unter Hitler seit dem 30. Januar 1933 um den Lebensraum jüdischer Mitbürger gezogene Ring wurde von Tag zu Tag enger. Es begann mit der Eliminierung des Einflusses der Akademiker und Künstler auf das gesellschaftliche Leben, führte dann zur Einengung der Lebensverhältnisse aller Ausgegrenzten und endete in der Unterjochung und schließlich im organisierten Massenmord an der jüdischen Bevölkerung Europas.

Schon 1933 wurde ich vom Schiller-Realgymnasium wegen meiner »Rasse« verbannt und auf die Jüdische Mittelschule in Berlin-Mitte geschickt. Die Große Hamburger Straße in Mitte beherbergte damals den ältesten jüdischen Friedhof Berlins, ein Altersheim der Jüdischen Gemeinde und die erwähnte Mittelschule, alle im gleichen Areal. Gegenüber war das St. Hedwig-Krankenhaus, das es heute noch gibt.

Die unterschiedlichen Lehrpläne stellten die Schulleitung bei der Betreuung der Schüler, die – wie ich – von unterschiedlichen Oberschulen kamen, vor schier unlösbare Probleme. Ich konnte gewisse Pensen, die sich aus dieser Notsituation im Lehrbetrieb ergaben, auch nicht erfüllen, und so war der damalige Unterricht eine für Lehrer und Schüler sehr anstrengende Angelegenheit.

Im Schiller-Realgymnasium, einer höheren Schule zur Vorbereitung des Studiums der Geisteswissenschaften, hatte ich in den ersten drei Jahren bis zur Umschulung Latein als erste Fremdsprache, während in der Mittelschule, die für die Ausbildung zum Lehrerberuf angelegt war,

Französisch gelehrt wurde. Im vierten Jahr am Realgymnasium wurde mit Französisch begonnen; an der Mittelschule jedoch mit Englisch. Physik hatte ich am Realgymnasium überhaupt nicht, hier war das schon seit Schulbeginn auf dem Plan. Biblisches Hebräisch wurde in den ersten Jahren des Realgymnasiums nicht, in der Mittelschule jedoch seit der ersten Klasse gelehrt.

Die Schulleitung hatte zu jener Zeit sehr wohl erkannt, dass sie die wichtige Aufgabe hatte, uns geistig und körperlich zu stärken, damit wir den wachsenden Anfechtungen im Alltagsleben trotzen können. Dass das damalige Rektorat und das Lehrerkollegium ihre diesbezüglichen Aufgaben mit Bravour lösten, kann man nur mit Dankbarkeit und uneingeschränktem Lob hervorheben.

An einige Schwerpunkte im Unterricht erinnere ich mich noch gut: Im Fach Deutsch wurde uns das freiheitlich Denken bei Schiller nahegebracht. Oder Toleranz und Respekt vor anderen Religionen bei Lessing. Das konnte vom NS-Schulamt nicht beanstandet werden, da es sich um »echtes deutsches Schrifttum« handelte. Wir sprachen über Schiller und Lessing in der Klasse, während wir von Übergriffen der NS-Behörden gegen Andersdenkende erfuhren und über die Einrichtung erster Konzentrationslager bei Berlin unterrichtet wurden. Schillers Geisteshaltung sollte unseren berechtigten Befürchtungen entgegenwirken.

Im Fach Biblische Geschichte hörten wir von Bar Kochba, dem Aufstand der Hebräer gegen das Römische Reich. Und von Juda Makkabäus, dem Freiheitskämpfer der Juden gegen die Babylonier. In den Musikstunden sangen wir Lieder der Freiheitsliebe, z. B. den Berner Marsch, der ebenso wie »Wilhelm Tell« vom NS-Schulamt nicht beanstandet werden konnte. Bei den freiwilligen Kursen interessierten mich die Stenografie, Tischlerarbeiten und die Buchbinderei.

Im Frühjahr 1936 hieß es Abschied nehmen, auch von der Schule. Die vom Regime zum 31. Dezember 1935 angeordnete Schließung unseres Geschäfts hatte uns den Boden der Existenz unter den Füßen weggezogen. Bei einer Besprechung zwischen Lehrern und Schülern über die Gestaltung einer würdigen Abschiedsfeier für all die Schüler, die Berlin wegen der antisemitischen Politik sehr bald verlassen mussten und daher keinen Abschluss machen konnten, riet mir der Musiklehrer, den wir alle wegen seiner Güte liebten, Schuberts Lied »An die Musik« zu lernen. Er gab mir hierzu die Noten. Um auch den richtigen Ton zu finden, radelte ich von Plattenladen zu Plattenladen, bis ich in der Chausseestraße ein Geschäft fand, das die Schallplatte dieses Liedes, gesungen von dem Kammersänger Schlusnus, vorrätig hatte. Die Platte wurde mir vorgespielt, und ich merkte mir Melodie, Tempo und Ausdruck. So sang ich dann bei der Feier die für mich fast prophetischen Worte:

> Du holde Kunst, in wieviel grauen Stunden,
> Wo mich des Lebens wilder Kreis umstrickt,
> Hast du mein Herz zu warmer Lieb entzunden, hast mich
> in eine beßre Welt entrückt!

> Oft hat ein Seufzer, deiner Harf' entflossen,
> Ein süßer, heiliger Akkord von dir
> Den Himmel beßrer Zeiten mir erschlossen,
> Du holde Kunst, ich danke dir dafür!
> Du holde Kunst, ich danke dir.

Die bess're Welt lag in weiter, weiter Ferne.

St. Hedwig-Krankenhaus, Berlin

Eine der Barmherzigen Schwestern vom St. Hedwig-Hospital erzählte mir nach Kriegsende, was sie gesehen hatte, und ihr Gesicht verlor die gelassene Ruhe: »Natürlich erinnere ich mich an alles. An jede Einzelheit, obwohl es so viel Elend gab in dieser Zeit. Nachts standen wir Schwestern an den Fenstern der Schlafräume, wir sahen die Kuppel der Synagoge und das Jüdische Kinderheim in der Auguststraße. Wir weinten und beteten. Manchmal sahen wir Lastwagen auf den Hof fahren, im Licht der Scheinwerfer wurden Menschen verladen.«

Beim S-Bahnhof Eichkamp in Berlin-Charlottenburg befand sich damals ein Sportplatz der Jüdischen Gemeinde. Wir Schüler der Mittelschule spielten dort Fuß- und Völkerball, kamen aber auch zum Singen von Landsknechtsliedern zusammen. Wir hörten uns gerne Lieder aus dem ostjüdischen Kulturschatz an, die von Kindern ostjüdischer Eltern, die sich nach dem Ersten Weltkrieg in Berlin angesiedelt hatten, mit Lautenbegleitung vorgetragen wurden.

Als ich eines Tages zur Mittagszeit vom Bahnhof durch ein kurzes Waldstück zum Sportplatz ging, kam mir ein Trupp Hitler-Jugend mit Hakenkreuzwimpel entgegen. Ich ging in Ruhe an der Gruppe vorbei, wurde dann aber hinterrücks von den Burschen beschimpft und geschlagen, da ich, wie sie sagten, ihre Fahne nicht gewürdigt hätte. Ich wusste zwar, dass Hakenkreuzfahnen, wo immer sie auch gezeigt wurden, z. B. von SA-Kolonnen, die singend durch Berliner Straßen marschierten, mit dem Hitlergruß »geehrt« werden mussten. Hier handelte es sich aber um einen kleinen Wimpel, der von den antisemitischen Jugendlichen zum Anlass ihres Rowdytums herhalten musste. Ich fiel bei dieser Prügelei unglücklich auf ein trockenes Aststück, das sich in mein linkes Knie bohrte. Auch blutete ich aus dem rechten Ohr.

Auf dem Sportplatz meldete ich mich beim Aufsicht führenden Lehrer, der sich die Wunde ansah und mir riet, sofort einen Arzt aufzusuchen, da er mir mit einem Heftpflaster nicht helfen könne. Auf dem Weg zur S-Bahn fiel mir das St Hedwig-Krankenhaus ein, in dem Jahre zuvor auch mein Großvater behandelt worden war und das gegenüber meiner Schule in der Nähe unserer damaligen Wohnung lag. Ich begab mich dorthin

Die Schwestern nahmen mich meiner sofort an, legten mich auf eine Trage und brachten mich zum Arzt. Der wusch, nähte und verband die Wunde und behandelte mein Ohr. Dann sagte mir die Oberin, dass das Krankenhaus eigentlich den Überfall bei der Polizei melden müsste, das Krankenhauspersonal meinen Eltern aber aus politischen

Gründen die zu erwartenden Scherereien ersparen und daher den Vorfall nicht melden wolle. Sie nahm mir nur das Versprechen ab, mich am nächsten Tag in die Jüdische Ambulanz in der Grenadierstraße zur weiteren Behandlung zu begeben.

Die Wunde schmerzte und eiterte noch einige Wochen. Während dieser Zeit war mein linkes Bein nicht zu bewegen, und so humpelte ich eine Weile durch die Gegend, bis ich kuriert war. An die liebevolle Betreuung der Ärzte und Ordensschwestern im St. Hedwig-Krankenhaus, das ja in einem Quartier mit dem Namen »Toleranzviertel« liegt, erinnere ich mich noch heute gerne.

Jüdische Winterhilfe 1935

1933 startete die NSDAP eine Sammelaktion, die sie Winterhilfswerk des Deutschen Volkes nannte. Von den Begünstigungen dieser Wohlfahrtseinrichtung wurden jüdische Mitbürger recht bald ausgeschlossen, sodass die »Reichsvertretung der Deutschen Juden« eine eigene Winterhilfsaktion beschloss.

Am Schwarzen Brett meiner Schule in der Großen Hamburger Straße las ich 1935 einen Aufruf von Heinrich Stahl, dem Vorsitzenden der Jüdischen Gemeinde zu Berlin, freiwillige Helfer mögen sich für das Jüdische Winterhilfswerk zur Verfügung stellen. Ich meldete mich. Im Souterrain eines Hauses in der Augustraße hatte die Gemeinde Büro und Lager für ein Verteilerzentrum eingerichtet. Ich hatte die Aufgabe, alte und gebrechliche Menschen mit Lebensmitteln zu beliefern und Kurierfahrten mit dem Fahrrad zwischen der Bezirksstelle und der Zentrale in der Rosenstraße wahrzunehmen.

So kam ich mit meinen 14 Jahren in Kontakt mit sehr vielen notleidenden Menschen in der Mitte Berlins. Viele der Betreuten erzählten mir von ihren wirtschaftlichen Sorgen und von den Kränkungen und Erniedrigungen, denen sie im Alltagsleben ausgesetzt waren. Ganz plastisch steht mir noch die Situation von zwei alten Schwestern vor den Augen, die gemeinsam eine Familienpension in der Friedrichstraße betrieben und wegen der wirtschaftlichen Benachteiligungen keine Gäste mehr hatten. Sie waren auf die Hilfe der Gemeinde angewiesen. Ich brachte ihnen Päckchen u. a. mit Mehl, Zucker und Linsen. Eines Tages erzählten sie mir unter Tränen, dass sie die Milchflasche, die sie vor ihre Wohnungstür gestellt hatten und die am frühen Morgen vom Milchmann gefüllt worden war, mit Exkrementen beschmiert vorfanden. Es sei nicht das erste Mal gewesen.

Dann besuchte ich eine alte Frau, die beinamputiert war. Sie hauste im Dachgeschoss eines Gebäudes in der Linienstraße, lebte in absoluter Not und war körperlich nicht mehr in der Lage, die Wohnung zu verlassen. Auch ihr konnte ich nur trockene Lebensmittel, Decken und Streichhölzer bringen – aber keinen Trost. Es war ein Jammer.

Bar Mizwa

Die »Bar Mizwa« (Einsegnung) ist ein wichtiges Datum im Leben eines jüdischen Jungen. Er wird durch eine entsprechende Zeremonie als religiös volljährig erklärt, mit allen Pflichten eines Erwachsenen. Bar Mizwa bedeutet »Sohn der Pflicht«.

Im Januar des Jahres 1934 wurde mir bewusst, dass ich an einem Samstag im Juni, etwa zu meinem 13. Geburtstag, zur Einsegnung gehen würde. Ich wusste, dass ich mich zeitig vorbereiten musste. Vom Religionslehrer konnte ich das für mein Geburtsdatum zutreffende Einsegnungsdatum erfahren und auch, wer an diesem Samstag den Gottesdienst in der Großen Synagoge, in deren Bezirk wir wohnten, leiten würde. Ich rief also bei Herrn Rabbiner Schlesinger an und vereinbarte ein erstes Gespräch in seiner Wohnung.

Der Rabbiner erklärte mir den Ablauf des Bar Mizwa-Gottesdienstes und die Rolle, die mir dabei zufiel. Ich musste mich auf die folgenden hebräischen Texte vorbereiten:
- Segensspruch zur Vorlesung aus der Tora (5 Bücher Mose);
- Vorlesung eines Kapitels aus der Tora mit entsprechenden Betonungsnoten;

- Segensspruch zur Vorlesung der Haftara (Buch der Propheten);
- Vorlesung eines Kapitels aus der Haftara mit anderen Betonungsnoten;
- deutlicher Vortrag des Glaubensbekenntnisses »Schma Jisroel ...« (»Höre Israel ...«).

Einige hebräischen Texte hatte ich im Laufe der Religionsstunden der letzten Jahre schon gelernt; so hatte ich keine Schwierigkeit, die mir gestellten Aufgaben zu lösen. In einem halben Jahr konnte ich mich dann gründlich auf die Zeremonie vorbereiten. In der Zwischenzeit bat ich meine Mutter, mir einen schwarzen Anzug (kurze Hose und Bordjacke) zu besorgen. Die Vorbereitungen zur Bar Mizwa lagen alleine bei mir, denn meine Eltern hatten ganz andere Probleme.

Ich suchte Rabbiner Schlesinger, der meine Fortschritte prüfte, noch öfter auf. Beim letzten Examen im Juni gab er mir die Erlaubnis, zur Zeremonie zu erscheinen. Am bewussten Tag begleiteten mich meine Eltern zur Synagoge. In der gleichen Zeremonie wurden auch zwei Mädchen eingesegnet, die aber nur das Glaubensbekenntnis vortragen mussten. Während des ganzen Vorgangs stand ich am Altar und hatte die Gemeinde im Rücken. Zum Vortrag des Glaubensbekenntnisses musste ich mich aber zur Gemeinde umdrehen. Ich suchte meine Eltern in der ersten Sitzreihe. Sie waren da. Und neben und hinter ihnen: alle Verwandten mütterlicherseits, die ich teilweise in den letzten Jahren nicht gesehen hatte. Meine Eltern hatten sie eingeladen, zum Gottesdienst zu erscheinen, und, welche Überraschung für mich, sie waren alle gekommen! Zum Feiern aber waren die Zeiten zu ernst.

Der Terror beginnt

»Komm, der Reichstag brennt!«, rief mir ein Junge aus der Nachbarschaft am 27. Februar 1933 zu, als ich am Abend vor der Wohnung meiner Eltern in der Charlottenburger Witzlebenstraße stand. Ich sagte meiner Mutter Bescheid und lief dann zum Kaiserdamm, der Verlängerung der breiten Ost-West-Achse, die im Herzen Berlins ihren Anfang nimmt. Der Himmel war rot über der Innenstadt. Den Reichstag selbst konnte ich von meinem Winkel am Sophie-Charlotte-Platz nicht sehen, wohl aber die lodernden Flammen und die Funkenfontäne über den Dächern des Tiergartens. Es war ein beeindruckendes, ein schauriges Schauspiel.

Gleich am nächsten Tag, nämlich am 28. Februar wurde die sogenannte Reichstagsbrandverordnung erlassen, mit der die Machthaber die Verfolgung der politischen Gegner der NSDAP durch Polizei und SA legalisierten. Die Reichstagsbrandverordnung war eine entscheidende Etappe bei der Errichtung der nationalsozialistischen Diktatur. Die Gefängnisse waren bald überfüllt, jeden Tag kamen neue Häftlinge hinzu. Politische Häftlinge wurden nun in improvisierten Haftorten gefangen gehalten. So entstanden die »wilden« (auch »frühen«) Konzentrationslager.

Hakenkreuzmilizen beherrschten das Stadtbild. SA-Leute und Hitlerjungen mit Armbinden – »Hilfspolizei« – regelten den Verkehr und patrouillierten durch die Straßen. Über die Geschehnisse im KZ Oranienburg hörte ich damals viel von den Kunden meiner Eltern, über den Dienst in den Latrinen, die Misshandlung der Häftlinge durch SA-Leute und die mangelhafte Versorgung. Auch bekam ich Berichte über Alfred Braun, der, weil er Mitglied der SPD war, aus seinem Amt im Rundfunk gejagt und direkt ins KZ gebracht wurde.

In der Stadt kommunizierten die Menschen nicht mehr frei miteinander. Es herrschten Misstrauen und die Angst, wegen der Verbreitung regimefeindlicher Äußerungen denunziert zu werden. Die freie Meinungsbildung wurde erstickt. Die Machthaber forderten Anpassung an das NS-Gedankengut und bestraften jede Abweichung. Die Fahne der Republik wurde durch das Hakenkreuz ersetzt. Die Presse wurde zensiert, die Demokratie war tot.

Am 30. Juni 1934 kam ein Kunde in die Buchhandlung meiner Eltern und sagte: »Machen Sie bitte sofort das Radio an. Es geschieht etwas ganz Schreckliches!« Wir lauschten dem Sprecher des Berliner Rundfunks, der eine nicht enden wollende Namensliste vorlas. Er berichtete, dass Hitler von den Aufstandsplänen höchster SA-

Funktionäre erfahren und den Befehl zur sofortigen Liquidierung der Aufständischen gegeben habe. Selbst der oberste Führer der SA, Ernst Röhm, der bislang treueste Begleiter Hitlers, wurde Opfer dieser Terroraktion.

Die Nazis nannten die Pläne der mit dem Kurs der braunen Regierung unzufriedenen Mitglieder der eigenen Partei den »Röhm-Putsch«, obwohl ein solcher Putsch nie stattgefunden hatte. Die ganze Stadt war wie betäubt, niemand hatte den Mut, etwas Negatives hierzu zu sagen. Man nahm stumm und fassungslos die Dinge zur Kenntnis. Auch meine Eltern hoben den Zeigefinger an die Lippen: Ich solle ja den Mund halten! Die Anzahl der Mordopfer blieb zunächst ein Geheimnis des verbrecherischen Naziclans. Später fanden Historiker heraus, dass es wohl 200 Tote gab, darunter fast die gesamte SA-Führung. Ausgeführt wurden die Erschießungen auf Hitlers Befehl.

Der Terror des Naziregimes gegen Freund und Feind war Teil des Alltags geworden. Das Massaker wurde legalisiert, Erpressungen schlugen sich in internationalen Verträgen nieder und der kommende Krieg sollte zur Ausbeutung der europäischen Nachbarvölker führen.

Ende September 1935 hatte sich ein Gespenst in die Knabenabteilung der Jüdischen Mittelschule eingeschlichen. Es hieß: »Rassenschande«. Das Wort geisterte von Mund zu Mund. Niemand wusste, was es genau bedeutete. Bis wir unseren Klassenlehrer, Herrn Krohn fragten, wie der Begriff eigentlich zu deuten sei. Herr Krohn sagte uns, dass es ein neues Gesetz gebe, das es jüdischen Jungen nicht erlaube, mit christlichen Mädchen zu spielen. Unsere Eltern würden größte Schwierigkeiten bekommen, wenn wir mit einem christlichen Mädchen erwischt werden. Am nächsten Tag brachte ein Mitschüler eine Zeitung mit, die von dem neuen Gesetz berichtete.

Wir lasen, dass ab sofort nur die Menschen »deutschen oder artverwandten Blutes« volle Rechte hätten. Herr Krohn meinte, dies beziehe sich nur auf politische Rechte, also das Recht zu wählen oder gewählt zu werden. Die Schule könne uns in dieser Frage nicht weiterhelfen. Aber sie würde uns insofern beistehen, als sie alle Anstrengungen unternehme, uns einige Instrumente an die Hand zu geben, mit denen wir uns durch die Welt würden schlagen können: guter Unterricht und freiwillige Kurse zum Erlernen nützlicher praktischer Fähigkeiten. Es sei sehr wichtig, uns auf eine unsichere Zukunft vorzubereiten. Ein Mitschüler berichtete von einer landwirtschaftlichen Schule bei Hannover, in der jüdische Jugendliche für die Urbarmachung von Sümpfen und Wüsten in Palästina vorbereitet werden. Wir lauschten den ständigen Neuigkeiten und Wendungen mit großer Aufregung. Allen stand die Verunsicherung ins Gesicht geschrieben.

Die Reichskulturkammer und der Umzug

Knapp nach Beginn der Regierungstätigkeit gründete Propagandaminister Goebbels die Reichskulturkammer, eine Behörde, in der er sich selbst zum Chef machte. Mit diesem Monstrum konnte er bald sämtliche kulturellen Aktivitäten Deutschlands kontrollieren und politisch gleichschalten.

Der Bund reichsdeutscher Buchhändler wurde als Abteilung der Kulturkammer organisiert. Die Mitgliedschaft war für jeden Mitarbeiter im Buchhandel obligatorisch. Auch mein Vater musste diesem Verein beitreten, der nun regelmäßige Schulungsabende abhielt. Die Teilnahme an diesen Veranstaltungen war Pflicht.

Herr Dr. phil. Eberlein, eine spitzwegische Bücherperson reifen Alters, war Inhaber einer Leihbücherei in der Elsässer Straße, etwa 500 m von Vaters Geschäft entfernt. Er war mehr an Literatur als an Politik interessiert und wurde von »oben« als Obmann der »Fachschaft Leihbücherei«, einer Gliederung der Kammer, für die Buchhändlerschaft des Bezirkes Mitte bestimmt. Herr Dr. Eberlein pflegte gewissenhaft die ihm obliegenden Kontakte zu den Kollegen, und so kam er auch seit Ende 1933 ab und an in das Geschäft meines Vaters. Was ihn ganz besonders bedrückte, waren die antisemitischen Anfeindungen, die das Schulungspersonal des Ministeriums bei den Pflichtversammlungen vom Stapel gelassen hatte und mit denen er sich nicht identifizieren wollte. Und so konnte er bei meinem Vater »Luft rauslassen« und sein Gewissen beruhigen. Wenn ihm die Argumente ausgingen, sagte er schließlich nur: »Helf er sich!« Dieser Appell war seitdem das geflügelte Wort, mit dem wir in der Familie die Widrigkeiten des täglichen Lebens über uns ergehen lassen konnten. »Helf er sich!« war die Zauberformel, mit der wir für uns das Unverständliche verständlich machen wollten.

Als der Umzug des Buchgeschäftes meines Vaters von der Invalidenstraße 6 ins Nebenhaus Nr. 7 Anfang Mai 1935 über die Bühne gegangen war, konnten wir endlich die inzwischen angesammelten Exemplare des Antiquariats und der Leihbibliothek in entsprechenden Räumlichkeiten und neuen Regalen unterbringen. Um die Abfertigung des Publikums und den Wareneingang kümmerten wir uns während des Umzugs tagsüber so gut wie nur möglich. In den Abendstunden bis weit in die Nacht hinein waren wir jedoch mit dem Sortieren und Einräumen der Buchbestände beschäftigt. Anfang Juni hatten Vater, Mutter und ich diese Arbeiten beendet und sahen mit Stolz auf unser gut sortiertes und ansprechendes Lager mit seinen verschiedenen Abteilungen.

Gefeiert wurde nicht. Aber man sah es meinem Vater an, dass er mit dem Erreichten, nämlich dem Aufbau einer Existenz aus dem Nichts – ohne jegliche Förderung von außen in einem sozial schwachen und teilweise feindlichen Umfeld – zufrieden war. Ein Antiquariatskunde meines Vaters, der Berliner Buchhändler James I. Friedmann, beschrieb noch zwanzig Jahre später, in einem Brief vom 29. November 1957, seine Eindrücke vom Winter'schen Buchgeschäft:

> »Ich hatte im Jahre 1932 eine eigene Buchhandlung und Leihbücherei und stand seinerzeit ungefähr bis zum Jahre 1935 mit der Leihbücherei und dem Antiquariat von ARNOLD WINTER in laufender und angenehmer geschäftlicher Verbindung, […].[…], dass er ein sehr gutsortiertes Antiquariat und eine der bestflorierenden Leihbibliotheken Berlins hatte, […]. Der Laden war modern eingerichtet, sehr ansprechend mit Nebenräumlichkeiten. Die Bücher waren in Regalen zur Selbstbedienung aufgestellt, darunter sehr viele Neuerscheinungen, leichter Unterhaltungsliteratur wie z. B.

Frauen-Abenteuer-Kriminal-Romane sowie Reisebeschreibungen etc. In einer besonderen Abteilung war für Leihzwecke wertvolle Literatur (Belletristik und Wissenschaft) in einer hervorragenden, fast vollständigen Sortierung vorhanden.
Abgesehen hiervon wurde ein Antiquariat unterhalten und mit ständigen Neuerwerbungen versehen. Eine Fundgrube für Bücherfreunde und Bücherliebhaber, wo sehr viele Klassiker, auch Erstausgaben, gesammelte und vollständige Werke, Romane berühmter Autoren, teilweise in Halbleder, eine stattliche Auswahl von Kupferstichmappen, illustrierten Ausgaben (auch farbig) und vieles mehr am Lager war. [...] ARNOLD WINTER war nicht nur ein erstklassiger Fachmann, sondern auch ein sehr umsichtiger Kaufmann. Er hatte immer neue Reklameideen, die er vielfach mit Erfolg anwandte, und war äusserst rührig im Ankauf guter Bibliotheken und im Erwerb wertvoller Bücher, was seinerzeit schwieriger war als der Verkauf.«

Es war so weit: Am 20. Juni 1935 wurde das große Ladenschild über die beiden zusammenhängenden Läden gehängt. Die Zeremonie kam einer Eröffnung gleich. So verstanden es auch die Nachbarn und Kunden des Geschäfts. Sie hielten sich nicht an die Diskriminierungsparolen der Nazis, sondern besuchten uns, um zu sehen, zu staunen und zu gratulieren.
Als Erster erschien Herbert Heinrich mit Frau und Kind und überbrachte einen kleinen Blumenstrauß. Dann kam eine kleine Abordnung der Taxichauffeure, die ihren Standplatz um die Ecke in der Bergstraße hatten und emsige Kunden der Leihbibliothek waren. Auch das Fräulein vom Erfrischungsraum des Kaufhauses Tietz an der Brunnenstraße besuchte uns. Es war rührend von ihr, dass sie uns mit drei Tortenstücken beschenkte. Schließlich kam der Rechtsanwalt von gegenüber, ein Dauerkunde für Kriminalromane. Auch viele neue Kunden erschienen, stöberten in den Sondertischen und ließen sich beraten. Die Lage des jetzigen Geschäftes in der Invalidenstraße 7, direkt an der Hauptstraße mit ihren Passanten, Straßenbahnen und

Autos gelegen, war viel besser als die des bisherigen Eckladens. Wir waren überrascht vom großen Anklang, den der Buchladen zusätzlich bekommen hatte.

Nach Geschäftsschluss erschienen noch zwei Kollegen, der Inhaber einer Leihbücherei in der Gartenstraße und Herr Dr. Eberlein, der eine schöne blau-gelbe Keramikvase als Präsent mitbrachte. Herr Dr. Eberlein ließ es sich nicht nehmen, eine kleine Lobesrede zu halten. Er nannte das Geschäft eine »Perle des Arbeiterviertels« und beendete seine Ausführungen mit »vivat liber!«. Meine Mutter konnte einige Tränen der Rührung nicht verbergen. Der Tag endete, als lebten wir im tiefsten Frieden.

Berufsverbot

Ende Juli 1935 kam er dann, der lang gefürchtete Brief der Reichskulturkammer. Er enthielt die Vorwarnung für ein sehr baldiges Berufsverbot. Es war uns hingegen »gestattet«, das Buchgeschäft an »Arier« zu veräußern oder ganz aufzulösen.

»Wir sehen uns veranlasst, Sie heute schon darauf aufmerksam zu machen, dass die Ausschaltung des nichtarischen Einflusses im Buchhandel- und Leihbüchereigewerbe in naher Zukunft vorgenommen wird. Wir werden deshalb demnächst genötigt sein, dem Herrn Präsidenten der Reichsschrifttumskammer auch Ihren Ausschluss aus dem Bund reichsdeutscher Buchhändler vorzuschlagen. Es wird Ihnen bekannt sein, dass der Ausschluss gleichbedeutend mit dem Verbot weiterer Betätigung auf diesem Gebiet ist. Wir möchten Ihnen jedoch durch diese Nachricht Gelegenheit geben, einen Wechsel in den Eigentumsverhältnissen Ihrer Firma eintreten zu lassen, bevor der Ausschluss ausgesprochen wird.
Der Verkauf darf – den Bestimmungen der ersten Durchführungsverordnung zum Reichskulturkammergesetz vom 1. XI. 1933 (RGBL. 1933/I S. 797) entsprechend – nur an solche Perso-

nen stattfinden, die die Mitgliedschaft im Bund reichsdeutscher Buchhändler besitzen oder gegen deren Aufnahme nachweislich keine Bedenken bestehen. Sollten Sie keinen Käufer finden, steht der Liquidation der Firma nichts im Wege. Die stille Teilhaberschaft wird der Inhaberschaft gleich gesetzt; sie darf also nicht in Erwägung gezogen werden.«

Mein Vater schrieb später in seinem Lebenslauf: »Die Tatsache, dass zur gleichen Zeit zahlreiche Bibliotheken ebenfalls geschlossen wurden, machte die Verwertung der Bestände beinahe unmöglich.«
Die Auswirkungen des Briefes auf unseren seelischen Zustand sind schwer in Worte zu fassen: Ohnmacht und Wut, Niedergeschlagenheit und Rachegefühle beherrschten uns, wir taumelten wie in einem schwerelosen Raum. Der Boden war uns unter den Füßen weggezogen worden. Und all dies, ohne ein Unrecht begangen zu haben. Plötzlich kamen uns die Erzählungen unserer Kunden in den Sinn, die über Selbstmorde jüdischer Anwälte, Ärzte und Künstler aus der Nachbarschaft berichtet hatten, und auch über die vielen Familien, die aus dem Bezirk verschwunden waren, weil sie ins Ausland emigriert waren.
Wir mussten zusehen, wie wir mit der von den teuflischen Bürokraten geschaffenen Situation umgingen. Weitermachen war unmöglich, so viel war klar. Gelder waren keine da, denn der Verdienst der letzten Jahre war in die Abzahlung der Kredite geflossen, die der stete Aufbau des Buchgeschäftes nach sich gezogen hatte. Mein Vater schrieb in seinem Lebenslauf: »Es gelang mir dann, während jahrelanger, mühevoller Arbeit langsam wieder festen Fuß zu fassen und ein Geschäft aufzubauen, das gerade in dem Augenblick, als es durch den Nationalsozialismus zertrümmert wurde, vollkommen schuldenfrei geworden war und durch meine zahlreiche zufriedene Kundschaft mir die Sicherheit gegeben hätte, sorgenlos in die Zukunft zu schauen.«
Die rassistische Falle hatte zugeschnappt. Es gab kein Gericht, das uns hätte helfen können, denn die Machthaber hatten sämtliche Instanzen gleichgeschaltet. Das Ausland mischte sich nicht ein, und die meisten Deutschen sahen weg, wenn ein als »Jude« abgestempelter Mensch an

ihnen vorbeiging. Sie wollten es nicht wissen und dachten nur an sich selbst.

»Arnold Winter, wenn du dich jetzt nicht freiwillig verziehst, werden wir dir schon Beine machen.« So empfanden wir den Inhalt des Briefes, den mein Vater Oktober 1935 von der Behörde des ideologischen Giftmischers Dr. Goebbels bekam. Gegen das Urteil der kompletten Existenzvernichtung zum 31. Dezember des gleichen Jahres gab es keine Berufung.

»Im Nachgang zu dem bereits in Ihren Händen befindlichen vorbereitenden Ausschlußschreiben geben wir Ihnen bekannt, dass der Verkauf oder die Auflösung Ihrer Leihbücherei bis zum <u>31. 12. 1935</u> zu erfolgen hat.
Wir erwarten von Ihnen die genaue Einhaltung dieses Termines, da wir uns andernfalls genötigt sehen, der Reichsschrifttumskammer Meldung zu machen und Ihren Ausschluss durch Entscheidung des Präsidenten der Reichsschrifttumskammer zu beantragen.«

Mein Vater musste nun, ob er wollte oder nicht, sein Buchgeschäft zum Kauf anbieten. Die »arischen« Kollegen des Bezirkes waren jedoch bis auf eine Ausnahme nicht interessiert. Jahre später schrieb mein Vater: »Und so kam es, dass ein der Reichskulturkammer genehmer Buchhändler mir für die Übergabe eines Teiles der Bücher 50 Rpf. pro Buch ausbezahlte, wobei der Laden, Kundschaft und Inventar ohne Vergütung übergeben werden mussten.«

Die Übergabe fand am 31. Dezember 1935 statt. Käufer war Herr Dr. phil. Eberlein.

Nochmals mein Vater: »Nicht genug, dass wir unsere schwer erworbenen Werte so verschleudern mussten, zwangen uns behördliche Schikanen, bei der Beschaffung der Ausreisedokumente fast unser letztes Geld in Deutschland zu verbrauchen, und schließlich konnten wir nur mit Unterstützung des Jüdischen Hilfskomitees mittellos unsere Auswanderung betreiben.«

Flucht nach Österreich

Das Urteil des wirtschaftlichen Todes war also zum Jahresende 1935 vollstreckt worden. Nun hieß es, Berlin den Rücken zu kehren. Als einzige Möglichkeit bot sich für uns Wien an. Meine Großeltern, bescheidene Rentner, wohnten dort im 3. Bezirk in einer mehr oder weniger beengten Wohnung, schrieben uns aber, dass wir uns keine Sorgen wegen der Unterkunft machen sollten; sie würden zusammenrücken, bis wir eine neues Lebensgrundlage gefunden hätten. »Kommt, ihr braucht kein Gepäck mitzubringen ...«

Um ausreisen zu können, brauchten wir Pässe und Dokumente, Papiere und Stempel der verschiedenen Behörden. Das Ganze war jedes Mal ein Spießrutenlaufen. Nicht nur, dass Vater seine Existenz verloren hatte und sein Selbstbewusstsein zerstört worden war – die täglichen Schikanen in den Amtsstuben machten ihm schwer zu schaffen.

In den ersten Tagen des Jahres 1936 hatten Berliner Zeitungen eine Stellungnahme des Polizeipräsidenten veröffentlicht, dass die zuständigen Behörden ausreisewilligen Juden keine Hindernisse in den Weg legen sollten, damit Berlin recht bald »judenrein« sei. Als mein Vater bei der Finanzbehörde persönlich vorstellig wurde, um sich dort abzumelden, übergab ihm der zuständige Beamte eine Liste von noch beizubringenden Unterlagen und Erklärungen, die meinen Vater zu dem Hinweis veranlassten, dass doch der Polizeipräsident kürzlich die Vereinfachung behördlicher Erfordernisse empfohlen habe und die vom Finanzamt nunmehr verlangten Dokumente doch sehr zur Verzögerung der Ausreise beitragen würden.

»Sie wollen also behaupten, dass der Herr Polizeipräsident ein Lügner ist?«

Bei meinem Vater läuteten in diesem Moment alle Alarmglocken. Er wusste, dass dies eine hinterhältige Frage war, die für ihn und seine Familie eine große Gefahr bedeutete. So nahm er sich also zusammen und sagte, dass die Finanzbehörde offenbar noch keine Kenntnis von der publizierten Meinung des Polizeipräsidenten Graf von Helldorf habe und er daher sicher sei, dass man sich dort dieser Auffassung anschließen werde.

In diesem Augenblick bekam Vater seinen ersten starken Schmerzanfall in der Magengegend, Schmerzen, die ihn während aller kommenden Jahre in immer stärkerem Maße begleiten sollten.

Für unser Asyl in Österreich brauchten wir Pässe und Einreisevisen. Die Polizei versorgte meine Eltern mit Reisedokumenten und mich mit einem Kinderausweis; sie galten für Bürger »ohne Staatsangehörigkeit«. Dies war notwendig geworden, weil mein Vater nach Ende des Ersten Weltkrieges bei seinem Konsulat in Berlin zwar für Österreich optiert hatte, aber nicht nach Österreich zurückgekehrt, sondern in Berlin geblieben war und damit das Anrecht auf die österreichische Staatsbürgerschaft verloren hatte.

Da wir aber so schnell wie irgend möglich wegwollten, nahmen wir als »Zwischenlösung« die neutralen deutschen Reisedokumente in Kauf. Der österreichische Konsul in Berlin verweigerte jedoch meinem Vater, der in seinen Augen kein österreichischer Staatsbürger mehr war, ein Einreisevisum für die Familie. Auf die vehementen Vorhaltungen meines Vaters als früherer Soldat, der sein Leben für seine österreichische Heimat eingesetzt habe, bot ihm der Konsul ein Besuchervisum an. »Mit dem können Sie nach Wien fahren und Ihre Frau Mama besuchen. Wenn Sie nach Berlin zurückgekommen sind und sich bei mir gemeldet haben, werde ich je ein Besuchervisum für Ihre Frau Gemahlin und Ihren Sohn ausstellen. Die beiden Herrschaften können dann ihre Wiener Verwandten besuchen und dort drei Monate bleiben. So habe ich die Gewähr, dass nicht die ganze Familie Winter nach Österreich einreist und dort dem Staat wegen fehlender Mittel zur Last fällt.«

Meinem Vater blieb nichts weiter übrig, als sich dieser politischen Erpressung zu beugen. Er fuhr also nach Wien, während meine Mutter und ich – quasi als Geiseln des österreichischen Staates – in Berlin auf seine Rückkehr warteten, besprach mit meinen Großeltern die notwendigen Formalitäten und kam dann einige Tage später zurück.

Am 5. April 1936 brachte uns mein Vater schließlich zum Anhalter Bahnhof. Um 8 Uhr fuhr der Zug nach Wien ab. Der Bahnsteig war menschenleer. Die geltenden Devisenbeschränkungen erschwerten die Reisen nach Österreich, und so waren wir fast alleine am Bahnhof. Kein Verwandter, kein Freund war gekommen, um uns zu verabschieden. Doch ein paar Minuten vor Abfahrt des Zuges sah ich eine Frau mit einem kleinen Kind an der Hand auf uns zukommen. Es war eine jüdische Kundin meines Vaters, in deren Familie ich so manchen Passah-Abend verbracht hatte; sie kam, um uns zu umarmen und Glück für die Zukunft zu wünschen. Meine Mutter und ich saßen allein im Abteil. Als der Zug durch Halle fuhr, sangen wir: »An der Saale hellem Strande / stehen Burgen stolz und kühn, / ihre Dächer sind zerfallen / und der Wind streicht durch die Hallen, / Wolken ziehen drüber hin.« Wir weinten. Das Heimweh hatte uns jetzt schon erfasst.

In Berlin hatte mein Vater noch einige Dinge regeln können. Vom italienischen Konsulat ließ er sich ein Besuchervisum ausstellen. Mit diesem Visum ging er zum österreichischen Konsulat und erhielt ein Durchreisevisum, das zur Fahrt nach Italien notwendig war und daher erteilt werden musste. Jetzt hatte er endlich die Möglichkeit, Berlin definitiv den Rücken zu kehren. Er löste eine Fahrkarte über Innsbruck nach Rom und reiste ab. In Innsbruck kannte er sich recht gut aus. Dort verließ er den Zug, ging zu einem anderen Gleis und stieg unbehelligt in den nächsten Zug nach Wien ein.

Die Flucht war geglückt!

Freiheit – Armut

Wir waren in Wien. Wir waren frei von den Nazis. Aber wir mussten lernen, in Armut zu leben. Österreich, das Heimatland meines Vaters, gestattete uns Staatenlosen nicht, eine Arbeit zu suchen, um unser Leben fristen zu können. Wir waren abhängig geworden von der Wohltätigkeit Dritter und von der liebevollen Duldung unserer Verwandten. Die Geldnot war chronisch.

Unser erster Besuch galt der Israelitischen Kultusgemeinde. Dort lernten wir den Leiter des Emigrantendezernats, Herrn Abbeles, und seine Sekretärin, Fräulein Schön, kennen. Sie registrierten unsere Personalien, nahmen Kenntnis von unserem Schicksal und gaben uns als Erstes Essensmarken für den täglichen Mittagstisch der Gemeinde. Auch wurde uns eine minimale wöchentliche Geldzuwendung für Frühstück und Mobilität in Aussicht gestellt. Im Laufe der Monate lernten wir die Gemeindefunktionäre als warmherzige Mitmenschen kennen, denen man immer anmerkte, dass sie bei der Bewältigung der täglich neu ankommenden Flüchtlinge »aus dem Reich« überfordert waren.

In der Mensa der Gemeinde bildeten sich bald Gruppen Gleichgesinnter. Einigen Emigranten aus unserer Gruppe sollten wir später immer wieder begegnen. Da waren die ungleichen Zwillinge Zander aus Berlin, etwa 35 Jahre alte Herren, stets zu Witzen und fröhlichen Dingen aufgelegt. Dann ein freundlicher Schneider, ebenfalls Berliner, der so manchen Trick des Wohlfahrtssystems kannte. Und schließlich der Jurist Wolffsohn, den es mit Peter, seinem minderjährigen Sohn, zunächst nach Prag verschlagen hatte, wo der Junge aufs Gymnasium ging. Peter war in meinem Alter (15). Unsere Freundschaft dauerte über drei Jahrzehnte.

Bis zu unserer Ankunft in Wien hatte ich noch keinen meiner Wiener Verwandten je persönlich gesehen. Ich kannte meine Großeltern, Onkel Paul Goldner und seine Frau Rosa (die Schwester meines Vaters) und deren Kinder Liesl (Elisabeth) und Kurt nur aus den Berichten meiner Eltern und dem Schriftwechsel meines Vaters mit der Familie. Als meine Mutter und ich am 5. April 1936 am Franz-Joseph-Bahnhof ankamen, nahm uns Tante Rosa, eine fesche Mittvierzigerin, in Empfang und brachte uns in die Untere Viaduktgasse zu meinen Großeltern.

Oma Winter war eine herzensgute Frau, die geborene Optimistin, ihr Mann ein eher ruhiger, in sich gekehrter, doch liebenswerter Mensch. Er war jahrelang als Buchhalter in einer Textilfirma tätig gewesen. Sie lebten von ihrer bescheidenen Pension und teilten nun ihre kleine Wohnung – Ofenheizung, Toilette auf dem Hausgang – mit uns. Wir schliefen auf einem Sofa und zwei Feldbetten, die jeden Abend aufgestellt werden mussten. Trotz allem herrschte dort immer ein Hauch natürlicher Fröhlichkeit.

Goldners wohnten in der gleichen Gegend in einer freundlichen Drei-Zimmer-Wohnung. Paul war Vertreter eines tschechischen Modeschmuckherstellers. Tante Rosa, die alle nur Rosl nannten, betrieb mit einer Freundin eine kleine chemische Reinigung. Liesl, eine begabte Zeichnerin, war Schülerin in der Staatlichen Kunstgewerbeschule, und Kurt lernte den Umgang mit textilverarbeitenden Maschinen in einer Lehrwerkstatt. Liesl und ich, wir mochten uns vom ersten Augenblick an. Zusammen mit Kurt verbrachten wir manch schöne Stunden. Wir liebten gute Musik, ein Klavier war in der Wohnung, und das Radio übertrug Aufführungen aus der Staatsoper und aus dem Musikvereinshaus, die wir uns nicht entgehen ließen.

Ich litt sehr an der Unmöglichkeit, mir durch irgendeine Tätigkeit wenigstens ein Taschengeld verdienen zu können. Ich sprach darüber auch mit der Freundin meiner Tante in deren Laden. Sie hörte sich das an und sagte: »Rechts um die Ecke, in der letzten Villa auf der linken Seite, wohnt ein sehr wohlhabender Mann mit seiner Familie. Sie bringen immer sehr gute Kleidungsstücke zur Reinigung. Vielleicht kann dieser Herr dir helfen.«

Ich ging dorthin. Eine Hausangestellte fragte nach meinem Wunsch. Ich bat, mit dem Herrn des Hauses sprechen zu dürfen, worauf sie mir sagte, dass es besser wäre, wenn ich ihn am nächsten Tag in seinem Büro am Schottenring aufsuchen würde. Was ich dann auch tat. Ich habe in meinem Leben mehr als eine Probe gegen Widerstände aller Art bestehen müssen, aber immer hat mich in den schwierigsten Momenten ein Engel begleitet und mich vor dem Schlimmsten bewahrt. Zu diesen gehörte auch der Herr vom Schottenring.

Er residierte in einem repräsentativen Bürohaus, ein jovialer älterer Herr, Chef eines Chemiekonzerns: Kommerzienrat Lassner, u. a. Honorarkonsul von Liberia, Verwaltungsetage mit rotem Teppich im Vestibül, erlesene Möbel und gepolsterte Türen in den Büros, dunkel gekleideter Empfangschef im Eingangsbereich. Ich möge doch bitte mein Anliegen auf dem Besuchervordruck ausfüllen. Also schrieb ich:

»Ich bin 15 Jahre alt, Flüchtling aus Deutschland und erbitte Hilfe. Es geht nicht um Geld, sondern um Arbeit.«

Das Faktotum nahm den Zettel, bat mich Platz zu nehmen und verschwand in einem Büro. »Frau Schulz, die Sekretärin des Herrn Kommerzienrates, lässt bitten.« Sie begann mit einem freundlichen Verhör. Dann ging sie ins Nebenbüro und kam nach einigen Minuten zurück: »Der Herr Kommerzienrat lässt bitten.«

»Frau Schulz hat mir schon berichtet. Ich weiß nicht, wie ich dir helfen kann, aber ich würde gerne mit deinem Vater über eure Situation sprechen, damit deine Familie hier arbeiten kann. Als Erstes nimm das bitte hier.« Er holte eine Zigarrenschachtel aus seinem Schreibtisch, die über und über mit Schilling- und Groschenmünzen bestückt war, schüttete sie vor mir aus, damit ich Taschengeld für die nächste Zeit hätte, und zog drei Tafeln Schokolade aus einem anderen Schubfach, je eine für meine Eltern und mich »mit den besten Empfehlungen an die Frau Mama«.

Und dann sagte er zu meiner Überraschung: »In den hinteren Räumen dieser Etage hat ein guter Freund von mir, Herr Direktor Lissner« – er hieß wirklich so –, »seine Büros. Er besitzt eine Hundekuchenfabrik. Ich habe eben mit ihm telefoniert, und er sagte, dass er dich gerne kennenlernen möchte.« Da ging auch schon die Tür auf, und ein untersetzter netter Herr kam mit ausgestreckter Hand auf mich zu, als würden wir uns schon seit Jahren kennen. Er fragte mich über Einzelheiten unseres bisherigen Lebens in Berlin und sagte dann, dass er sich freue, wenn ich ihn in seiner Wohnung besuchen würde, damit er mich auch seiner Frau Gemahlin vorstellen könne.

Der Besuch meines Vaters bei Herrn Lassner endete mit der Übereinkunft, dass die Anwälte seiner Firma die gesetzlichen Gründe und Voraussetzungen für die Wiedereinsetzung meines Vaters in den österreichischen Staatsverband prüfen sollten.

Bei Lissners war ich fast jeden Samstag zu Gast. Frau Lissner war eine liebenswürdige Dame, die es sich nicht nehmen ließ, fast jede Woche auch noch einen Kuchen für meine Eltern zu backen, den ich dann immer mitnahm.

Die Herren Lassner und Lissner waren Mitglieder eines Vereins, der sich »Gute Herzen« nannte. Dieser Verein betrieb u. a. ein Waisenhaus im Westen Wiens mit integrierter Schule. Außerdem finanzierte er auch ein in herrlicher Natur gelegenes Ferienhaus in Neulengbach bei St. Pölten in Niederösterreich. Die Leitung des Waisenhauses war von Herrn Lassner über mich unterrichtet worden und lud mich ein, wann immer ich wollte, Tagesgast des Hauses zu sein, um in Kontakt mit Jugendlichen zu kommen und an den Mahlzeiten teilnehmen zu können.

In der Ferienzeit war ich dann auch während einiger Wochen Gast bei den »Guten Herzen« in Neulengbach und verlebte dort eine herrliche Zeit in der Natur unter Jugendlichen und mit aufgeschlossenen Lehrern. Mit Herrn Lassner, der zur gleichen Zeit in Karlsbad zur Kur weilte, verband mich eine rege Korrespondenz, die in der Übersendung von Päckchen mit Karlsbader Oblaten nach Neulengbach ihre jeweiligen Höhepunkte erreichte.

Austrofaschismus

Zu Großvater Moritz hatte ich recht bald ein Freundschafts- und Vertrauensverhältnis aufgebaut. Er selbst pflegte eine bescheidene Lebensart, zu der ein täglicher Besuch in der kleinen Weinhandlung am Radetzkyplatz gehörte, wo er dann im Gespräch mit den Stammkunden seinen Achtelliter Weißwein trank. Obwohl er in der Politik eher passiv war, wusste er über politische und soziale Zusammenhänge recht gut Bescheid. So kam es, dass er mir die Entwicklung der letzten Jahre in seiner Heimat in verschiedenen Gesprächen schilderte.

Ich hatte in Deutschland zwar vor zwei Jahren über die Ermordung des Bundeskanzlers Dollfuß in Wien gelesen, wusste aber nicht, dass es österreichische Nazis waren, die dieses Verbrechen als Teil einer misslungenen Revolution verübt hatten. Dass nun die »Vaterländische Front« der Christlich-Sozialen das Sagen hatte, spürte man in Wien an jeder Ecke und in allen Zeitungen. Auch dass man Mussolinis Italien als Freund und Beschützer erachtete, hatte ich schon mitbekommen.

Opa Moritz erzählte vom Bürgerkrieg der Christlich-Sozialen gegen die sozialdemokratische Mehrheit in Wien, der vom Kardinal Innitzer mit angeheizt worden war, und von den Tausenden von Sozialdemokraten, die unschuldig in österreichischen Gefängnissen nur wegen ihrer politischen Meinung einsaßen, während die Regierung die parlamentarische Demokratie gegen eine Diktatur der »Vaterländischen Front« eingetauscht hatte.

Jetzt fiel mir der Schleier von den Augen: Das Verhalten des österreichischen Konsuls in Berlin gegen meine Familie wurde mir nun klar. Dieser Mensch war also auch ein faschistischer Schurke. Statt des Hakenkreuzes hatte er das Jerusalem-Kreuz der Vaterländischen Front als Symbol seiner Mission. Er war nicht besser als seine Nazi-Gegner. Und solchen Leuten hatten wir unser weiteres Leben anvertraut. Wir waren erschüttert und sehr misstrauisch geworden, was die weitere Entwicklung unseres Aufenthaltes in Österreich betraf. Unsere frühen Erfahrungen in Deutschland über die Ablösung der Demokratie durch den Hitlerstaat ließen mich nichts Gutes erwarten.

Theater und Anna Freud

Im Zug nach Wien, auf der tschechoslowakischen Strecke, machte ich die Bekanntschaft eines freundlichen Herrn. Im Gespräch stellte sich heraus, dass er der Direktor des deutschsprachigen Theaters in Tetschen war und nach Wien fuhr, um sich in einer Künstleragentur nach Schauspielern für seine Bühne umzusehen. Ich erzählte ihm von meinen Auftritten in Berlin und zeigte ihm meine Mappe mit den gesammelten Kritiken und Abbildungen aus Berliner Zeitungen und Zeitschriften. Er gab mir die Adresse der Wiener Agentur und empfahl mir, dort vorzusprechen.

Als ich einige Tage später das in der vierten Etage liegende Büro der Agentur betrat, sah ich, dass sich noch viele Besucher im Wartezimmer aufhielten. Ich lief die vier Treppen wieder hinunter, um Tante Rosl anzurufen und sie zu bitten, sie möge meiner Mutter ausrichten, dass es lange dauern werde, bis ich wieder daheim sein könne. Dann stieg ich die Treppen wieder hinauf. Oben bemerkte ich, dass ich die Kritikenmappe in der Telefonzelle vergessen hatte. Also lief ich wieder hinunter. Die Mappe war weg. Sie war wie vom Erdboden verschluckt. Aus! Ich hatte meine Vergangenheit verloren. Ich kehrte wieder zur Agentur zurück und berichtete dort, als die Reihe an mir war, was mir zugestoßen war.

Ich durfte dann einen Text vortragen und nahm dafür den Melchtal-Monolog aus Schillers »Wilhelm Tell«, den ich schon in der Schule gespielt hatte. Am Ende wurde ich mit dem Versprechen verabschiedet, dass man mich benachrichtigen würde, falls sich etwas Geeignetes für mich ergäbe. So kam es, dass ich, als eine Szene mit Heinz Rühmann im Zirkus des zweiten Bezirkes gedreht wurde, von der Agentur als Statist vorgeschlagen und dann auch für zwei Tage beschäftigt wurde. Mehr war dann für längere Zeit allerdings nicht drin.

Eine verschleppte Erkältung veranlasste mich, die Ambulanz der HNO-Klinik in der Wiener Universität aufzusuchen, wo eine Nasennebenhöhlenentzündung festgestellt wurde, zu deren Behandlung ich während zwei bis drei Wochen regelmäßig erscheinen musste. Ich freundete mich mit dem behandelnden Assistenzarzt an, der mir eines Tages sagte, dass er sich über mich mit einer Kollegin, die in einem Nebensaal mit autistischen Kindern Sprachübungen durchführte, unterhalten habe. Diese Kollegin sei eine Tochter des berühmten Wissenschaftlers Professor Freud. Sie würde mich gerne kennenlernen.

Ich suchte also Anna Freud auf. Die damals 40-jährige, recht selbstbewusste und resolute Dame ließ es nicht an Geduld bei der Behandlung ihrer Schützlinge fehlen. In einem freien Moment wandte sie sich mir zu, stellte einige recht treffende Fragen über meine Vergangenheit, gab mir ihre Telefonnummer und Privatadresse und fragte mich, ob es mir recht sei, dass sie mit Freunden über mich und meine Erlebnisse sprechen dürfe. Sie riet mir, sie jederzeit anzurufen, wenn ich Probleme hätte.

Bei meinem nächsten Besuch erzählte sie mir, dass sie mit Heinrich Schnitzler, dem Sohn des Schriftstellers Arthur Schnitzler, über mich gesprochen habe, und empfahl mir, mich mit ihm in Verbindung zu setzen. Das tat ich dann auch, und so bekam ich von ihm eine Statistenrolle in einem Theaterstück, das er im Theater an der Wien inszeniert hatte. In diesem volkstümlichen Stück traten zwei urwüchsige Personen auf: Gisela Werbezirk, eine ältere, wohlbeleibte echte Wienerin, und der in Deutschland damals sehr bekannte und beliebte Schauspieler Otto Wallburg als waschechter, ebenfalls wohlbeleibter Berliner. Beide lösten auf der Bühne über viele sprachliche Hürden große Lachsalven beim Publikum aus und fanden schließlich zu einem harmonischen Miteinander.

Ich freundete mich bald mit einer jungen Statistin an, die etwa zwei Jahre älter als ich war. Wir gingen nach der Vorstellung immer Arm in Arm in den dunklen, menschenleeren Straßen zur gemeinsamen Haltestelle, während sie mir in ihrem bezaubernden Wienerisch von ihrer Mutter, ihrer Tante und dem Hund im Garten erzählte. Wir waren ein glückliches Paar.

Im Deutschen Volkstheater inszenierte Heinrich Schnitzler dann auch das Theaterstück »Robinson darf nicht sterben«. Ich bekam eine Rolle in diesem Stück, das wir mehrere Male aufführten. Als Sohn des Schriftstellers Defoe agierte ein junger Schauspieler, Victor Parlaghy, den ich dann in Buenos Aires wiedersah, wo er u. a. im Teatro Colón die Sprechrolle des Selim Bassa (Mozarts Entführung aus dem Serail) spielte. In den weiteren Rollen der Entführung waren Fritz Wunderlich, Renate Holm, Anneliese Rothenberger und der wunderbare Bass Kurt Böhme von der Wiener Staatsoper zu hören und zu sehen.

Victor Parlaghy war später jahrelanger Kunde unserer ambulanten Leihbibliothek in Buenos Aires. Ich besuchte ihn auch immer wieder in seinem gut gehenden Café im Zentrum von Buenos Aires, und wir freuten uns bei jedem Wiedersehen.

Zeltfabrik

Frau Schulz, die Sekretärin des Herrn Kommerzienrats Lassner, wohnte mit ihrem Ehemann in einer schönen Wohnung am Graben. Ich war bei Schulzens öfters zu Gast, und so kam es, dass mir Frau Schulz eines Tages berichtete, dass ihr Chef mit einem Zeltfabrikanten befreundet sei, der Sorgen wegen fehlender Nachkommenschaft hatte, und dass man auf mich verfallen sei.

Sie gab mir die Geschäftsdaten des Fabrikanten, den ich dann auch bald anrief, um mit ihm einen Besuch in seinen Büros in der Gegend des Zirkus im 2. Bezirk zu vereinbaren. Wir beschnupperten uns gegenseitig, er stellte mir auch seine Ehefrau vor. Es handelte sich, wie er mir sagte, zunächst um eine Lehrstelle in seiner Fabrik, wo ich von der Pieke auf alle Fabrikationsetappen, Weberei, Färberei, Mechanik, metallverarbeitende Tätigkeiten und Buchführung, in etwa vier Jahren erlernen sollte, um später langsam, Abteilung für Abteilung, die Kenntnisse zur Führung des Unternehmens zu erwerben. Das war ein großartiges Angebot, und es hätte mir viel Freude bereitet, in einem solchen Betrieb zu arbeiten. Mein Vater sollte den Fabrikanten in den nächsten Tagen aufsuchen, um mit ihm über sein Einverständnis und die allgemeinen Modalitäten zu sprechen.

Die Staatsbürgerschaft erwies sich aber als Hürde. Die Anwälte des Herrn Lassner hatten inzwischen herausbekommen, dass mein Vater in der Berliner Gesandtschaft für die Republik Österreich gestimmt hatte. Die Unterlagen sind nach Wien in den Justizpalast geschickt worden. Das entsprechende Archiv wurde jedoch ein Raub der Flammen, als der Justizpalast 1927 in Brand gesteckt worden war. Das bedeutete, dass die Anwälte erst einen Auftrag von meinem Vater bekommen mussten, um die Frage der Staatsbürgerschaft über einen Prozess klären zu lassen, für dessen Kosten die Herren Lassner und Lissner aufkommen wollten. Ein solcher Prozess würde mindestens ein Jahr dauern und, falls der Staat in die Berufung gehen sollte, mindestens ein weiteres Jahr.

Während der Dauer der gerichtlichen Auseinandersetzung würde ich aber keine Arbeitserlaubnis erhalten. Auch dies war schon von den Anwälten geklärt worden. Das Risiko einer entsprechenden Wartezeit konnte und wollte der Unternehmer nicht eingehen, sodass nur noch von der Möglichkeit einer eventuellen Adoption gesprochen wurde, von der die Anwälte jedoch abrieten, da sie in etwa die gleiche Verfahrenszeit beansprucht hätte.

Das Projekt musste also ad acta gelegt werden.

Das Signal

Es war ein schwüler Julitag in Neulengbach. Die Kinder waren mit den Lehrerinnen unten am Bach und badeten. Ich war allein im schattigen Garten des Ferienhauses geblieben und hatte mir die Post der letzten Tage mitgenommen. Die Post wurde jeden Mittag verteilt. Ich bekam wöchentliche Briefe aus Wien von meinen Eltern und ab und zu eine Ansichtskarte aus Karlsbad von Herrn Lassner. Ich fühlte mich behütet und war guter Dinge.

Ich ging in die Nebenvilla, in der der Präsident des Vereins »Gute Herzen«, ein älterer kleiner Herr mit weißem Spitzbart und sehr gepflegtem Äußeren, residierte, und holte mir aus seinem Büro die letzte Tageszeitung, ein kleinformatiges St. Pöltener Blatt. Ich las es sehr aufmerksam, und als ich zu den Wiener Nachrichten kam, fiel mir eine Meldung sofort in die Augen mit etwa folgendem Text:

»Deutsche Wirtschaftsdelegation in Wien. Eine Regierungsdelegation ist heute aus dem Reich in Wien eingetroffen, um u. a. über die Intensivierung des Reiseverkehrs zwischen Deutschland und Österreich zu verhandeln. Die Delegation logiert im Imperial Hotel an der Ringstraße. Die ganze Hotelfassade war über und über mit den Fahnen des Reiches geschmückt.«

Sofort klingelten alle Alarmglocken bei mir: Das Hissen der Hakenkreuzfahne war in Österreich doch verboten! Dort, wo das Hakenkreuz erscheint, geht es nicht wieder weg! Wir sind in Gefahr! Ich muss sofort nach Wien!

Ich sprach sogleich mit dem Präsidenten der Guten Herzen und bat ihn, mir die Fahrt nach Wien zu meinen Eltern zu ermöglichen. Er sah in meinen Befürchtungen keinen ausreichenden Grund, meiner Bitte zu entsprechen. So wartete ich auf die Rückkehr der Schülergruppe und versuchte, einen der Lehrer von meinem Ansinnen zu überzeugen. Ich sagte ihm, dass wir bestimmt nicht in Österreich bleiben würden.

»Deine Angst ist völlig unbegründet. Unsere Regierung wird keine Stärkung des Nationalsozialismus zulassen. Und sollte das Deutsche Reich in Österreich einmarschieren wollen, so wird uns Mussolini mit seinen Divisionen zu Hilfe kommen, wie er es schon vor zwei Jahren tat, als die Nazis unseren Kanzler Dollfuß ermordet hatten … Außerdem sind wir verantwortlich für dich und sind nicht befugt, dich allein nach Wien fahren zu lassen.«

Ich ließ den Widerstand nicht gelten, sondern verlangte, mit Herrn Kommerzienrat Lassner in Karlsbad telefonieren zu dürfen. Sein Karlsbader Hotel war mir von der Absenderangabe auf Karten und Briefen bekannt, und so konnte ich bald mit ihm sprechen. Ich bat ihn, die Heimleitung in meinem Sinne zu beeinflussen, und versicherte, dass ich den Weg vom Wiener Westbahnhof über die Mariahilferstraße und den Ring zum Donaukanal recht gut kannte und mit dem Fahrrad, das ich in die Ferien mitgenommen hatte, mit Sicherheit nach Hause radeln könne. Herr Lassner bat den Gute-Herzen-Präsidenten dafür zu sorgen, dass meinem Wunsche entsprochen würde. Zwei Tage später brachten mich dann alle Lehrerinnen und Lehrer und alle Jungen und Mädchen des Waisenhauses zusammen zum Bahnhof Neulengbach-Markt, um mich in aller Herzlichkeit zu verabschieden.

Zu Hause hielten wir uns nicht mit vielen Kommentaren auf. Ich fragte nur: »Wo geht die Reise hin?« Mein Vater antwortete lakonisch: »Ich weiß es noch nicht, habe mich aber bei einigen Konsulaten über Einreisemöglichkeiten erkundigt. Wir werden schon etwas Passendes finden!«

Das sogenannte Juliabkommen vom 11. Juli 1936 zwischen der österreichischen Regierung und dem Deutschen Reich verpflichtete Österreich, die inhaftierten, damals illegalen Nationalsozialisten zu amnestieren. Außerdem mussten zwei Vertrauenspersonen des Reiches in die Regierung aufgenommen werden. Für uns war das ein Signal für die bedrohliche Annäherung zwischen Österreich und dem Reich.

Die Wolken des Ungeheuers standen am Horizont. Die Bemühungen meines Vaters waren fruchtlos geblieben. Die angesprochenen Konsulate zeigten uns durchweg die kalte Schulter: Die Russen wollten uns nicht, da wir in Deutschland nicht Mitglieder der KP gewesen waren, die Engländer gaben uns kein Visum, da wir nicht den notwendigen Scheck einer Bank, der für die Einreise nach Palästina gefordert wurde, vorzeigen konnten, und die USA wiesen uns auf die bereits erfüllte Einwanderungsquote für 1936 hin, wobei sie für 1937 keine Garantie geben konnten oder wollten.

Wir fühlten uns gefangen und suchten ein Gespräch mit unserem Sachbearbeiter bei der Israelitischen Kultusgemeinde Wien, Herrn Abbeles. Wir baten um Vermittlung zur weiteren Flucht, falls möglich ins außereuropäische Ausland. »Ich verstehe Ihre Befürchtungen«, sagte Herr Abbeles, »teile sie aber nicht. Ich weiß wirklich nicht, wie ich Ihnen weiterhelfen kann. Außerdem fühlen wir uns hier sicher, da Italien einen nazistischen Umschwung bei uns bestimmt nicht dulden wird.«

»Ich teile Ihre Meinung über Italien absolut nicht«, antwortete mein Vater, »und bezweifle, dass Italien Österreich beistehen wird. Ohne fremden Beistand ist die Republik Österreich dem immer stärker werdenden Deutschen Reich, das die Friedensverträge von Versailles und St. Germain als ›Fetzen Papier‹ deklariert und vor ein paar Tagen sogar die Ernennung ihrer eigenen Gewährsleute als Minister der Bundesregierung durchgesetzt hat, hilflos ausgeliefert. Was dies für uns Juden bedeutet, weiß ich sehr gut, denn ich habe die gnadenlose Rücksichtslosigkeit unseres Feindes, der jetzt auf Österreich zugeht, selbst erlebt. Wir können und wollen also auf keinen Fall in Österreich bleiben. Wir haben kein Vertrauen in die Regierung und in die Stabilität dieses Landes.«

»Ich kann Ihrer Meinung leider nichts entgegensetzen. Daher werde ich mit meinen Freunden bei der HICEM, dem jüdischen Auswanderungshilfswerk in Paris, wegen Ihrer Angelegenheit Verbindung aufnehmen und Sie recht bald über weitere Schritte informieren.«

Etwa drei Wochen später erhielten wir eine Anfrage von Herrn Abbeles, für welches der drei möglichen Exilziele wir uns entscheiden wollten: Kuba, Brasilien oder Argentinien. Wir entschieden uns für Argentinien, da uns Kuba und Brasilien zu heiß zu sein schienen, und teilten dies Herrn Abbeles mit. Die Flucht nach Argentinien war in Gang gesetzt worden. Bald erhielten wir die Nachricht, dass die HICEM Passagen für uns auf dem französischen Schiff »Alsina«, das am 30. Dezember 1936 von Marseilles nach Buenos Aires auslaufen sollte, gebucht hatte.

Was die Zuverlässigkeit Italiens betrifft, so hat die Geschichte meinem Vater recht gegeben.

Nansen

Der berühmte norwegische Zoologe, Polarforscher und Friedensnobelpreisträger Fridtjof Nansen wurde von der norwegischen Regierung am Ende des Ersten Weltkrieges wegen seiner Verdienste um die Wissenschaften geehrt und deshalb als Mitglied der Norwegischen Völkerbunddelegation ernannt. Der neu gegründete Völkerbund vertraute ihm das Amt des Hochkommissars für das Flüchtlingswesen an. Große Sorgen bereiteten Nansen die Nöte der Staatenlosen, die keine Migrationsmöglichkeiten hatten, da sie nicht mit Reisepässen versorgt werden konnten. Er setzte im Völkerbund die Einführung des »Nansen-Passes« für staatenlose Flüchtlinge durch. Ein solcher wurde von der Behörde des Staates ausgefüllt, in dem sich der Flüchtling aufhielt, und war ein Jahr gültig. Der Pass gestattete die Rückkehr in das Land, das den Pass ausgestellt hatte.

Nach der Flucht aus Berlin hatte mein Vater die Ausweise der Familie mit dem Vorsatz entsorgt, den österreichischen Behörden keine Handhabe zu geben, uns eventuell als unerwünschte Ausländer den deutschen Behörden auszuliefern. Man konnte ja nie wissen! Für unsere Ausreise und die Überfahrt nach Argentinien benötigten wir also neue Reisedokumente. Da Österreich zu den Ländern gehörte, die im Völkerbund für die internationale Ausstellung und Anerkennung des Nansen-Passes votiert hatten, beantragte er bei der Polizei die

Ausstellung solcher Dokumente. Der Beamte trug alle notwendigen Daten in die Pässe meiner Eltern ein. Nur als die Reihe an mir war, wusste er nicht, welche »frühere Staatsbürgerschaft« für mich infrage käme. Da die Staatsangehörigkeit meiner Eltern nicht geklärt war, musste also die Staatsbürgerschaft meines Großvaters väterlicherseits herhalten. Dieser war in Mähren, einem früheren Teil Ungarns geboren, der nun aber zur Tschechoslowakei gehörte. So schrieb der gute Mann in meinen Pass: »war früher im Besitz der tschechoslowakischen Staatsbürgerschaft«.

Die Wiener Bürokratie hatte mich also zu einem ehemaligen tschechischen Staatsbürger gemacht. So einfach taten sie sich damit, um uns schnellstens loszuwerden. Die Gastfreundschaft der Österreichischen Republik war grenzenlos – im wahrsten Sinne des Wortes.

Wiener Ausklang

Ich sah mir die südamerikanische Karte im Schulatlas mein Kusine Liesl immer wieder an, suchte darin Buenos Aires und konnte mir den enormen Seeweg zwischen Europa und unserem nächsten Ziel kaum vorstellen. Einige argentinische Eindrücke vermittelte uns ein älterer Herr, der von der Kultusgemeinde gebeten worden war, uns erste spanische Vokabeln beizubringen. Er hatte dort einige Jahre gelebt und erzählte uns öfter von den Dingen, die er in Argentinien auf dem Lande erlebt hatte. Im Gedächtnis blieb mir nur die Geschichte eines Pferdes, das in der Estancia, in der er wohnte, frei umherging und jeden Morgen seinen Kopf in die offene Tür seines Schlafzimmers, das direkt an einem »Patio« (offener Hof) lag, steckte, um ihn zu wecken. Dies machte mir das nach wie vor recht nebulöse Ziel schon ein bisschen sympathischer.

An dem Spanischkurs nahmen auch meine Eltern, Vater und Sohn Wolfsohn und der Schneider aus Berlin teil. Ich besorgte mir je ein Schul- und Vokabelheft und hatte als »Lateiner« bald Übung, mit Vokabeln und speziell mit den Hilfszeitwörtern fertigzuwerden. Da taten sich meine Eltern schwerer und, so sehr ich mich auch bemühte, ihnen zu helfen; sie konnten mit mir nicht Schritt halten, und so sollte es auch in den folgenden Jahren sein.

Als ich Anna Freud von unserer Entscheidung, Österreich zu verlassen, berichtete, suchte sie gleich nach Möglichkeiten, Kontakte für mich in Buenos Aires herzustellen. Sie fand heraus, dass der in Buenos Aires tätige Mediziner Professor Dr. Salomon enge Kontakte zur Medizinischen Fakultät der Wiener Universität pflegte, und besorgte eine Grußadresse von Mitgliedern dieser Fakultät, die ich dann Herrn Prof. Salomon persönlich übergeben sollte.

Anna Freud unterrichtete damals an der Volkshochschule des 2. Bezirkes in einem Fach, das man als »Ausspracheübungen« bezeichnen könnte, und lud mich zu ihren Vorlesungen und Übungen ein. Der Kontakt mit ihr und ihrer Methode hat meinen intellektuellen Horizont in jenen Tagen sehr positiv beeinflusst. Ich bin ihr noch nachträglich für ihren fürsorglichen Beistand dankbar.

Vater und ich fuhren im Dezember zum Büro Lassner am Schottenring, um uns zu verabschieden und uns für die vorbildliche Betreuung während der letzten Monate zu bedanken. Im Gespräch mit der Sekretärin, Frau Schulz, fielen die in den letzten Wochen von uns immer wieder gehörten Worte: »Also nach Argentinien zu fahren, das ist der sichere Tod.« Worauf mein Vater prompt antwortete: »In Österreich zu bleiben ist für uns der sichere Tod.«

Herr Kommerzienrat Lassner war sehr traurig, uns zu verlieren, und übergab uns als Abschiedsgeschenk drei Opernkarten für »Don Giovanni« von Mozart in der Wiener Staatsoper. Es war eine Art »Jahrhundert-Aufführung«. Die Besetzung war unübertroffen: Es sangen Lotte Lehmann und Elisabeth Schumann, Richard Tauber und Alexander Kipnis, es dirigierte der unvergessene Bruno Walter. Meine Eltern genossen die Vorstellung. Ich saß mit glühenden Wangen im Parkett. Eine solche Aufführung hatte ich noch nie gesehen. Sie gehört bis heute zu den kulturellen Höhepunkten in meinem Leben.

Am Abend des 25. Dezember 1936 standen wir, meine Eltern, Herr Abbeles und ich, vor dem Zug, der uns nach Frankreich bringen sollte.

Der Bahnhof lag in düsterem Halbdunkel, nur wenige Menschen befanden sich auf dem Bahnsteig. Herr Abbeles überreichte meinem Vater die Fahrkarten nach Marseille und gab ihm die Adresse des dortigen Verbindungsmannes der HICEM. Dann stiegen wir ein, und los ging es in eine ungewisse Zukunft.

Der von der Oberleitung durch den Bügel der Lok verursachte Funkenregen badete die nächtliche Gebirgslandschaft, durch die der Zug raste, in einen gespenstischen Blauton, wie ich dies bislang nicht erlebt hatte. Das Naturschauspiel war faszinierend, dennoch schlief ich ein und erwachte erst, als ich eine heftige Debatte im Abteil hörte, bei der mein Vater ziemlich ärgerlich das Wort führte. Sein Gesprächspartner war ein Beamter der Schweizer Polizei, der die Passkontrolle bei der Einfahrt in das schweizerische Bundesgebiet vornahm und uns nicht weiterfahren lassen wollte, weil wir keine Durchreisevisen in unseren Pässen hatten.

Er habe, so sagte er, strikte Weisung, keine Flüchtlinge ins Land zu lassen, weshalb er uns auffordern müsse, den Zug an der nächsten Station zu verlassen, um unter seiner Aufsicht nach Österreich zurückzufahren. Mein Vater erinnerte sich an den Brief der Israelitischen Gemeinde, in dem uns mitgeteilt wurde, dass die HICEM zum 30. Dezember drei Passagen für uns von Marseille nach Argentinien gebucht hatte. Er suchte den Brief im Gepäck, fand und zeigte ihn dem Grenzbeamten. Nach langem Hin und Her war der Beamte von der Richtigkeit der Beteuerungen meines Vaters überzeugt, und so bekamen wir doch noch den notwendigen Transitstempel.

Dies war das Ende unseres Aufenthaltes in Österreich von April bis Dezember 1936, kurz aber erlebnisreich. Rückblickend muss ich mit ungeheurer Wut und Trauer feststellen, dass es uns nicht vergönnt war, liebgewonnene Personen je wiedersehen zu können. Es fällt mir schwer, an die Ereignisse, die sich nach unserer Flucht aus Österreich abgespielt haben, zu denken. Die Erinnerung streikt bei der Aufzählung der Verbrechen, die die beiden deutschsprachigen Länder nach dem »Anschluss« an unseren Verwandten und Freunden begangen hatten. Von den lieben Großeltern verloren wir nach 1938 jede Spur.

Tante Rosl floh mit Liesl nach Belgien, von wo beide nach Auschwitz verbracht wurden. Onkel Paul und Kusin Kurtl fielen den deutschen Häschern in Frankreich in die Hände. Onkel Paul wurde von dort nach Majdanek verbracht. Kurtl musste in Auschwitz sein Leben beenden. Herr Abbeles wurde den seelischen Anforderungen des Wanderungsamtes in der Israelitischen Kultusgemeinde und der sich daraus ergebenden Not für Hunderte von Mitmenschen nicht mehr Herr. Er stürzte sich von der Wiener Reichsbrücke in die Donau. Die Sekretärin im gleichen Amt nahm sich in ihrer Wohnung mit Gas das Leben. Sie hielt die Verzweiflung der Hilfesuchenden und die Nachrichten täglicher Gräueltaten der Wiener Bevölkerung nicht durch. Der in Deutschland früher so beliebte Schauspieler Otto Wallburg kam nach einer Flucht nach Frankreich 1944 in das KZ Auschwitz und ist dort ermordet worden. Wie er sind Millionen anderer unschuldiger Mitmenschen von einer Verbrecherbande meuchlings umgebracht worden. Der Verstand sträubt sich, diese Taten zu verstehen.

Exil in Argentinien

Marseille

Nach unserem Grenzzwischenfall hatten wir zunächst einen Aufenthalt in Zürich. Es war an einem sonnigen, aber recht kalten zweiten Weihnachtsmorgen, als wir durch die fast menschenleere Bahnhofstraße gingen und uns die luxuriösen Schaufenster mit dem für uns unfassbaren Überfluss ansahen. Hier wurde uns Auslage für Auslage vor Augen geführt, in welche Misere wir hinabgestoßen worden waren und in welcher Lage wir uns nun befanden.

Wir brachen unseren Spaziergang bald ab und nahmen den nächsten Zug nach Genf. Dort stiegen wir in den Abendzug nach Marseille via Lyon, wo eine Kompanie Soldaten die Waggons füllte. Die jungen Leute waren lustig und sangen ihre Volksweisen mit Ziehharmonikabegleitung. Die roten Ponpons auf ihren Mützen gehörten zu dem Hauch an Fröhlichkeit, der von ihnen ausging. In Avignon stieg die ganze Gruppe mit großem Hallo wieder aus. Ich hatte einen Menschenschlag kennengelernt, der unbekümmert seiner Lebensfreude Ausdruck verlieh.

In Marseille suchten wir das Hotel auf, das den Übernachtungsdienst für die Hilfsorganisation HICEM wahrnahm und dessen Adresse wir von Herrn Abbeles in Wien bekommen hatten. Es stellte sich als eine Absteige übelster Art heraus. Die Zimmerbeleuchtung wurde pünktlich um 20 Uhr zentral von der Rezeption abgeschaltet. Das Zimmer war kalt und hellhörig. So vernahmen wir die ganze Nacht die Stöckelschuhe der abgestiegenen Damen und deren Gelächter und Schreien bis zum Morgengrauen. Außerdem setzten uns Heerscharen von Wanzen in unseren Betten zu. Da wir kein Licht hatten, konnten wir ihrer nicht habhaft werden. Diese »Zwischenlösung« gehörte zu den unangenehmsten Dingen unserer großen Reise.

Am nächsten Tag nahmen wir sofort Kontakt mit dem Vertrauensmann der HICEM auf, der sich von meinem Vater eine Vollmacht für alle weiteren Schritte, die für uns unternommen werden mussten, geben ließ. Er nahm unsere Pässe und besorgte zusammen mit ehrenamtlichen Mitarbeitern des Hilfswerkes die notwendigen Unterlagen für jeden von uns: ein Besuchervisum für Argentinien, drei Monate gültig für Reisende der ersten Klasse; ein Führungszeugnis der Polizeipräfektur; ein Attest eines Amtsarztes; einen Fahrschein für den französischen Dampfer »Alsina« für eine Passage erster Klasse von Marseille über Dakar, Rio de Janeiro, Santos, Montevideo nach Buenos Aires.

Unser Mann von der HICEM erklärte uns, dass Argentinien zwar seit Jahren keine Einwanderungsgenehmigungen mehr erteile, jedoch Besuchsvisa für Touristen der Ersten Klasse, und dass sich die Freunde der HICEM in Buenos Aires um unsere Legalisierung kümmern würden, damit wir definitiv im Lande bleiben könnten. Mein Vater war mit dieser Unsicherheit bei den Einwanderungsmodalitäten nicht sehr glücklich. Daher bat er am Pier des schon startklaren Schiffes um ein klärendes Gespräch mit einem der leitenden Herren der HICEM, die dorthin gekommen waren, um die Verschiffung von etwa 80 Flüchtlingen, zu denen wir gehörten, zu überwachen.

Vater sagte diesem Herrn klipp und klar, dass er mit seiner Frau und seinem Sohn nicht an Bord der »Alsina« gehen werde, wenn ihm die HICEM vor der Einschiffung nicht eine Geldsumme übergeben würde, mit der er die ersten paar Wochen in Buenos Aires auch ohne fremde Hilfe überleben könne. Er habe große Anerkennung für die aktive Hilfe, die in Marseille in den letzten Stunden geleistet worden sei. Er fühle sich aber für den weiteren Verlauf unserer Odyssee existenziell bedroht, weshalb er keinesfalls ohne jegliche Mittel um die halbe Erdkugel mit uns reisen könne. Nach einigem Hin und Her übergab ihm der HICEM-Angestellte ein paar Frankenscheine. Nun konnten wir uns halbwegs beruhigt einschiffen.

Aber gleich kam die nächste Enttäuschung: »Erste Klasse« war angekündigt. Von wegen! In dem uns zugewiesenen Kabüffchen konnte man sich kaum umdrehen, links und rechts von der Tür standen je zweistöckige Betten, die Koffer hatten kaum unter den unteren Betten Platz, die Waschgelegenheit war eng. Das war unsere Kabine für die drei Wochen unserer Überfahrt.

Für die später in den Konzentrationslagern eingepferchten Schicksalsgenossen wäre unsere Reise bestimmt komfortabel gewesen, Wir aber mussten lernen, mit den Widrigkeiten des neuen Lebens fertigzuwerden. Wir hatten alles hinter uns gelassen: Verwandte, Freunde, eine Wohnung mit allen Möbeln und Haushaltsgegenständen, ein gut eingerichtetes Geschäft und ein wertvolles Antiquariat, alles, um unser Leben zu retten. Nur der Berliner Wäschekorb und mein Fahrrad waren uns geblieben. Diese Habseligkeiten begleiteten uns bis nach Argentinien. »Helf er sich!«

In der Dämmerung des 30. Dezember 1936 legte die »Alsina« ab. Ich nahm Abschied von einem unwirtlichen, feindseligen Kontinent und dachte nicht daran, je wieder zurückzukommen. Silvester wurde in voller Fahrt vor der spanischen Küste begangen, aber so rechte Freude konnte nicht aufkommen. Wir, die schwimmende Schicksalsgemeinschaft, waren gezeichnet von bisherigen Problemen und von den Sorgen über eine ungewisse Zukunft in der Neuen Welt.

Die »Alsina« auf dem Weg nach Südamerika

Da stampfte nun die »Alsina« durchs Mittelmeer auf Gibraltar zu. Rechts sah man den mit Stahlplatten geschützten spanischen Felsen der Briten und links das nur 14 km entfernte afrikanische Festland. Wir waren an der Nahtstelle zwischen den Kontinenten der Herren und der Sklaven.

Mir war dies damals auf der Durchfahrt durch die Straße von Gibraltar noch nicht bewusst, aber heute muss ich unwillkürlich an die Sünden Europas aus noch nicht sehr fernen Jahrhunderten denken, da sich Europäer über afrikanische Stämme hermachten und die schwarzen Mitmenschen auf den Märkten der Neuen Welt als Ware versteigerten und ausbeuteten.

In Dakar, einem der Haupt-»Export«-Häfen der Sklaverei, gingen wir an Land und schnupperten, ahnungslos über die grausame Vorgeschichte, ein bisschen in den Straßen dieser Hauptstadt Französisch-Westafrikas, immer umgeben von einem Schwarm bettelnder Kinder.

Dann ging es los zur Überfahrt nach Südamerika. Unterwegs legte das Schiff einige Suchrunden ein, um den Piloten eines abgestürzten französischen Postflugzeuges zu suchen. Nach etwa zwei Stunden musste der Kapitän die Suche ergebnislos aufgeben.

Mit meinen 15 Jahren hielt es mich nicht den ganzen Tag nur bei den Eltern. Also ging ich im Schiff auf Entdeckung. Die zweite Klasse war so langweilig wie die erste. Aber in der dritten Klasse gab es viel zu sehen und zu hören. Da waren nämlich die Flüchtlinge aus dem vom Bürgerkrieg geplagten Spanien. Der faschistische General Franco war mit seinen Truppen im Begriff, die Macht an sich zu reißen. Die meisten Mitreisenden der dritten Klasse – ganz unten – waren Leute aus ländlichen Gebieten, meistens Bauern, die von ihren Verwandten in Argentinien oder Uruguay »eingeladen« worden waren. Die Flüchtlinge hatten einen »Ruf« (»Llamada«) bekommen, der den Einladenden zur Bürgschaft für Ehrenhaftigkeit und Solvenz des Gastes der Einwanderungsbehörde gegenüber verpflichtete.

Diese bescheidenen Menschen mit ihrer natürlichen Liebenswürdigkeit gefielen mir, und so stopfte ich jeden Tag nach dem Mittagessen meine Taschen voll mit Obst und brachte es zu den Kindern meiner »unterirdischen« Entdeckungen. Als Nebenprodukt lernte ich so manches neue Wort, so manche Redewendung aus dem einfachen Sprachschatz meiner Gesprächspartner. Die leuchtenden Augen eines 14-jährigen Mädchens hatten es mir ganz besonders angetan. Ihr brachte ich die schönsten und reifsten Bananen.

Mit Volldampf näherten wir uns der südamerikanischen Küste. Wir sahen einige vorgelagerte Inseln und eine üppige Vegetation am Ufer. Am folgenden Abend tauchte in der fernen Dunkelheit eine hell angestrahlte Figur am Himmel auf: Rio de Janeiro entbot uns einen unvergesslichen Willkommensgruß mit seiner auf einem Berg stehenden Christusfigur.

Am nächsten Morgen machten wir einen kurzen Spaziergang durch den am Hafen gelegenen Bezirk, sahen das Hochhaus der Zeitung »O Globo« und kauften Briefmarken in einem engen, heißen Postamt. Es war Hochsommer, die Hitze machte mir sehr zu schaffen. Wir tranken einen Becher Kokosmilch und gingen dann bald zurück zum Schiff. Der kurze Landausflug machte mich müde. Als ich am nächsten Morgen aufwachte, vermisste ich das Maschinengeräusch. Es war so ungewohnt still. Das Schiff bewegte sich nicht. Ich schaute aus dem Bullauge und sah, dass es regnete und wir in einem schmalen Fluss standen. Am gegenüberliegenden Ufer wuchsen viele niedrige Pflanzen und einige dünne Bäume.

Auf dem Fluss kamen einige flache Lastkähne mit Bananenstauden entgegen, die am Schiff anlegten. Die Stauden wurden in riesige Netze, die von den Schiffskränen hinuntergelassen wurden, gefüllt und an Bord gehievt. Das Schauspiel wiederholte sich. Als ich nach oben ging, sah ich, dass auf den Planken des Vorschiffes die Bananenstauden sorgsam übereinander gelegt wurden. Sie bildeten einen großen Block, der dann mit Planen abgedeckt und mit Seilen festgezurrt wurde. Wir waren plötzlich ein Bananendampfer geworden.

Auch hier nutzten wir die Gelegenheit zu einem kurzen Landgang. An den Lagerhäusern des Hafens von Santos lagen pfundweise rohe Kaffeebohnen im Staub. Riesenlaster brachten Hunderte von Kaffeesäcken zum Hafen. Wir mussten uns sehr vorsehen, von diesen knatternden und scheppernden Ungeheuern nicht angefahren zu werden.

Da passierte, was einem in der Fremde nicht passieren sollte: Meine Mutter musste mal. »Du kannst doch schon ein bisschen Spanisch«, sagte sie zu mir. Na ja, in Brasilien wird zwar Portugiesisch gesprochen, ich musste ihr aber irgendwie helfen. Ein Mitarbeiter im Büro des Kommerzienrates Lassner hatte mir ein Deutsch-Spanisches Lilliput-Wörterbuch von Langenscheidt geschenkt. Ich sah unter »Klo« oder »Klosett« nach – da war nichts. Also weiter: »Toilette«, schon eher: »servicio« und »retrete«. Ich ging also mit meiner Mutter in das nächste Geschäft, ein Steh-Café. Ich zeige auf meine Mutter: »por favor, servicio«. Achselzucken. Weiter »Retrete ...« Nichts. Ich sage »Pipi«.

Eine fröhliche Handbewegung zu einer Tür. Wir hatten es geschafft! Mutter kam zurück. Das sei alles sehr schwierig gewesen. Kein Sitz, nur ein Loch im Fußboden, ein »Plumpsklo«. Alles will gelernt sein.

Montevideo. Ein schmucker Hafen. Gut angezogene Menschen. Viele Spanier verlassen das Schiff. Sie sind in ihrem Zielhafen, fahren von dort zu ihren Angehörigen auf die Estanzien und helfen ihren Leuten bei der Beaufsichtigung der Herden und bei den Ernten. Die Exil-Spanier haben eine neue Heimat gefunden.

Auch wir kommen am nächsten Tag endlich in unserer Zielstadt Buenos Aires an. Wir passieren unbeanstandet die Kontrollen der Grenzpolizei und des Zolls und werden außerhalb des Einwanderungshotels von Mitgliedern des »Hilfsvereins deutschsprechender Juden« freundlich in Empfang genommen. Sie sind die »Lotsen«, die sich in den nächsten Tagen um uns kümmern werden.

Pension Weinberg

Herr Weil, ein ehrenamtlicher Helfer des »Hilfsvereins deutschsprechender Juden«, brachte uns vom Ankunftshafen in die Pension Weinberg, unweit des Hauptbahnhofes der Südbahn. Das Ehepaar Weinberg aus dem Rheinland hatte ein Stockwerk in einem zweistöckigen Wohnhaus gemietet und betrieb dort, finanziert vom Hilfsverein, eine Fremdenpension. Die sechs Zimmer, an einem Laubengang gelegen, waren – je nach Größe – mit zwei, drei bzw. vier Betten und entsprechender Kleiderablage bestückt; ein weiterer Raum diente als Speisezimmer mit sauber gedeckten, recht rustikalen Tischen und Stühlen. Weinbergs selbst wohnten in einer kleinen Kammer.

Meinen Eltern wurde ein Zweibettzimmer zugewiesen. Ich musste mich zusammen mit anderen Gästen in einem Vierbettzimmer einrichten. Frühstück gab es von 7 bis 9 Uhr, die Hauptmahlzeiten von 12 bis 14 und von 18 bis 20 Uhr. Unser Wäschekorb wurde in der Eingangsdiele des Hauses abgestellt. Mein Fahrrad war noch beim Zoll verblieben und konnte erst später abgeholt werden.

Wir waren drei Wochen Gäste des Hilfsvereins. In diesem Zeitraum mussten wir mit Herrn Weils Hilfe unsere Legalisierung bei der Bundespolizei betreiben, Arbeit suchen und eine eigene Wohngelegenheit ausfindig machen.

Gleich am ersten Abend unternahmen wir einen Spaziergang in die neue Freiheit. Ziel war ein Café an der rechten Ecke des Südbahnhofs, etwa 500 m von Weinbergs entfernt. Dort wartete schon die Berliner Clique aus Wien auf uns: Vater Wolfsohn und Peter, der Schneider und die Brüder Zander. Sie waren mit der »Campana«, dem Flaggschiff der Reederei der »Alsina«, das etwa 14 Tage vor uns aus Marseille ausgelaufen war, in Buenos Aires angekommen. Die Wiedersehensfreude war groß, und man hatte sich viel zu erzählen.

Sie berichteten uns, wie man ein Zimmer, leer oder möbliert, finden konnte: Man brauchte nur durch die Straße in der Gegend, in der man seine erste Arbeit gefunden hatte, zu gehen und nach einem gedruckten oder handgeschriebenen Zettel mit der Aufschrift »SE ALQUILA« (zu vermieten) an den Häusern zu suchen. Das Angebot war immer ausreichend. Bei Einwilligung des Vermieters musste man die Miete für einen Monat im voraus und einen zusätzlichen Monat als Garantie hinterlegen, und man konnte am nächsten Tag einziehen. Wer keine Arbeit bekam, konnte gegen eine minimale Kaution einen kleinen zweirädrigen Kühlwagen mit verpacktem Speiseeis mieten, damit durch die Straßen gehen und »Helados« (Aussprache: Elaaados) rufen, und hatte bei Feierabend genügend Geld, um sich in etwa versorgen zu können.

Sie erzählten auch, dass die Polizei von allen Bürgern des Landes, also nicht nur von uns Einwanderern, Abdrücke sämtlicher zehn Finger nahm. Da es kein Meldesystem gab, war diese Art der Identifizierung gesetzlich vorgeschrieben.

Fräulein Kellermann, klein, schlank, freundliches Gesicht und temperamentvolles Auftreten, war die Sekretärin des Hilfsvereins, sie war die Seele des Geschäfts. Sie wusste alles, was sie für ihre Tätigkeit benötigte, und disponierte für ihre Schutzbefohlenen wie eine Feldherrin: Unterkunft, Geld, Legalisierungen, nochmals Geld, Arbeitsbeschaffung,

Lebenshilfe, und immer wieder: Geld. Fräulein Kellermann disponierte, und eine kleine Schar Ehrenamtlicher half ihr dabei.

Herr Weil holte uns etwa drei, vier Tage nach unserer Ankunft bei Weinbergs ab und brachte uns in die City zum Hauptquartier der Bundespolizei. Dort hatte er schon die notwendigen Gespräche für unsere Legalisierung geführt. Zur Vorbereitung unserer neuen Ausweise nahm ein Beamter unsere Personalien auf. Auch die Fingerabdrücke wurden genommen. Ab nun hieß ich mit Vornamen Bertoldo. Den mit einem Lichtbild und dem Abdruck des rechten Daumens versehenen Personalausweis konnten wir nach zehn Tagen abholen.

Wir hatten aufgehört, Asylanten zu sein, waren Einwohner geworden und standen von diesem Augenblick an unter dem Schutz der Verfassung der Republik Argentinien. Wir konnten uns ab jetzt ungehindert im ganzen Land bewegen, unser Recht auf freie Aus- und Einreise war garantiert. Wir waren von der Verfolgung und Behinderung befreit. Welch ein Glücksgefühl!

REPUBLICA ARGENTINA
PASAPORTE

REPUBLICA ARGENTINA
MINISTERIO DE RELACIONES
EXTERIORES Y CULTO
PASAPORTE
ARGENTINO
Este documento carece de

Argentinischer Fremdenpass von Berthold Winter,
im Ausland gültig für zwei Jahre, im Inland für sechs Monate,
er bescheinigt eine »gute Führung« des Inhabers.

Leon Arbolave

Mit dem Recht auf Aufenthalt war auch das Recht auf Arbeit verbunden. Fräulein Kellermann bemühte sich, über das dem Hilfsverein angegliederte Büro für Arbeitsvermittlung freie Stellen zu suchen. So bot sie meinen Eltern die Vakanz eines Haushaltsehepaars im Bezirk Belgrano an. Eine Familie Hirsch, die schon seit Jahren in Buenos Aires ansässig war, besaß dort eine Villa mit Garten. Meine Mutter wurde als Köchin empfohlen, mein Vater als Gärtner und »Mann für alles«. Da Hirschs nur meine Eltern in ihrem Hause unterbringen konnten, sollte ich bis auf Weiteres in der Pension Weinberg bleiben.

Da ich erst in vier Monaten 16 Jahre alt wurde, benötigte ich einen Arbeitsausweis für Minderjährige, denn die Arbeitsinspektoren waren sehr streng. Also kam nun wieder Herr Weil, um mich ins nächste Standesamt zu begleiten und mir bei den notwendigen Formalitäten beizustehen. Der Beamtin gefiel mein Vorname nicht. So wurde ich im Arbeitsbuch als Bartolomé Winter eingetragen. Herr Weil widersprach nicht. Ich auch nicht.

Ich war dann für etwa 14 Tage in einer Konfektionswerkstatt für Damenmoden in der City beschäftigt, wo ich zwar als Lehrling antreten sollte, dann aber nur zum Reinigen der Werkstatt und zum Austragen von Paketen eingesetzt wurde. Ein Fieberanfall, den ich mir während einer Fahrt in der prallen Sonne auf der Plattform eines Omnibusses beim Transport einiger Kleidermuster von der City bis Belgrano (etwa 30 Minuten Fahrt) eingeheimst und der mich für fast eine Woche außer Gefecht gesetzt hatte, beendete abrupt dieses erste Arbeitsverhältnis.

Leon Arbolave, ein Herr, der wie seine beiden Brüder mit dem Namen Vogelbaum vor Jahren nach Argentinien gekommen war und sich seinen Zunamen verspanischen ließ (Arbol = Baum, Ave = Vogel), war Eigentümer einer Kalenderfabrik. Er war Mäzen des Hilfsvereins und hatte Fräulein Kellermann gebeten, nach einem Lehrling für seinen Betrieb Ausschau zu halten. Sie verfiel auf mich, ich stellte mich vor, und er sagte, dass er es mit mir versuchen würde.

Die Firma lag in der Straße Rioja gegenüber dem Französischen Krankenhaus etwa ein Viertelstunde von der City entfernt. Sie bestand im Parterre aus einer Werkhalle mit Druck-, Stanz-, Heft- und Papierschneidemaschinen, Schriftsetzerei, angrenzendem kleinen Hof mit Toiletten und einer Werkstatt zum Bleiguss von Druckformen und in der Hochgalerie aus langen Bänken und Tischen mit Fließbändern für Klebearbeiten und einer Spritzfärberei. Neben der Werkhalle waren noch das Chefbüro und ein Bürotrakt für den Bürochef, ein Arbeitsplatz für eine Schreibkraft und die Buchhalterin sowie ein kleines Atelier mit zwei Werbezeichnern. Über der Werkstatt wölbte sich ein riesiges Wellblechdach, das in den Sommermonaten glühende Hitze ausstrahlte. Die Arbeiterinnen an den Fließbändern mussten während der Sommermonate ihre Köpfe mit nassen Tüchern kühlen, da sie direkt unter dem Dach saßen.

Im Parterre arbeiteten ein Vorarbeiter, ca. 20 Drucker, ein Schriftsetzer und etwa drei ungelernte Arbeiter, auf der Galerie waren ein Vorarbeiter, ca. 30 Frauen für Klebearbeiten im Akkord und zwei Spritzfärberinnen, die wegen des Giftes der Farben mit Gasmasken arbeiteten; außerdem mussten sie viel Milch trinken. Mein Aufgabenbereich bestand in den ersten Monaten aus einfachen Tätigkeiten wie Hilfsarbeiten in der Schriftsetzerei, kleinen Botengängen und dem abendlichen Fegen der Werkstatt. Mein Anfangsgehalt betrug 70 Pesos im Monat. Die Monatsmiete für ein möbliertes Zimmer mit Küchenbenutzung lag aber schon bei etwa 80 Pesos.

Eines Tages sagte mir mein Vorarbeiter, dass Herr Fernández, der Büroleiter, mit mir sprechen wolle. Señor Fernández war ein schlanker, hochgewachsener, elegant gekleideter Herr, etwa dreißig Jahre alt. Er galt als die rechte Hand des Chefs. Ich ging also ins Büro.

»Bertoldo«, sagte er, »ich habe mir deine Personalakte angesehen und festgestellt, dass sie kein Abgangszeugnis enthält.«

»Ich bin in Deutschland in die Grundschule und vier Jahre in höhere Schulen gegangen.«

»Das war in Deutschland. Hier musst du, wo du auch arbeiten willst, einen argentinischen Abschluss vorzeigen. Ich rate dir daher, die

Kurse einer staatlichen Abendschule zu besuchen und dich für eine Abgangsprüfung der Grundschule vorzubereiten. Das ist das Mindeste, was du hier haben musst. Ohne dieses Zeugnis bekommst du später nirgends eine Arbeit.«

Also sah ich mich nach einer solchen Schule um. Ich fand sie in der näheren Umgebung und schrieb mich sofort ein. Zusammen mit erwachsenen Argentiniern, die in ihrer Jugend keine Schule besucht hatten, nahm ich an den regelmäßigen Abendklassen teil. Unterrichtssprache war Spanisch. Das Pensum bestand aus spanischer Schriftsprache, Orthografie und Grammatik, Mathematik, Staatsbürgerkunde und Erdkunde. Eine gewisse Normalität bahnte sich an.

Volkshochschule

Ich war in eine neue Welt verpflanzt worden, in der Spanisch die Hauptsprache war. Bei Weinbergs wurde zwar Deutsch gesprochen, sobald ich aber das Haus verließ, begab ich mich in eine Umgebung, deren Sprache ich nicht kannte. Ich hatte zwar in Wien einige Vokabeln gelernt und auch im Schiff mit den Flüchtlingen des Spanischen Bürgerkrieges ein wenig sprachlichen Kontakt. Das reichte aber natürlich nicht.

Wenn ich mit dem Bus, in der Straßen- oder U-Bahn fuhr, beobachtete ich, dass fast alle Fahrgäste Bücher, Zeitschriften oder Zeitungen lasen. So beschloss ich, mir eine Zeitung zu kaufen. Ich besorgte mir die Zeitung »El Mundo« (Die Welt), deren Format kleiner war als das von »La Prensa« (Die Presse) oder »La Nación«, handlicher und billiger als die anderen. Zunächst verstand ich kein Wort. Ich gab aber nicht auf, denn ich wusste, ich musste die Sprache lernen. Täglich kaufte ich »El Mundo«, und es geschah das Wunder: Von Mal zu Mal wurde mir das eine oder andere Wort geläufiger, die Ähnlichkeit mit lateinischen, englischen oder französischen Worten half ein gutes Stück weiter; bald konnte ich den Sinn so mancher Nachricht erfassen. Nach etwa einem halben Jahr konnte ich mich ans Feuilleton heranwagen, und bald verstand ich dann den einen oder anderen Leitartikel.

Der Rat des Herrn Fernández war ein Volltreffer. Nicht nur, dass ich meine Spanischkenntnisse weiter intensivieren konnte, auch das Spektrum meines Allgemeinwissens wurde wesentlich erweitert. Die Abendkurse der Volkshochschule begannen am 1. März. Ich war der Jüngste in einer Klasse von etwa zwölf Erwachsenen, die schon im Berufsleben standen, lesen und schreiben konnten und nunmehr den Grundschulabschluss nachholen wollten. Die Prüfungen wurden Ende November in einem anderen Bezirk von anderen Lehrern abgenommen, um jedweder Mauschelei zuvorzukommen.

Unser Lehrer war im Hauptberuf Direktor eines bekannten Gymnasiums, ein reifer, besonnener Herr, dem ganz speziell das Fach »Staatsbürgerkunde« am Herzen lag. Er konnte sich für das Thema »Gewaltentrennung« ereifern. Für ihn waren die Lehren Montesquieus das A und O der Grundlage staatlicher Organisation: Ohne die Trennung der drei Gewalten – legislative, exekutive, judikative – gebe es keine Freiheit. Diese, so sagte mein Lehrer, sei nur unter maßvollen Regierungen anzutreffen. Die Erfahrung lehre, dass jeder Mensch, der Macht hat, dazu neige, sie zu missbrauchen. Deshalb sei es nötig, dass die Macht der Macht Grenzen setze.

Für mich, der ich in Deutschland und später auch in Österreich die Folgen der einparteilichen Diktatur zu spüren bekommen hatte, waren diese Erkenntnisse neu und umwerfend. Und dass solche Erkenntnisse in der argentinischen Verfassung, wie wir lernen konnten, ihren Niederschlag gefunden hatten, war für mich von so großer Bedeutung, dass ich noch heute von der damals für mich neuen Lehre ins Schwärmen gerate. Dass darüber hinaus die Menschenrechte, wie sie Inhalt des Idcariums der Französischen Revolution waren, im Artikel 14 der argentinischen Verfassung garantiert wurden, war für mich europäischen Neandertaler ebenfalls ein Novum. Wir mussten diesen Artikel sogar auswendig lernen!

Artikel 14 der Argentinischen Verfassung besagt: Die Einwohner der Nation genießen folgende Rechte in Übereinstimmung mit den Gesetzen, die ihre Ausübung reglementieren: zu arbeiten und jede rechte Tätigkeit auszuüben, Schifffahrt und Handel zu treiben, Eingaben bei den Behörden einzureichen, in das Land einzureisen, sich in ihm aufzuhalten und auszureisen, seine Ideen ohne vorherige Zensur durch die Presse zu veröffentlichen, sein Eigentum zu benutzen und darüber zu verfügen, sich zu nützlichen Zwecken zu vereinen, seine Religion frei auszuüben, zu lehren und zu lernen.

Auswendig lernen mussten wir gemäß Lehrplan der staatlichen Schulbehörde auch die Einführung (Präambel) zur Verfassung: »Wir, die Vertreter des Volkes der Argentinischen Nation, die wir uns mit dem Willen und der Wahl der Provinzen, aus denen sie besteht, zum Verfassunggebenden Kongress in Übereinstimmung mit vorher getroffenen Vereinbarungen vereinigt haben zu dem Zweck, die nationale Einheit herzustellen, die Justiz zu verankern, den inneren Frieden zu festigen, zur gemeinsamen Verteidigung beizutragen, den allgemeinen Wohlstand voranzutreiben und die Früchte der Freiheit abzusichern für uns, für unsere Nachkommenschaft und für alle Menschen der Welt, die auf unserem Boden leben wollen, Gottes Schutz, Quell aller Vernunft und Gerechtigkeit erflehend, dekretieren und gründen diese Verfassung für die argentinische Nation.«

Hier war die Rede von »allen Menschen der Welt, die auf unserem Boden leben wollen«. Ich fühlte mich angesprochen und wusste nun, dass ich willkommen war.

Die Erklärung der Menschenrechte durch die französische Nationalversammlung vom 16. August 1789 war eine der Grundlagen der 1853 von der argentinischen Nationalversammlung verabschiedeten demokratischen Verfassung. Zu dieser Zeit wurden die meisten europäischen Nationen noch vom Absolutismus regiert. Die in Deutschland um 1848 aufflackernden demokratisierenden Tendenzen haben sich erst Jahrzehnte später durchsetzen können.

Neun Monate nach seiner Empfehlung überbrachte ich Herrn Fernández mein Abschlusszeugnis, damit er es meiner Personalakte beifügen konnte.

Der Radioapparat

Die Arbeit meiner Eltern beim Ehepaar Hirsch war nur von kurzer Dauer. Die Kochkünste meiner Mutter reichten für die Ansprüche der Herrschaften, speziell wenn Besuch angesagt wurde, nicht aus. Auch die Kenntnisse meines Vaters in der Gärtnerei waren eher bescheiden – unabhängig davon, dass die heftiger auftretenden Gallenbeschwerden, mit denen er es in den nächsten Jahrzehnten immer wieder zu tun haben sollte, die erforderlichen Erdarbeiten beschwerlich machten. Wir wohnten in einem möblierten Zimmer nahe meiner Arbeitsstätte. Im gleichen Haus hatte ein Italiener einen Tabakladen, in dem ich Briefpapier, Tinte und Schreibzeug kaufen konnte. Ich berichtete ab und zu meinen Verwandten und Freunden in der Alten Welt über unsere Situation und achtete darauf, dass der Faden des Briefwechsels nicht abriss.

Bei einem meiner kurzen Gespräche im Laden des Italieners kamen wir auch auf Musik zu sprechen. Die Musik war sein Steckenpferd. Er war im ganzen italienischen Opernrepertoire zu Hause. Ich war noch zu jung und konnte da nicht konkurrieren. Als die verschiedenen Opernsänger erwähnt wurden, die auch ich kannte, sagte er, dass Tito Schipa seiner Meinung nach der Beste von allen sei, holte eine Schallplatte aus seiner Sammlung und spielte mir ein Duett aus dem »Liebestrank« von Donizetti mit Dusolina Giannini vor.

»Du darfst nicht auf die Stimme achten, sondern musst auf die gesungenen Töne hören. Hör, wie er sich der Melodie unterwirft, wie er nicht versucht, uns zu zeigen, dass er ein guter Opernsänger ist, und, ganz wichtig, er überstimmt seine Partnerin nicht.«

Noch heute habe ich in meiner Sammlung historischer Platten eine Aufnahme dieses Duetts und erinnere mich beim Hören an die Worte meines »Maestros«, der mich gelehrt hat, auf die Qualität des Vortrages und nicht auf den Nimbus des Interpreten zu achten.

Ich sagte ihm, dass wir aus Gründen der Geldknappheit leider keinen Empfänger hätten. Dem, meinte er, könne man abhelfen. Er repariere in seiner Freizeit alte Radiogeräte, und er habe vielleicht auch einen Empfänger für mich, den er billig abgeben könnte. Ich solle doch am nächsten Tag zu ihm kommen, er würde mal nachsehen. Am nächsten Tag stellte er einen Radioapparat mit »elektronischem Auge« auf den Tresen und sagte, dass er ihn mir für 10 Peso verkaufen würde. Ich antwortete, dass ich kein Geld hätte, und lehnte dankbar ab. »Du zahlst mir jedes Mal, wenn Du dein Gehalt bekommst, einen Peso, bis die zehn Peso bezahlt sind, und ich gebe ihn dir jetzt schon mit.« Ich nahm das gute Stück mit nach oben in unser Zimmer. Wir hatten nun gute Musik für viele Jahre.

Unter den zwanzig zugelassenen Sendern waren für uns nur der Staatssender und der städtische Sender wichtig. Der Staatssender brachte regelmäßig Symphonien und Kammermusik, der Städtische Sender von Buenos Aires übertrug jede (jede!) Aufführung aus dem städtischen Opernhaus, dem Teatro Colón, zusammen mit der Inhaltsangabe für jeden Akt und der Besetzung. Wir wurden musikalisch verwöhnt.

Der Schatzfund – Leihbücher-Hauslieferung

Meine Eltern hielten sich weiter mit Gelegenheitsarbeiten über Wasser. Da sah man sie als Hausdiener-Ehepaar in einer ärmlichen Familienpension – inklusive Leerung der Nachttöpfe – oder in einer Bonbonfabrik, er als Bonbonkoch, sie als Wicklerin im Akkord. Ein Fiasko nach dem anderen.

In dem vom bundesdeutschen Konsulat in Buenos Aires beglaubigten Lebenslauf meines Vaters vom 30. Juni 1954 lesen wir: »Knapp vor der Ausreise kam dann der körperliche und seelische Zusammenbruch (Leber- und Gallenkolik und Nervenschock), unter dessen Auswirkungen ich bis zum heutigen Tage leiden muss. Ich bin dadurch nicht mehr im Vollbesitz meiner Arbeitskräfte und während der in unregelmäßigen Zeitabständen immer wieder einsetzenden Attacken überhaupt arbeitsunfähig. [...] Unsere Auswanderung nach Argentinien. Wir kamen vom Regen in die Traufe. Das Klima verschlimmerte meinen Gesundheitszustand, die fehlenden Sprachkenntnisse, die Not und Entbehrungen drückten seelisch und körperlich auf uns. Dass wir aus obigen Gründen von den kleinen Einnahmen unseres damals 16jährigen Sohnes lange Zeit notdürftig leben mussten, war ebenso unerträglich wie die Tatsache, dass wir erst viel später als Tellerwäscher, als Hoteldiener (meine Frau als Köchin), Boden unter die Füße bekommen konnten.«

Wir waren zum wiederholten Mal umgezogen. Unser möbliertes Zimmer lag in einer einfachen Wohngegend, in flacher Haus-an-Haus-Bebauung, in der nur in den kleinen Innenhöfen etwas Grün zu sehen war. Wir waren am Nullpunkt unserer Geldmittel angekommen. Mit der letzten Gehaltzahlung, die ich nach Hause gebracht hatte, war noch die Miete beglichen worden. Meine Mutter wollte einkaufen, Vaters Geldtasche war aber leer. Er selbst lag mit Schmerzen im Bett, die Luft war heiß, das Zimmer hatte kein Fenster. Die Tür ging auf den Hof hinaus, durch den die »Patrona«, die Wirtin, mit freundlichem Lächeln ein Tablett mit Essen von der Küche in ihr Wohnzimmer brachte und, uns sehend, sagte: »si gusta ...« Natürlich wartete sie auf keine Antwort und zog weiter.

»Hör zu, Arnold«, sagte meine Mutter, »es ist wirklich kein Geld in der Geldtasche.«

»Ich hatte dir gestern die letzten Münzen gegeben«, antwortete mein Vater.

»Hast du was?«, fragte sie mich.

»Nein, nur das Fahrgeld für morgen zur Arbeit und zurück.«

»Ich kann also nichts kaufen, und die Leute auf dem Markt kennen mich noch nicht.«

Ich sagte: »Das kann doch nicht sein. Gib mir mal Vaters Geldtasche.«

Wirklich, alle Fächer waren leer. Ich spürte, dass im hinteren Teil der Tasche etwas knisterte. Ich tastete weiter und entdeckte ein Geheimfach. Da fand ich einige große französische Geldscheine, das Geld also, das der Herr von der HICEM damals meinem Vater in Marseille vor der Fahrt nach Buenos Aires übergeben hatte. Die Situation war, wenigstens für die nächsten Tage, gerettet!

Leonor, 55, die älteste Arbeiterin in der Firma, sagte mir eines Tages, dass im Nachbargebäude ihres Hauses ein Zimmer frei geworden sei, ich solle es mir doch recht schnell anschauen. Also ging ich mit meinen Eltern dorthin: ein ziemlich geräumiges Zimmer mit Fenstertür zum Hof, am hinteren Patio unter einem Feigenbaum ein winziger Verschlag mit Wellblechdach, als Küche zu benutzen, und daneben ein Plumpsklo für alle Bewohner dieses langgestreckten Parterre-Hauses. Die Miete, da nicht möbliert, war gering und kam unseren Finanzen sehr entgegen.

Wir nahmen das Zimmer, kauften zwei ebenerdige Bettauflagen plus Matratzen, doppelt für meine Eltern, einfach für mich, und besorgten, da das Geld nicht für Möbel reichte, einige leere Obstkisten in der Markthalle um die Ecke. Apfelkisten waren zwar tief, aber nicht stabil. Besser waren doppelfächerige Apfelsinenkisten, sie waren stabiler und konnten, hochkant übereinander gestellt, als Schrankersatz benutzt werden; vier von diesen, längs übereinander gelegt, ergaben eine gute Kommode, zwei in der Mitte des Zimmers – hochkant – dienten als Tisch und drei weitere als Stühle. Eine Besenstange zwischen zwei Kistensäulen machte einen Kleiderständer; noch ein Laken davorgehängt, und die Einrichtung war perfekt. Die Krönung des Ganzen war dann der einzige richtige Einrichtungsgegenstand des Zimmers: der Radioapparat auf der Kommode.

Fräulein Kellermann hatte wieder eine Arbeit für meinen Vater. Herr Vogelbaum, ein Bruder meines Chefs, besaß ein Lampenlager mit Verkaufsgeschäft. Als sich die Versicherung nach dem dritten Einbruch weigerte, den Verlust zu begleichen, entschloss sich Herr Vogelbaum, einen Nachtwächter für sein Geschäft zu engagieren, und meldete dies dem Hilfsverein. Vater sagte zu. Er erhielt ein Feldbett mit Nachttisch im Mittelgang des Ladens. So konnten eventuelle Diebe die Anwesenheit eines Menschen trotz der gedämpften Beleuchtung durch das Schaufenster sehen und sie von ihrem Vorhaben abschrecken.

Als ich meinen Vater einige Tage später auf seiner neuen Arbeitsstelle besuchte, saß er auf einem Stuhl vor seinem kleinen Nachttisch und war mit der Ausarbeitung eines Planes zur Gründung einer mobilen Leihbibliothek beschäftigt. Der Nachttisch und das Feldbett waren voll von Berechnungen, Bücherlisten, Fahrplänen und Zeitungsausschnitten. Er hatte eine Art Marktstudie betrieben und herausgefunden, dass viele eingewanderte Deutsche in den beiden deutschsprachigen Tageszeitungen, dem »Argentinischen Tageblatt« und der »La-Plata-Zeitung« inserierten. Das war das Adressenmaterial, das er benutzen konnte, um eine Leihbücher-Hauslieferung anzubieten. Ihm schwebten Hausbesuche mit einem nicht zu großen Koffer vor, in dem eine Auswahl von etwa 20 Büchern dem Leser zur Verfügung stehen sollte. Die erste Auswahl konnte er durch die Reste des HICEM-Geldes finanzieren, während die Kundschaft für jedes erste entliehene Buch eine Sicherheit in Höhe des Durchschnittspreises eines neu zu kaufenden Buches zu hinterlegen hatte.

Das gut ausgebaute und äußerst preiswerte Verkehrsnetz der Mini-Omnibusse (Colectivos) gestattete es, in kürzester Zeit durch Umsteigen von einem Punkt der Stadt zu einem anderen zu kommen. Bei manchen Linien kam alle drei bis fünf Minuten ein Fahrzeug, das jeweils acht oder zehn Passagiere befördern konnte.

»Colectivo«, Buenos Aires, 1934.
Archivo General de la Nación, Argentinien

Mein Vater besorgte in den drei deutschen Buchhandlungen neue und gebrauchte Bücher gängiger Belletristik in guter Mischung mit Kriminal- und Liebesromanen, für jeden Geschmack etwas, ließ sich Stempel mit Werbetexten zum eigenen Aufdruck auf Karten, die mit anhängender Antwortkarte von der Post verkauft wurden, anfertigen, bedruckte und adressierte sie mit den Anschriften aus den Inseraten. Tatsächlich bekam Vater schon nach kurzer Zeit einige Anmeldungen. Die Leute wollten lesen. Das Geschäft begann, und die Kundschaft empfahl den Dienst weiter. Die Tätigkeit war sehr anstrengend, aber erfolgreich. Bald schaffte er es nicht mehr, noch weitere Kunden zu bedienen. Auch seine Krankheiten standen einer pünktlichen Lieferung im Wege. So sprang ich ein. Später übernahm ich die Belieferung ganzer Bezirke.

Jeder freie Moment nach der Fabrikarbeit und der Abendschule sowie an den Wochenendtagen, meistens bis in die späten Abendstunden hinein, wurde genutzt, um Kundschaft zu besuchen, Bücher zu kaufen und instand zu setzen. Die Arbeit ließ keine Luft zum Atmen. Die einzige Ablenkung war die Radiomusik, sie stellte das seelische Gleichgewicht immer wieder her.

In dieser Zeit lernte ich Beethoven und besonders seine Oper »Fidelio« schätzen. »In des Lebens Frühlings Tagen / ist das Glück von mir gefloh'n. / Wahrheit wagt' ich kühn zu sagen, / und die Ketten sind mein Lohn.« Durch diese Oper fühlte ich mich in meinem Willen durchzuhalten bestärkt. Beethovens musikalischer Beistand gab mir Kraft.

Der Hilfsverein hatte meinem Vater die Adresse eines kleinen ostjüdischen Krankenhauses gegeben, wo er sich kostenfrei untersuchen und beraten lassen konnte. Trotz der Sprachschwierigkeiten, Vater konnte kaum Spanisch, hatte er verstanden, dass seine Schmerz- und Fieberanfälle von der Galle kamen, weshalb nur eine strenge, fettarme Diät ihm helfen konnte. Diese war aber teuer. So war an die Reduzierung des Arbeitspensums nicht zu denken. Ein Teufelskreis, dem wir nicht entrinnen konnten, denn es gab kein soziales Netz, alles musste selbst aufgebracht werden.

Getrennte Wege

Mit der Zeit wurde das Wohnen zu Dritt in einem einzigen Raum unerträglich. Tagsüber lagen die Nerven wegen der Hitze und der Krankheiten blank, und in den Nachstunden warteten die Eltern zwar, bis der Junge schlief, aber sie gehörten ja mit 40 noch nicht zum alten Eisen. Schlimm wurde es für »den Jungen«, wenn er dann doch nicht eingeschlafen war.

Durch einige selbstständige Miniaturen in der Schriftsetzerei sah der Chef, dass ich mich gut eingearbeitet hatte, und erhöhte mein Gehalt auf 100 Pesos. Mein Vater meinte jedoch, dass die Familie mit dem Aufbau des Leihbüchergeschäftes auf längere Sicht finanziell besser gestellt sein könnte, und sprach mit uns darüber.

Ich fühlte mich in der Kalenderfabrik sehr wohl. Der ganze Betrieb war wie eine große, fröhliche Familie, man duzte sich und kannte die Probleme der anderen. Alle partizipierten am wöchentlichen Viertellos der Lotterie. Die Männer halfen sich an den Wochenenden gegenseitig, um für Kollegen kleine, ebenerdige Häuschen mit Speise-, Schlaf-, Kinderzimmer, einer Küche und einem Bad sowie zwei Zimmern zum Vermieten zu bauen. War ein Haus fertig, wurde das nächste gemeinsam gebaut, billige Parzellen gab es im ganzen Stadtgebiet.

Aber ich wollte dem Aufbau unserer neuen buchhändlerischen Existenz, der ich so viele Freistunden gewidmet hatte, nicht im Wege stehen. So besuchte mein Vater meinen Chef, erklärte ihm die Zusammenhänge und bat ihn, mich aus seinen Diensten zu entlassen. Herr Arbolave war über dieses Ansinnen nicht sehr erfreut, ließ mich in sein Büro rufen und erklärte mir, dass er der Bitte meines Vaters nur widerwillig entspreche und dass er mich natürlich gegen den Willen meines Vaters nicht weiter beschäftigen könne. Das war etwa eineinhalb Jahre nach meinem Arbeitsbeginn in der Kalenderfabrik.

Der Haussegen in der Familie Winter hing schief. Die vielen Diskussionen über Arbeitstempo, Buchleihtarife, Krankheiten, die Bedienung des Petroleumkochers – der einzigen Feuerquelle in der Küche –, die Unregelmäßigkeiten im Tagesablauf wegen der verschiedenen Kundenbesuche zu unterschiedlich gewünschten Tages- oder Abendzeiten und immer wieder die feuchte Hitze, auch die erwähnte Nachtruhe im gemeinsamen Zimmer und das Fehlen der guten Kontakte an meiner alten Arbeitsstätte – all dies drängte mich, mir ein eigenes Zimmer in der City zu suchen, um mich in freien Minuten sammeln und über mein Leben nachdenken zu können. Ich hatte ja alles, was in den vergangenen Jahren geschehen war, hautnah miterlebt, und in meinem jugendlichen Sturm und Drang kam ich zu der (falschen) Einschätzung, dass es die Eltern waren, die so kläglich versagt und mir ein Sklavenleben in der Fremde aufgebürdet hatten. Ich sah mich, gleich Floristan im »Fidelio«, unschuldig meiner Freiheit beraubt und in Ketten gelegt. Ich begriff damals noch nicht, dass meinen Eltern das gleiche Schicksal beschieden war, nämlich ohnmächtig der aufgezwungenen Situation ausgeliefert zu sein.

Meinem Vater warf ich vor: »Ihr hattet im Krieg gelernt, mit Waffen umzugehen, habt gelernt, ein Haus, ein Dorf, eine Stadt zu stürmen und jeden, der sich euch in den Weg stellte, abzuknallen. Ich verstehe nicht, dass ihr euch nicht zusammengerottet habt, um die braunen Mistkerle auszurotten. Ihr wusstet doch, was sie vorhatten. Und ich muss jetzt die Zeche bezahlen, obwohl mich keine Schuld trifft.«

Es war ein ungerechter Aufschrei in der subtropischen Hitze, geboren aus der erbärmlichsten materiellen und psychischen Not.

Der Krieg in Europa und die Auswirkungen

Das Zentrum von Buenos Aires war voller Leben: Banken, Cafés, Kinos, viele Theater, Opernhaus, Geschäfte aller Art, Mini- und Omnibusse, Straßenbahnen, Zeitungsverlage, Schifffahrtsagenturen und Menschen über Menschen. Der Umgangston der Argentinier untereinander war höflich bis freundlich. Hie und da hörte man einige fremdsprachige Laute, das Gros aber wurde vom Spanischen beherrscht. Die Spanier waren erst die Entdecker des Kontinents und später die dominierende Macht großer Teile der Neuen Welt. Im Vizekönigreich des Rio de la

Plata, wie Argentinien, Paraguay, Uruguay und Bolivien bis Anfang des 19. Jahrhunderts hießen, wurde langsam ein eigener Dialekt entwickelt. Man sprach dort nicht mehr »español« sondern »castellano« mit eigenen Betonungen und eigenen Regionalismen. Argentinien wurde eine spanischsprachige Welt für sich.

Isoliert vom Weltgeschehen war man jedoch in Buenos Aires nicht. Man brauchte keinen Radioapparat zu besitzen und keine Zeitung zu abonnieren und war dennoch über die lokale und internationale Politik auf dem Laufenden. Denn die Zeitungsredaktionen stellten aktuelle Nachrichten mit weißen Steckbuchstaben in große schwarze Rillentafeln und diese wiederum in ihre großen Schaufenster, vor denen sich enorme Menschentrauben bildeten. Auf diese Weise war man immer informiert, denn knapp nach Eingang einer Agenturnachricht bei der Redaktion wurden die Nachrichten »ausgestellt«.

Wenn man bedenkt, dass sich die Menschen in den faschistisch und kommunistisch regierten Ländern nur an den Nachrichten, die den entsprechenden Regierungen genehm waren, orientieren durften, wurden wir in Argentinien über alle Ereignisse in der ganzen Welt, gute wie schlechte, detailliert und ohne Zensur unterrichtet. So wussten wir zum Beispiel, dass Hitler vom österreichischen Bundeskanzler Schuschnigg den »Anschluss« Österreichs an das Deutsche Reich forderte, dass Schuschnigg daher eine Volksabstimmung hierfür organisierte und dass Deutschland jedoch schon einen Tag vor der Abstimmung in Österreich einmarschierte, ohne die Wahlen abzuwarten. Wir sahen mit Grauen, dass Hitler, nachdem er in München die Zustimmung für die Übernahme der Sudeten ins Reich erhalten hatte, sich die ganze Tschechoslowakei einverleibte, dass die deutsche Wehrmacht im September 1939 in Polen einmarschierte und damit den Weltkrieg begann.

Was der Weltöffentlichkeit in jenen Zeiten zugemutet wurde, trotzt jeder Beschreibung. Wir lasen von General Franco, der die gewählte Regierung in Madrid durch Waffengewalt auflösen wollte, um an die Macht zu kommen, der ganz Spanien ins Elend stürzte und von den Regierungen in Deutschland und Italien offen unterstützt wurde. Wir hörten eines Tages, dass deutsche Kampfflugzeuge das nordspanische Städtchen Guernica in Schutt und Asche legten, um den Francotruppen den Weg nach Bilbao zu ebnen.

In den Tagen der Zerstörung Guernicas war es im Zentrum von Buenos Aires nicht ratsam, Deutsch zu sprechen. Die Menschen waren voller Wut auf Deutschland. Auch die Bombardierung der äthiopischen Hauptstadt Addis Abeba durch Mussolini wurde mit Zorn und Verachtung quittiert. Mussolini galt seither als »Asesino« (Mörder). Ziel dieser Kriegshandlung war die Einverleibung Äthiopiens in die italienische Nachbarkolonie Eritrea. Hierzu waren den Mördern in Rom alle Mittel recht.

Über die deutschen Überfälle auf Polen, die Niederlande, Belgien, Luxemburg, Frankreich, Dänemark und Norwegen, über die Verhandlungen der deutschen und sowjetischen Regierungen und den dann erfolgten Einmarsch der deutschen Truppen in die Sowjetunion, über den Krieg in der afrikanischen Wüste und auf den Weltmeeren, den Überfall der Japaner auf China und Südostasien, auf Pearl Harbor – über alle diese schrecklichen Geschehnisse waren wir bestens informiert, uns wurde nichts vorenthalten.

Bald nach Beginn des vom Deutschen Reich begonnenen Krieges in Europa fing es in Argentinien an, politisch, sozial und wirtschaftlich zu kriseln. Da kam man zum Beispiel eines Tages auf die Idee, die Miniomnibusse in Buenos Aires zu verstaatlichen. Ein Abkommen mit dem Britischen Königreich aus früheren Zeiten sicherte diesem das Transportmonopol zu. So wurden die großen Eisenbahnlinien – sternförmig von Buenos Aires ausgehend – in den Norden, in den Nordwesten, in den Westen und in den Süden des großen Landes mit Tausenden von Kilometern sowie die zahllosen Bahnstationen von den Engländern gebaut und unterhalten. In Buenos Aires selbst betrieben sie ein Straßenbahn- und U-Bahnnetz.

Die einheimischen Colectivos (Minibusse) wurden zur Konkurrenz, also wurden sie verstaatlicht. Die Minibusbesitzer hatten jeweils ihr ganzes Privatvermögen in ihre Wagen investiert und größtenteils zusätzliche Kredite zur Finanzierung aufgenommen; und plötzlich sollten sie alles in die »Transport-Korporation« einbringen – mit einer lächerlichen Entschädigung. Es kam also zu einem Streik, der sich monatelang hinzog.

Die Berechnungen meines Vaters fußten jedoch auf zügig abgewickelten Kundenbesuchen. Jetzt, da uns nur noch die teuren und langsameren Bus- und Straßenbahnverbindungen zur Verfügung standen, waren alle Berechnungen hinfällig geworden, weshalb wir zum Ausgleich die Ausleihtarife ständig erhöhen mussten. Wir konnten also einerseits weniger Kunden pro Tag beliefern und verloren andererseits – wegen der höheren Gebühren – zusätzlich viele Kunden. Unsere Geschäfte wurden unsicher, der Neuerscheinungsdienst unbezahlbar. Der Kollaps unseres »Unternehmens« war absehbar. Und so kam es auch: Die Einnahmen aus dem Leihbücherlieferdienst reichten eines Tages nicht mehr, um die Lebenshaltungskosten der ganzen Familie zu decken.

Ich selbst wollte mich weiterbilden, um eine Arbeit zu bekommen, von der ich auch leben konnte. Daher nahm ich nach dem Grundschulexamen an mehreren unentgeltlichen Kursen teil, darunter kaufmännisches Rechnen, Schreibmaschine und Englisch.

Mit nebenberuflichen Tätigkeiten versuchte ich ein paar Pesos dazuzuverdienen. Ich weiß nicht, ob ich alle Arbeiten noch aufzählen kann, aber ich erinnere mich an die Einrichtung einer automatisierten Adressenzentrale in der Holländischen Bank, an eine Handelsvertretung für eine Mimeograf-Vertriebsfirma, an die Vertretung eines Laboratoriums für Gesichtscreme. Ich war Aushilfe als Verkäufer in einem Kaufhaus, arbeitete in einem Foto-Labor, übernahm die Buchhaltung in einer Firma für Herrenkonfektion und befasste mich mit der Herstellung von Decken am Handwebstuhl in einer Textilfabrik.

Der Krieg in Europa fing an, die argentinische Wirtschaft stark zu belasten: Der öffentliche Fuhrpark und die Ersatzteile hierfür wurden knapper. Der Export der Ernteerzeugnisse kam fast zum Erliegen. Die Seeblockade, speziell durch die Aktivitäten deutscher U-Boote und als Handelsschiffe getarnter Zerstörer, beeinträchtigte den gesamten internationalen Schiffsverkehr, sodass der Hafen von Buenos Aires, dessen Kapazität für über hundert Schiffe eingerichtet war, manchmal nur drei bis vier Schiffe beherbergen konnte. Tausende von Menschen wurden arbeitslos.

Das Fehlen des Nachschubes von Koks reduzierte die Kapazitäten der Kraftwerke auf ein Minimum, die Kühlvorrichtungen, auch für Lebensmittel, fielen stundenlang aus. Die Einsätze von Lokomotiven für den Nah- und Fernverkehr wurden wegen fehlenden Kokses manchmal bis auf 10 % ihres Potenzials reduziert. Und als es keinen Koks mehr gab, ging man daran, die in den Silos lagernden Maisreserven zum Feuern der wenigen Lokomotiven zu benutzen, nur damit Pendler, die noch Arbeit hatten, zu ihren Arbeitsplätzen fahren konnten.

Dies war das Panorama, das mich zwang, jede sich bietende Verdienstmöglichkeit am Zipfel zu packen, um nicht unterzugehen.

Buchbinderarbeiten

1941 war ich an einem Nullpunkt angelangt, da ich von meinem Buchhaltungsposten gekündigt worden war. Der Betrieb war von einer stärkeren Konkurrenzfirma aufgekauft worden, die ihr eigenes Personal einbrachte. Es gab weder Kündigungsschutz noch Arbeitslosenhilfe. Ich war wieder ohne Job.

Das Leben meiner Eltern kann man nur als Dahinvegetieren bezeichnen. Meine Mutter arbeitete ab und zu als Näherin, mein Vater machte bei einem Nachbarn leichte Gartenarbeiten, um so einen kleinen Stundenlohn zu verdienen. Sie wohnten in einem ärmlichen, fensterlosen Zimmer, das gerade Platz für das Ehebett, einen kleinen Schrank und einen kleinen Tisch bot. Zum Essen stellten sie den Tisch und zwei Klappstühle vor die Tür auf den Hof, das Essen kochten sie mit den anderen Mietern in einer gemeinsamen Küche. Die sechs kleinen Räume der ganzen Wohnung gruppierten sich um einen Hof. Die gemeinsame Toilette lag gegenüber dem Zimmer meiner Eltern; man musste also den Hof überqueren.

Ich kam eines Tages zu ihnen und berichtete, dass ich mein letztes Gehalt für Miete und den Familienanteil verbraucht hatte und dass ich nicht mehr weiter wüsste. Sie sagten, ich könne selbstverständlich bei ihnen wohnen, bis ich wieder Arbeit gefunden hätte. Zum Schlafen könne ich jeden Abend eine Matratze auf dem Fußboden zwischen Bett und Tür legen. Meine wenigen Habseligkeiten wurden im Schrank und unter dem Bett untergebracht. Die Nachtruhe hatte leider einen Schönheitsfehler. Die Zimmertür ging natürlich nach innen auf. Das bedeutete, dass ich jedes Mal, wenn mein Vater des Nachts auf die Toilette musste, meine Matratze aufheben, ihn hinausgehen lassen und auf seine Rückkehr warten musste. Erst dann konnte ich mich wieder zurücklegen. Und das passierte etwa zwei bis drei Mal pro Nacht.

Ich lag auf meiner Matratze etwas niedriger als meine Eltern, deren Bettgestell auf Füßen stand. So hatte ich beim Liegen auch Sicht unter das Ehebett. Und dort entdeckte ich etwa zwanzig alte Bücher. Ich holte diese Bände bei Tageslicht heraus und stellte fest, dass sie sich zwar in einem erbärmlichen Zustand befanden, inhaltlich aber zur wertvollen Literatur gehörten. Mir kam sofort die Idee, diese Bücher als Grundstock für den Aufbau eines neuen Leihbücherdienstes zu nutzen. Sie mussten natürlich erst in etwa vierwöchiger Arbeit auf Vordermann gebracht werden. Hierzu waren die buchbinderischen Kenntnisse, die ich mir in den Spezialkursen der Berliner Schule aneignen konnte, Voraussetzung. Ich nahm die Bücher auseinander, heftete sie, ließ die Buchblöcke bei einem Drucker beschneiden und verpasste ihnen Einbände aus dem Stoff eines Seidenkleides, das meine Mutter noch aus Berlin gerettet hatte. Dann suchte ich einige frühere Kunden auf, deren Adressen ich noch kannte, und sagte ihnen, dass ich wieder liefern würde. Sie nahmen mein Angebot gerne an.

Das Pfand wurde mit Wissen der Leser teilweise für Neuerwerbungen investiert, sodass ich allmählich ein interessantes Angebot für weitere Kunden zusammenbekam. Nach einem Jahr hatte ich über 100 Abonnenten mit einem Buchbestand von über 150 guten Exemplaren.

Ein Krankenbesuch

Von einem meiner Kunden hatte ich die Adresse einer Klinik im Zentrum der Stadt bekommen. Ich solle dort nach einer Patientin fragen. Sie sei an meinem Bücher-Lesezirkel interessiert. Ich besuchte die Kundin und kam auch mit ihr ins Gespräch. Sie war aus Berlin, wo sie in einer Zeitungsredaktion als Mitarbeiterin der Frauenseite gearbeitet hatte, vor etwa einem Jahr nach Buenos Aires gekommen und jetzt an den Gallenwegen erkrankt. Ihre Literaturwünsche bewegten sich auf einem gehobenen Niveau, und es machte mir Spaß, sie in der Klinik und später auch in ihrer Wohnung zu beliefern. Sie lebte von einer festen Kundschaft, die sie mit Gesichtsmassagen, Maniküre und Pediküre bediente.

Ich erzählte ihr, was ich mit den vielen Kunden, die ich meistens in deren Wohnungen belieferte, erlebt hatte. Wir kamen uns immer näher und wurden langsam ein Liebespaar. Nach einigen Monaten tauchte plötzlich ihr früherer Freund aus Berlin auf, der es geschafft hatte, nach Buenos Aires zu emigrieren, und so hatte diese schöne Verbindung bald ein Ende. Es blieb aber – als kleiner Trost – bei der Belieferung mit guten Büchern.

Don Mauricio

Meine Freundin M., die ich in einer Privatklinik kennengelernt hatte, übte ihren neuen Beruf als Kosmetikerin in ihrer Wohnung aus. Sie bezog eine Gesichtscreme, die in etwa zehn Farbtönen für das Make-Up hergestellt wurde, von einem argentinischen Drogisten, der den Artikel in Anlehnung an das damals von Max Factor in New York kreierte Produkt herstellte.

M. zeigte mir begeistert die von ihr verwendete Creme-Palette und meinte, dass ich doch Kontakt mit dem Hersteller aufnehmen sollte, um am Verkauf verdienen zu können. Ich besuchte also den Drogisten, Sr. Mauricio B., dem ich u. a. von meinen früheren Theater-

Auftritten in Berlin erzählte und durchblicken ließ, dass ich einiges vom Schminken und Abschminken verstehe und mich gern für den Verkauf seiner Creme einsetzen würde.

Nach kurzer Überlegung machte mir Don Mauricio den Vorschlag, mich in der Anwendung seiner Schönheitscreme zu unterweisen, damit ich mich dann dem Verkauf unter eigener Regie widmen kann. Ich selbst hatte inzwischen Überlegungen angestellt, wo ich unter Vermeidung von Werbungskosten die meiste Anzahl von Kundinnen erreichen kann, und war zu dem Resultat gekommen, dass die Damen in den Bars des Hafenviertels geeignete Kandidatinnen für mein Angebot sein könnten.

Nach bestandener Einführung durch Don Mauricio zog ich dann mit einer Make-Up-Platte und einem Kästchen mit Hilfsmitteln zur Kosmetik in die Hafenbars und auch in die »Dancings« der City und bot den dort arbeitenden Damen meine kostenlose »Verschönerung« ihres Teints an, was gern in Anspruch genommen wurde und oft in den Verkauf einer Cremedose in der gewünschten Färbung mündete. In den Bars ging ich von Tisch zu Tisch, verteilte kleine Muster und bot einen Schnelldienst mit meiner Schönheitscreme an, der sofort dortselbst durchgeführt wurde. In den Dancings ging ich direkt in die Umkleidekabinen der Animierdamen und hatte dort Erfolg. Ich nahm die Bestellungen der Kundinnen entgegen, holte die Ware am nächsten Tag von Don Mauricios Laboratorium ab, um sie am nächsten Abend gegen Bezahlung zu liefern.

Unter den Damen im Dancing der Straße Paraná hatte ich eine noch sehr junge, rothaarige, sehr hübsche Deutschsprachige aus unserer Einwanderergruppe entdeckt, von der ich meinte, dass sie nun wirklich nicht in die Atmosphäre des Animierbetriebes passte und dass sie sich ihr Geld auf eine »zivilisiertere« Art verdienen sollte. Ich bekam keine Gelegenheit, mit ihr persönlich zu sprechen, weil sie immer gleich direkt zu den Tischen ging und ich dort nichts zu suchen hatte. So schrieb ich ihr eine Postkarte, bat sie um ein Treffen und wurde pünktlich zum Manager des Hauses bestellt, der die Karte abgefangen hatte und mir ohne Umschweife sagte, dass ich zwar meine Cremes in seinem Betrieb anbieten dürfe, er aber einen persönlichen Kontakt mit seinen Damen keinesfalls dulden würde. Ich musste meine zarten Gefühle zurückstecken, denn ich war zu arm, um ihr im Falle einer Kündigung Schutz bieten zu können. Ich durfte ihr also mit weiterer Annäherung keinen Schaden zufügen und stellte daher traurig meine Kontaktsuche ein.

Meine Umsätze gaben mir Rückendeckung, um einen höheren Rabatt zu fordern, der mir dann auch von Don Mauricio eingeräumt wurde und mich in die Lage versetzte, das Angebot über Wiederverkäufer einzusetzen. Um eine eventuelle Konkurrenz von vornherein auszuschalten, bot ich die Schönheitspalette – erst außerhalb der Bundeshauptstadt Buenos Aires – in La Plata, der Hauptstadt der gleichnamigen Provinz Buenos Aires an, die etwa 50 km südlich von der Bundeshauptstadt gelegen ist. Ich fuhr dort hin und suchte die größeren Damenfrisiersalons auf, denen ich wöchentlich kostenloses »Make Up« für ihre Kundinnen und eine Beteiligung an den zu erwartenden Umsätzen anbot.

Drei der von mir so geworbenen Friseurgeschäfte waren mit meinem Vorschlag einverstanden, und so inserierte ich meine wechselnden Auftritte in der größten Lokalzeitung.

Leider wurde ich krank und etwa 14 Tage bettlägerig; die Hitze hatte ihr Opfer verlangt. Don Mauricio hatte inzwischen mitbekommen, welche Goldader ich angezapft hatte. Er bearbeitete meine Friseure und Friseurinnen von La Plata mit höheren Rabatten und zog das Geschäft an sich.

Ich war damals etwa 20 Jahre alt, hatte noch keine Erfahrung in geschäftlichen Dingen und fühlte mich durch Don Mauricios Schachzug derart hintergangen, dass ich die Lust, weiterhin mit seinen Produkten zu arbeiten, verlor und mir andere Aktivitäten suchte. Noch hatte ich nicht gelernt, im Kommerz zu kämpfen, konnte dies aber später nachholen.

... und noch einige Streiflichter

Als wir Anfang 1937 in Buenos Aires ankamen, fanden wir eine in vielen Dingen des täglichen Lebens rückständige Gesellschaft vor. Seither hat sich dort vieles verändert.

Damals standen religiöser Eifer und männliche Vorherrschaft noch im Vordergrund. Als Beispiel erinnere ich mich u. a. an Cafés in der Prachtstraße Avenida de Mayo: Sie waren nur Männern vorbehalten, es sei denn, es gab da eine kleine abgeschirmte Abteilung als »Salón de Familia«, in der Frauen – möglichst in Begleitung – sitzen und ihre Zigarette rauchen durften.

In diese arabisch anmutende Tradition des Hispanischen war dann Victoria Ocampo, die Herausgeberin der von ihr gegründeten literarischen Zeitschrift »Sur«, Vorkämpferin der Emanzipation der südamerikanischen Frau und der Demokratie, getreten und signalisierte der Jugend aufgeklärtes Denken.

Aber sehen wir auch dies: Männer, die an der Kinokasse Eintrittskarten kaufen wollten, bekamen kein Ticket, wenn sie nicht mit Jackett und Krawatte bekleidet waren, auch wenn die Außentemperatur noch so heiß war.

Und dann auch: die Tausenden von Halbwüchsigen, die am Palmensonntag die Straßen von Buenos Aires mit ihren festlichen Kleidern und dunklen Anzügen, kleine Palmenzweige in der Hand, bevölkern; die auf der Straße Fußball spielenden Jungen, für die die Autofahrer langsamer vorbeifahren oder auch ihren Wagen anhalten, um mitzuspielen. Oder auch: Passanten streicheln ein Baby im Kinderwagen und sprechen es lieb an, während die stolze Mutter daneben steht und sich freut. Alle Menschen werden Brüder!

Ein Baby vom Freund ...

Hedi war Sekretärin meines Kunden Schwarz, eines Pelzhändlers, der sein Lager und Büro in der Gegend des Teatro Colón hatte. Ich kam zu

Schwarz über meinen Kunden Kornhäuser, der eine Schneiderei in der Straße Rivadavia besaß und Regenmäntel herstellte. Übrigens traf ich Kornhäusers später immer wieder in Berlin.

Hedi gefiel die Buchauswahl unseres ambulanten Lesezirkels, und sie lieh sich gern neu erschienene Krimis. Sie wohnte mit ihrem Mann Walter, einem Wiener, der sich im Spanischen Bürgerkrieg den Internationalen Brigaden angeschlossen hatte und der erst vor Kurzem von dort in Buenos Aires angekommen war, im Bezirk Villa Urquiza – in der Gegend der Wohnung meiner Eltern.

Hedi und Walter luden mich öfters zum Wochenendplausch in ihre Wohnung ein, wo wir sehr anregende Gespräche über Politik und kulturelle Dinge pflegten. Die sich anbahnende Freundschaft beinhaltete bald gemeinsame Ausflüge in das Umland von Buenos Aires und auch zum städtischen Golfplatz im Bezirk »Palermo«, der kostenfrei zur Verfügung stand.

Als Hedi und Walter ins Zentrum von Buenos Aires zogen, richtete Walter, von Beruf Kürschner, eine Werkstatt zur Pelzverarbeitung ein und brachte mir bei, aus kleinen Resten von indischen Schaffellen eine große Pelzdecke zu nähen. Hedi war zu jener Zeit etwa 30 Jahre alt und von angenehmen Äußeren. Da sie die Frau meines Freundes Walter war, war sie für mich unberührbar, so sehr sie mich auch anzog.

Bei Gelegenheit unserer vielen Gespräche ließen sie das Thema der Kinderlosigkeit ihrer Partnerschaft immer wieder anklingen. Als ich einmal mit meinen Schaffellen zugange war, zog sich Walter plötzlich den Mantel an und sagte, dass er einige wichtige Dinge außer Haus zu erledigen habe. So blieb ich in der Wohnung allein mit Hedi. Sie unterbrach mich immer wieder in meiner Pelzarbeit, ich solle ihr dieses oder jenes aus der Küche ins Schlafzimmer bringen, konnte mich aber nicht aus der mir selbst auferlegten Reserve locken. Ich aber blieb unserer Dreierfreundschaft treu.

Walter und Hedi suchten bald einen anderen Freund. Sie stellten ihn mir vor: Ein sehr netter Herr vom Mitarbeiterstab des Argentinischen Tageblattes. Ich zog mich zurück. Wir verloren uns aus den Augen. Kein Baby – keine Freundschaft!

Alfredo Cahn

In Wien hatte mir Anna Freud eine Grußadresse von Freunden der Wiener Universität an Herrn Prof. Dr. Salomon, Buenos Aires, übergeben, dem ich nach unserer Ankunft meinen Antrittsbesuch abstattete. Er gehörte, wie ich später erfahren konnte, zu den Koryphäen des Landes mit Ausstrahlung auf den gesamten Kontinent. Seine Privatklinik befand sich im Nobelviertel »Palermo«, eine stattliche, ganz in Weiß gehaltene Villa mit Barockfassade und einem herrlichen Vorgarten. Ich besuchte ihn hin und wieder, um den Kontakt nicht abbrechen zu lassen. Er interessierte sich für meine Fortschritte und empfahl mir, mich mit Herrn Kramer, einem Buchhändler seines Vertrauens in der Luxus-Einkaufsstraße Florida, in Verbindung zu setzen, der mich bestimmt in meinen Dingen betreuen könne.

Mit Herrn Kramer, einem gebürtigen Ungarn, verband mich danach eine jahrzehntelange Freundschaft. Seine Buchhandlung führte schöngeistige Literatur in mehreren Sprachen. Er selbst gab so manches gute Buch heraus. Noch heute gehört der schlichte Leinenband »Réflexions sur l'Histoire du Monde« (Weltgeschichtliche Betrachtungen) in seiner französischen Fassung, eine Sammlung von Vorträgen des schweizerischen Kulturhistorikers Jacob Burckhardt, zu meinen Lieblingsbüchern. Ganz speziell faszinierten mich die darin erwähnten Passagen aus dem Jahr 1883 über die zukünftige politische Entwicklung westlicher Dynastien, die, wie er meinte, von militärischen Regierungen abgelöst würden, die despotisch Recht und Wohlergehen unterdrücken und sich nur auf die Anwendung der Macht stützen würden.

Der Literaturagent Alfredo Cahn, ein gebürtiger Schweizer, hatte sich in seiner geräumigen Wohnung, die er mit seiner Ehefrau, einer Katalanin, und den halbwüchsigen Kindern Carmen und José teilte, ein Büro eingerichtet, in dem Kontakte zu Schriftstellern in der ganzen Welt pflegte. Die schriftliche Arbeit wuchs ihm eines Tages über den Kopf, worüber er sich dann mit seinem Freund, Herrn Kramer, unterhielt. Dieser erinnerte sich an mich und empfahl ihm, mir den Posten des Privatsekretärs anzubieten.

Wir einigten uns, und ich bekam einen kleinen Schreibtisch mit einer Schreibmaschine neben seinem Arbeitstisch. Und so begann eine mit viel Arbeit, aber auch mit vielen Genugtuung erfüllte Zeit. Frau Cahn stammte aus Barcelona, wo Don Alfredo seine ersten spanischen Erfahrungen gemacht hatte. Die Umgangssprache der Familie Cahn war intern Katalanisch. Hauptsprache war Spanisch.

Da ich nun eine feste Einnahmequelle hatte, konnte ich den von mir neuerlich eingerichteten Bücherdienst meinem Vater übergeben. Der Familienetat hatte eine gewisse Normalität angenommen, sodass wir eine kleine Wohnung, in der ich mein eigenes Zimmer hatte, mieten konnten. Auch meine Mutter freute sich, eine kleine Küche zur Alleinbenutzung zu besitzen.

Zu meinen Aufgaben bei Don Alfredo gehörte es, Diktate des Chefs auf Spanisch, Deutsch und Englisch in Kurzschrift entgegenzunehmen, Briefe, Rechnungen und Notizen zu tippen, deutsche oder englische Aufsätze unserer Korrespondenten ins Spanische zu übersetzen und den argentinischen Zeitschriftenverlagen zuzustellen sowie vertrauliche Dokumente den Direktoren argentinischer Buchverlage zu überbringen. Herr Cahn besaß eine Finca in den Bergen der argentinischen Provinz Córdoba, wo die Familie regelmäßig ihren Sommerurlaub verbrachte. Auch ich war Gast der Familie in diesem herrlichen Fleckchen Natur.

Die Einkünfte des Herrn Cahn wurden wegen der internationalen Lage immer spärlicher, die Honorare wegen verminderter Absätze immer weniger. Mein Gehalt wurde erst gekürzt, und später kam dann leider der Abschied. Don Alfredo zog nach Córdoba, in die Hauptstadt der gleichnamigen Provinz, wo er eine Professur für Germanistik an deren berühmter Universität antrat. Wir verloren uns aus den Augen.

Der Hausierer

Wir wohnten in einem ebenerdigen Haus. Die linke Hälfte hatten wir gemietet, in der rechten wohnte das Eigentümerehepaar, das aus Thüringen stammte und als Strumpfwirker in einer Fabrik arbeitete.

Es klingelte. Außer meiner Mutter war niemand im Haus. Meine Mutter öffnete die Tür. Vor ihr stand ein sehr bescheiden, fast ärmlich gekleideter Mann, der einen einfachen Liegestuhl geschultert hatte, und bot ihr diesen Stuhl – halb Spanisch, halb Jiddisch sprechend – für 7 Pesos an. Sie brauche ihn nicht gleich zu zahlen, er würde jeden Mittwoch vorbeikommen und jeweils einen Peso kassieren. Sie kaufte ihn. Er hatte eine ruhige, unaufdringliche Art, trocken im Ausdruck und karg in der Wortwahl. Ein ernster Kaufmann. Im Laufe der Zeit entwickelte sich eine Freundschaft zwischen ihm und uns. Sein Angebot an Haushaltswaren, die man bei ihm sehr preiswert und in Ratenzahlungen kaufen konnte, schien unerschöpflich zu sein. Er war fleißig und pünktlich. Die Qualität seiner Waren war nie zu beanstanden.

Mein Vater hatte zu jener Zeit – neben der Belieferung seiner Leihbücherkunden – eine Nachtwächterstelle in der Großweberei »Sedalana« angenommen, deren deutsche Direktoren zu seiner Kundschaft gehörten. Diese Herren waren mit Vaters Belieferung so zufrieden, dass sie ihn mit der Einrichtung einer Werksbibliothek in einem neben der Fabrik gelegenen Laden beauftragten, wo er dann auch seine eigene Kundschaft mit deutschen Editionen bedienen konnte. Die Hintertür des Ladens führte zu einem kleinen Garten mit Terrasse, auf der wir so manchen schönen Augenblick verbrachten.

Meinem Vater fehlte zu seinem neuen Ladenglück nur etwas Musik. Er sprach mit »unserem« Hausierer darüber, der sofort Abhilfe wusste und erzählte, dass er Mitglied einer Hausierer-Genossenschaft sei, die über ein eigenes vierstöckiges Warenhaus in der City verfüge, zu dem nur Mitglieder mit ihren Kunden Zutritt hätten. So verabredeten sich beide zu einem Besuch im Warenhaus, und eine Woche später war eine schöne Musiktruhe mit ersten Schallplatten in besagtem Laden. Es war wie ein Traum.

Unser »Hausierer« war auch Mitglied eines kleinen Vereins, der armen und mittelständischen Handwerkern und Unternehmern mit bescheidenen Darlehen unter die Arme griff, wobei die Zinsen eine kleine jüdische Grundschule im Bezirk Belgrano finanzierten. Die entsprechenden Vereinsposten waren ehrenamtlich besetzt.

Eines Tages klingelte er bei uns, um uns zur Hochzeitsfeier seiner Tochter einzuladen. Er hatte zwanzig Jahre jeden verfügbaren Betrag für die Mitgift und die Feier gespart. Wir, meine Eltern und ich, kamen an jenem Hochzeitsabend in einen großen Festsaal mit Tanzorchester, lange Tische waren für etwa 200 Gäste gedeckt. Honoratioren des Bezirks und der Gemeinde waren erschienen und hielten kurze Lobesreden auf den Brautvater. Das junge Paar eröffnete den Tanz. Für uns war das ein wunderschönes Erlebnis.

Austria Libre

Nachdem die Wehrmacht halb Frankreich erobert und besetzt hatte, floh die französische Regierung 1940 nach London. Als Mitglied der französischen Exilregierung veröffentlichte General Charles de Gaulle damals einen Aufruf, der in Flugblättern über Frankreich abgeworfen und in den Zeitungen der freien Welt veröffentlicht wurde. Er enthielt den Kernsatz: »Frankreich hat eine Schlacht verloren! Aber Frankreich hat nicht den Krieg verloren!«

Dieser Aufruf riss mich mit, er war ganz in meinem Sinne: Man darf dem Hitlerschen Angriff nicht nachgeben, man darf nicht aufgeben! Nachdem der Aufruf de Gaulles vom 25. Juni 1940 veröffentlicht worden war, gründete sich in Buenos Aires ein »Comité de Gaulle«, dem ich mich sofort anschloss. Endlich hatte ich eine politische Heimat gefunden, die sich mit meinen persönlichen Erfahrungen aus der Politik des Dritten Reiches deckte, eine Widerstandgruppe, die sich nicht geschlagen gab. Ich war mit meinem Groll nicht mehr allein.

Später formierte sich in Buenos Aires eine Gruppe österreichischer Bürger im Verein »Austria Libre« (Freies Österreich), der allen Gegnern des »Anschlusses« Österreichs an das Deutsche Reich ungeachtet ihrer politischen Meinung offen war. Die Statuten beinhalteten die automatische Auflösung des Vereins für den Tag, an dem Österreich wieder seine Unabhängigkeit erlangte. Ich schloss mich der Jugendgruppe an. Treffpunkt war der elegante »Syrisch-Libanesische Club«, der dem

»Comité de Gaulle« nahestand und uns seine Einrichtungen kostenlos zur Verfügung stellte.

Die Jugendgruppe von »Austria Libre« traf sich regelmäßig zu politischen Analysen der sich aus den verschiedenen Kriegsschauplätzen ergebenden wirtschaftlichen, politischen und sozialen Situation. Es kam unter anderem der Morgenthau-Plan zur Sprache, der vorsah, dass Deutschland keine Industrien mehr haben dürfe, sondern in ein Agrarland umgewandelt werden müsse. Es wurden in der Gruppe auch Stimmen laut, dass die Bombardierung deutscher Städte intensiviert werden sollte. Ich war der Meinung, dass man einem Volk nicht die Lebensgrundlage nehmen dürfe, weil so nur der Samen für weitere Konflikte gelegt würde. Ich erinnerte mich auch an meine Erfahrung mit Herbert Heinrich. Ihn und die vielen anderen Unschuldigen müsse man schützen, um weiteres Unrecht zu verhüten. Die Diskussionen waren hoch spannend. Ich musste erkennen, dass es der Vernunft oft sehr schwer fällt, sich gegen Vorurteil und Fanatismus zu behaupten.

Sara

Unter den ukrainischen Einwanderern aus dem Jahr 1891, die von der »Jewish Colonization Agency« betreut wurden, war auch das Ehepaar Koval, das sich in dem kleinen Marktflecken Escriña der Provinz Entre Ríos (»Zwischen den Flüssen«, also zwischen den Flüssen Uruguay und Paraná) niedergelassen hatte. Die Jewish Colonization Agency war von dem Münchner Baron von Hirsch, der durch Bauten europäischer Eisenbahnstrecken reich und berühmt geworden war, gegründet und finanziert worden mit dem Ziel, Opfern der antijüdischen Pogrome in den zaristischen Ländern eine landwirtschaftliche Existenz zu ermöglichen. Hierfür kaufte die Organisation riesige Bebauungsflächen in Ländern der Neuen Welt und parzellierte sie für Neuankömmlinge. Jedem Interessenten wurden ein kleines Haus, Stallungen, einige Pferde, Kühe und Hühner, Saatgut, ein Pflug und sonstiges Werkzeug leihweise mit späterer Kaufoption zur Verfügung gestellt.

Familie Koval und andere Pächter hatten immer wieder mit Rückschlägen zu kämpfen. Mal waren es die Heuschrecken, die ganze Ländereien verwüsteten, mal die furchtbaren Trockenperioden, die die Ernten versengten und die Brunnen austrockneten, oder auch sintflutartige Überschwemmungen, die Tiere und Pflanzen ertränkten. Die unerfahrenen jüdischen Landwirte im fremden Land überlebten nur durch ihren Zusammenhalt und die unerschöpfliche Geduld der JCA. So konnten sie immer wieder von vorne beginnen und langsam auch bescheidene Existenzen aufbauen. Familie Koval war mit drei Töchtern und drei Söhnen gesegnet. Die Jüngste von ihnen war die 1917 geborene Sara, die den elterlichen Hof verlassen hatte, um in Buenos Aires Modistin zu werden. Als ich sie kennenlernte, arbeitete sie im Atelier der Familie Freund, die in der Vereinigung »Austria Libre« sehr aktiv war. »Austria Libre« lud regelmäßig zu Wochenendzusammenkünften auf den Sportplatz des sozialdemokratischen Vereins »Vorwärts« in der Nachbarstadt Quilmes ein. Ich fuhr dort ab und zu hin, und so lernte ich auch Sara Koval kennen, die von der Familie Freund mitgenommen worden war. Wir kamen ins Gespräch. Nach einer Weile fragte ich sie, ob sie mit mir zu einem Konzert ins Teatro Colón gehen würde. Sie nahm an, und so begann eine Freundschaft. Aus der Freundschaft wurde Liebe. Wir heirateten im März 1944.

Nachdem ich meine Arbeit als Sekretär in Alfredo Cahns Literaturagentur hatte beenden müssen, sah ich mich nach einer geeigneten Arbeit um. Der Markt gab nichts her. Ich suchte Kontakte mit den mir durch meine bisherigen Aufgaben bekannten argentinischen Buchverlagen, die mir leider auch keine Stellung bieten konnten, mich aber ausnahmslos durch Angebote großzügiger Warenkredite ermunterten, ein Buchgeschäft in der City von Buenos Aires zu betreiben. Ich suchte also einen entsprechenden Laden. Die zur Verfügung stehenden Ladengeschäfte waren jedoch so teuer, dass ich froh war, letztlich einen abschließbaren Ausstellungsraum in der bekannten Gemäldegalerie van Riel in der Fußgängerstraße Florida zu einer annehmbaren Miete zu bekommen. Mein Angebot, spanische Belletristik, konnte ich in einer zur Straße liegenden Vitrine ausstellen.

Sara half mir, die ersten Buchpakete meiner Verlagsfreunde auszupacken und in den Regalen unterzubringen. Das Prunkstück meines Angebotes war die spanische Luxusausgabe der »Eroberung Perus« von Prescott, der wir einen besonders schönen Platz im Geschäft zuwiesen. Diese »Eroberung« wurde schon am Eröffnungstag von einem Jungen, der sich eines doppelbödigen Schuhkartons bediente, gestohlen. Ich bemerkte den Diebstahl sofort und lief, während Sara das Geschäft beaufsichtigte, hinter dem Dieb her, erreichte ihn nach etwa 200 Metern, hielt ihn am Ärmel fest und lieferte ihn in der nächsten Polizeiwache ab.

Kurz nach der Eröffnung meiner kleinen Buchhandlung wurde die City von Buenos Aires durch grobe politische Ausschreitungen erschüttert. Die Militärregierung hatte den Arbeitsminister Oberst Perón abgesetzt. Seine Freundin und Mitarbeiterin Eva Duarte (Evita) wiegelte die Arbeiterschaft der großen amerikanischen und englischen Schlachthäuser in der Provinzstadt La Plata auf und ließ sie auf Lastwagen in das Zentrum von Buenos Aires fahren, wo sie randalierend durch die Straßen zogen, Schaufenster einschlugen und lauthals die Freilassung ihres Idols Perón forderten. Auch meine Vitrine musste dran glauben.

Dem Druck der Straße weichend beschloss die Militärregierung eine Kabinettsumbildung. Sie ließ Oberst Perón auf freien Fuß, nachdem dieser die Beschwichtigung der Massen durch eine Rede vom Balkon des Regierungsgebäudes an der Plaza de Mayo zugesagt hatte. Perón heiratete einige Tage später seine Mitarbeiterin Evita. Die revolutionäre Atmosphäre im Zentrum der Hauptstadt hatte unter anderem zur Folge, dass kunst- und buchliebende Interessenten der Gemäldegalerie und somit auch meinem Geschäft fernblieben.

Der Inhaber der Gemäldegalerie hatte bemerkt, dass immer weniger Kunden kamen. Außerdem näherte sich im Dezember der argentinische Sommer, von Geschäftsleuten als »Saure-Gurken-Zeit« bezeichnet. Daher suchte er das Gespräch mit mir. Er schlug vor, mir vom 10. bis 23. Dezember alle fünf Ausstellungsräume seiner Galerie außer dem Kunstauktionssaal für eine von mir zu organisierende

Buchausstellung zu einem Symbolpreis von 100 Pesos zu vermieten. Der Auktionsraum war für den gleichen Zeitraum an die Französische Botschaft in Buenos Aires für kulturelle Veranstaltungen anlässlich der Feiern zur Befreiung Frankreichs vermietet worden. Eingeladen hierzu waren im Übrigen der Lyriker Paul Valéry und Mme. Falconetti von der Pariser Oper.

Ich akzeptierte diese freundliche Offerte sofort und ging an die Arbeit. Den Grundriss der fünf Räume teilte ich in kleine, mittlere und große Ausstellungsflächen ein, setzte entsprechende Standmieten mit und ohne Umsatzbeteiligung an den Verkäufen fest, vervielfältigte den Plan und sandte das Angebot per Eilpost an etwa 30 argentinische Verlagshäuser, die dann in ihrer Mehrzahl ihre Teilnahme anmeldeten. Somit hatte ich am 10. Dezember 1944 die erste argentinische Buchausstellung eröffnet.

Meine jugendlichen Freunde von »Austria Libre« hatten bei den Einrichtungsarbeiten geholfen und standen dann auch während der Öffnungszeiten freiwillig zur Verfügung. Ein illustriertes ganzseitiges Inserat im Abendblatt »La Razón«, das anteilmäßig von den Verlegern finanziert wurde, machte zwar Furore, half aber nicht über die nach wie vor revolutionäre Unruhe und Unsicherheit im Zentrum der Stadt hinweg. Die Leute hatten Angst. Die Umsätze blieben gering.

Argentinische Kriegserklärung

Argentinien war Mitglied der Union Panamericana, eines Staatenbundes, dem sämtliche Republiken der Neuen Welt und Kanada angehörten. In der Union Panamericana hatten die USA selbstverständlich ein großes Gewicht, das eingesetzt wurde, um die Mitglieder der Union zum Kriegsbeitritt an ihrer Seite aufzufordern.

Die Republiken der Neuen Welt waren am Anfang des Zweiten Weltkrieges neutral geblieben. Erst der japanische Angriff auf Pearl Harbour entwickelte sukzessive eine Änderung ihrer Haltung. Zwischen 1941 und 1945 erklärten 19 Mitglieder der Union Panamericana den

Aggressoren den Krieg. Brasilien nahm teil am Kriegsgeschehen und sandte Truppen nach Italien zur Verstärkung der Alliierten, und die mexikanische Luftwaffe half den US-Amerikanern im Pazifik. Nur Argentinien zögerte bis fast zum Ende des Krieges, sich an die Seite der Alliierten zu stellen.

Der argentinische Oberst Perón war, bevor er die politische Bühne Argentiniens betrat, Militärattaché der argentinischen Botschaft in Berlin gewesen und hatte dort freundschaftliche Beziehungen zu den militärischen Stellen unter dem Hakenkreuz gepflegt. Als der Vormarsch der Roten Armee und die Erfolge der alliierten Invasion nicht mehr zu übersehen waren, erklärte Argentinien im März 1945 dem Deutschen Reich den Krieg.

Argentinien beteiligte sich nicht an Kampfhandlungen. Im Innern hatte der Kriegszustand jedoch einschneidende Maßnahmen für alle im Reich geborenen Einwohner zur Folge: Der bisher geltende Personalausweis wurde gegen einen »Ausweis für feindliche Ausländer« umgetauscht; Radio-Empfänger, Foto- und Filmapparate mussten polizeilich angemeldet werden; jeder »feindliche« Ausländer musste sich regelmäßig auf dem Polizeirevier melden; Fahrten über 200 km vom Wohnort entfernt mussten polizeilich genehmigt werden usw.

Dies alles war für mich als früherer Verfolgter des NS-Staates nicht hinnehmbar, ich empfand die Maßnahmen als Schikanen. Ich weigerte mich daher, den wiederholten Aufforderungen der Polizei nachzukommen, Passfotos für das neue Dokument beizubringen, und legte meinen Protest schriftlich ein. Ich meldete das Radiogerät und den Fotoapparat nicht an. Den regelmäßigen Meldevorschriften folgte ich nicht.

So kam es, dass mich eines Tages der Hauptkommissar des Bezirks besuchte und mich eindringlich bat, die Wache aufzusuchen, damit er und ich keine Schwierigkeiten bekämen. Auf der Wache musste ich einen Kompromiss eingehen und sagte: »Wenn Ihre Behörde meine Passfotos für Ihr Verbrecheralbum benötigt, so habe ich kein Geld dafür. Wenn Sie aber unbedingt diese Aufnahmen benötigen, so werde ich mich nicht widersetzen. Sie sind stärker und haben die

Möglichkeit, mich in Ihrem Polizeipräsidium zu fotografieren. Einer solchen Aufforderung würde ich nachkommen.« Also verständigten wir uns dahingehend, dass ich mich auf dem Polizeipräsidium einfinden würde, damit der dortige Fotograf meine Passbilder für das neue Dokument aufnehmen konnte.

Gleichzeitig ersuchte ich im Schweizer Konsulat um ein Gespräch mit dem Konsul, da die Schweiz während des Krieges die deutschen Interessen in Argentinien wahrnahm. Ich bat den Konsul, mir im Falle meiner Internierung für die »Feinde Argentiniens« seinen Schutz angedeihen zu lassen. Der Konsul prüfte meine Unterlagen und kam zu dem Schluss, dass er für mich nicht zuständig sei, da ich aufgrund der »Nürnberger Rassengesetze« kein deutscher Staatsbürger sei. Ich bat ihn, mir dies schriftlich zu bestätigen. Das Dokument ließ ich im Außenministerium legalisieren und reichte es bei der Präsidentschaft der Nation zusammen mit dem Antrag ein, mich von den geltenden Kriegsmaßnahmen freizustellen. Nach etwa einem halben Jahr wurde mir das Dokument, unterschrieben vom Vizepräsidenten der Nation, zugestellt: Die Bundespolizei wurde aufgefordert, mir meinen früheren Personalausweis zurückzugeben und mich von allen Meldepflichten und anderen Einschränkungen zu befreien.

Als ich mich Jahre später bei einer Bahnfahrt nach Patagonien in einem Speisewagen an den Tisch eines Mitreisenden setzte, sah mich dieser Mann mit prüfenden Augen an und meinte, dass er mich schon einmal gesehen habe. Wir kamen ins Gespräch; er erzählte mir, dass er früher im Polizeidienst gewesen sei. Plötzlich ging ihm ein Licht auf: Er war der Fotograf, der mich für das Ausländerdokument aufnehmen musste. Er verriet mir, dass man damals im ganzen Polizeipräsidium von dem jungen Mann aus Deutschland gesprochen habe, der sich erfolgreich der Identifizierung mit dem Nazisystem widersetzt habe, während alle anderen aus dem Lager der Hitlerfeinde brav den Verfügungen der argentinischen Regierung nachgekommen waren. Wir freuten uns und stießen auf Freiheit und Demokratie an.

1945 – Ende des Krieges

Das Kriegsende brachte für Argentinien einige fundamentale Umstellungen: So wurden die großen Eisenbahnlinien, die von britischen Unternehmen gebaut und jahrzehntelang betrieben worden waren, von der Regierung gekauft und in staatliche Hände überführt. Der mehr als verrottete Fuhrpark wurde mit gutem Gold, das während der Kriegsjahre durch Lebensmittellieferungen angespart worden war, bezahlt. Verstaatlicht wurden auch sämtliche bislang in den Händen Großbritanniens und der USA liegenden Telefoneinrichtungen. Dann begaben sich Einkäufer des argentinischen Heeresministeriums in die Gegenden früherer Kampfhandlungen nach Frankreich und Flandern und kauften dort Hunderte von abgemusterten Jeeps für die argentinischen Streitkräfte. Diese wurden nach Buenos Aires verschifft, dort auf einem großen Platz aufgestellt, wo sie monate-, teils jahrelang vor sich hinrosteten und dann teilweise ausgeschlachtet wurden.

Durch die verschiedenen Aufkäufe waren die Gold- und Devisenreserven zu sehr in Anspruch genommen und daher auch die Golddeckung des Peso nicht mehr gewährleistet. Präsident Perón behauptete in einer in der argentinischen Zentralbank gehaltenen Rede jubelnd, dass der Peso durch die Weizenernten des Landes gedeckt sei.

Unser Sohn kam am 24. Juni 1945 auf die Welt. Wir nannten ihn Luis Rodolfo, im täglichen Umgang »Luisito«. Mein Wunschname war »Luis« nach Louis (Ludwig) van Beethoven, dessen Musik ich so viele lebensbejahende, fast lebensrettende Momente meines bisherigen Lebens verdankte. Sara hatte sich hingegen für »Rodolfo« ausgesprochen – nach Rodolfo Ghioldi, dem Führer der argentinischen kommunistischen Partei, der Sara angehörte.

Nachdem ich mein Buchgeschäft in der Luxusstraße Florida hatte schließen müssen, mietete ich einen großen Büroraum in der Nachbarschaft der »Galeria van Riel« und zog dort einen Buchinformationsdienst für Bibliotheken und Bücherfreunde, den »Servicio Informativo Bibliográfico Winter«, auf. Das Abonnement war wohlfeil zur Deckung der Werbungs- und Informationskosten bemessen. Mein

Verdienst sollte in den Buchbestellungen, die sich aus dem Informationsdienst ergaben, liegen. Als Werbeträger stand mir die größte Zeitung Argentiniens, »La Prensa«, zur Verfügung, die für ihre sonntäglichen Buchseiten außerordentlich geringe Anzeigentarife für Verleger und Verlagsprodukte anbot. Ich platzierte regelmäßig Mini-Inserate und bekam dadurch Abonnenten aus dem ganzen Land.

Eines Tages besuchte mich Herr Aguilar, ein sehr bekannter Verleger moderner und klassischer Werke mit Sitz in Madrid, in meinem Büro. Alle seine Bücher waren auf Dünndruckpapier gedruckt und in herrliches dunkelbraunes flexibles Leder mit Goldtiteln und Vignetten gebunden, eine Kostbarkeit, die ich bislang von keinem anderen Verlag kannte. Er suchte einen Vertreter seiner Verlagswerke für Argentinien und fragte mich, ob ich diese Tätigkeit übernehmen wolle. Ich konnte mich nicht entschließen, sein verlockendes Angebot anzunehmen, da ich für die so außergewöhnlichen Luxusausgaben, die ja auch sehr teuer verkauft werden mussten, in Argentinien keine ausreichende Grundlage für eine rentable Exklusivvertretung sah. Tatsächlich musste der Verlag Aguilar wenige Jahre später seine Pforten in Madrid schließen und auch seine argentinische Niederlassung auflösen.

In dieser Zeit erschien in meinem Büro Dr. Mario Macklin, von Beruf Rechtsanwalt. Er hatte meine Inserate in »La Prensa« gelesen und war von der freundlich-verbindlichen Art meiner Annoncen und den Informationsdiensten so angesprochen, dass er mich gerne kennenlernen wollte. Er bot mir seinen Rat als Bücherfreund und eine bescheidene Teilhaberschaft an, und so begann eine langjährige Freundschaft zwischen den Familien Winter und Macklin. Die Macklins waren eine begüterte Familie schottischen Ursprungs. Auch Marios Vater war Rechtsanwalt, wie auch später sein Sohn den gleichen Beruf ergreifen sollte. Er selbst war Inhaber einer gut gehenden Anwaltspraxis in der City und wohnte mit seiner Frau und zwei Kindern in einer Villa mit Garten in einem Vorort von Buenos Aires. Wir besuchten sie öfters und verbrachten zusammen so manch geselliges Wochenende.

Der Umsatz meines Informationsdienstes reichte nach einer etwa zweijährigen Anlaufzeit nicht aus, um die familiären Notwendigkeiten zu finanzieren. Ich musste mich wieder umstellen. Die Einschätzung der wirtschaftlichen Lage brachte mich auf neue Gedanken: Bedingt durch das Kriegsende erfuhren die Importe von Ersatzteilen einen großen Aufschwung, denn die während der Kriegsflaute aus dem Verkehr gezogenen Autos, Lastwagen, Kräne usw. wurden nunmehr im ganzen Land wieder auf Vordermann gebracht. Zwei Schwäger meiner angeheirateten Familie hatten die sich bietende Gelegenheit erkannt und arbeiteten gemeinsam am Aufbau eines Vertriebs von Elektroersatzteilen für Automotore. Sie lernten mich an, und ich übernahm die Vertretung für ihr Geschäft.

Ich besuchte Reparaturwerkstätten in der ganzen Stadt Buenos Aires und zeigte dort Kataloge und Muster von Schaltern, Kabeln, Lampen, Lichtmaschinen, Anlassern, Kugellagern, schwedischen Dynamokohlen und vielen anderen Artikeln. Die entsprechenden Bestellungen gab ich täglich per Telefon an meine Schwäger weiter, die sich dann um die Belieferung kümmerten.

Später machte ich mich selbstständig. Mit dem Verdienst aus meiner ersten Geschäftsreise nach Patagonien kaufte ich mir in Buenos Aires einen kleinen Kastenwagen »Ford A«, den ich mit Regalen bestückte, die mit Ersatzteilen meines Angebots gefüllt wurden. Mit diesem Wagen besuchte ich die größeren Städte der Provinz Buenos Aires – etwa zwischen 200 und 600 km von der Bundeshauptstadt Buenos Aires entfernt – und belieferte regelmäßig die dortigen Autowerkstätten. Ich war wöchentlich jeweils fünf Tage unterwegs, zog von Stadt zu Stadt und von Hotel zu Hotel, während Sara das Haus hütete und Luisito aufzog. Später legte ich in einigen Hotels sogar ein kleines Handlager mit gängigen Artikeln an, um lieferfähig zu bleiben, denn die Konkurrenz war groß: Lieferte ich gewisse Dinge nicht sofort, kam bald der Nächste, der mit einem noch größeren Angebot aufwarten konnte; ich musste umsichtig sein.

Die menschlichen Kontakte, die sich im Laufe der Zeit zwischen meinen Kunden und mir ergaben, waren ein Quell von Genugtuung und Befriedigung – ja sogar Freundschaften entstanden, die das Leben nachhaltig bereicherten. Auch die Feierabende in den Hotels in

Gemeinschaft mit Reisenden der verschiedenen Berufszweige, die sich bei einem Glas Wein zum Austausch ihrer täglichen Erfahrungen zusammentaten, trösteten über die familiäre Einsamkeit hinweg. So mancher Kollege brachte seine Gitarre mit in das Gastzimmer und sang einen Tango oder eine Melodie des südamerikanischen Liederschatzes.

Kultur

Die Städtische Oper in Buenos Aires, das Teatro Colón, benannt nach Christoph Kolumbus (»Cristóbal Colón«), gehört zu den größten Opernhäusern der Welt. Die viel gerühmten Aufführungen und die exzellente Akustik trugen in hervorragender Weise zum argentinischen Kulturleben bei. Die Programmgestalter des Teatro Colón profitierten von der geografischen Lage Argentiniens und dem damit verbundenen Klima, denn während der europäischen und nordamerikanischen Sommermonate herrscht in Südamerika die kalte Jahreszeit. Das bedeutet, dass hervorragende Sängerinnen und Sänger, Dirigenten und Regisseure aus der nördlichen Halbkugel in ihrem Sommer nach Buenos Aires geholt und hier eingesetzt werden konnten. Dies geschah in besonderem Maße in den Jahren nach Beendigung des Zweiten Weltkrieges. Ich hatte das Glück, außerordentlich schöne Aufführungen im Teatro Colón erleben zu dürfen.

Das Opernprogramm wurde jährlich in je eine deutsche, französische, italienische und spanische Spielzeit eingeteilt, zu der Spitzenkräfte aus Wien, Paris, Mailand oder New York kamen. In den ersten Jahren meiner Besuche im »Colón« reichte mein Geld nur für einen Stehplatz im 7. Rang. Zwar sah man nicht viel, doch schon das Gehörte war ein Erlebnis: Jedes »Pianissimo« kam sauber an. Um Karten zu bekommen, musste man sich früh anstellen, denn die Nachfrage, speziell bei der Jugend, war stets groß. Später leisteten wir uns auch Sitzplätze im 4. Rang.

Musikfreunden dürften die Namen der Dirigenten, die als Gäste nach Buenos Aires kamen, geläufig sein: Wilhelm Furtwängler, der mit dem

Orchester und dem Chor des »Colón« eine unvergessliche Missa Solemnis von Beethoven dirigierte, der noch junge und sehr elegante Herbert von Karajan mit der Sinfonie Nr. VI von Tschaikowski und der Rheinischen Sinfonie von Schumann anlässlich eines Wochenendkonzertes, zu dem wir auch Luisito mitgenommen hatten, Maestro Böhm mit seinen unzähligen Aufführungen von Mozart, Beethoven, Wagner, Richard Strauss. Ich höre auf zu schwärmen. Geblieben ist aber ein unzerstörbarer musikalischer Erinnerungsschatz.

Wer nicht nur für den Broterwerb lebte, hatte die mannigfaltigsten Möglichkeiten, sich auf verschiedene kulturelle Angebote einzulassen: Neben der Oper gab es Museen, Bibliotheken, Gemäldegalerien, Musiksäle, viele Theater, Kinopaläste und Musikcafés. Wer wollte und konnte, durfte sich bedienen. Ich hatte nie genügend Zeit und Geld, um alle Möglichkeiten des kulturellen Angebots zu nutzen, doch machte ich, wenn es irgendwie ging, von Besuchen in Museen und Gemäldegalerien Gebrauch.

Als wir nach Argentinien kamen, gab es dort jede Menge von Radiosendern. Die ersten beiden Sender der Liste waren der städtische und der Staatssender, neben etwa 30 Stationen in privater Hand. Die wichtigsten waren die Sender »Radio El Mundo« und »Radio Belgrano« und irgendwo im letzten Drittel der 30 Sender war »Radio del Pueblo« (Radio des Volkes), u. a. von der Fa. Gillette subventioniert. Der Staatssender tat sich mit Vorträgen, Buchbesprechungen und Übertragungen guter Aufnahmen klassischer Musik hervor. Ich erinnere mich an einige Jahre, da in diesem Sender an jedem Sonntag um 11 Uhr Vormittag ein einstündiges Feature über Griechenland auf dem Programm stand. Hier wurde in bunter Reihenfolge die Geschichte des Alten Griechenland, seiner Götter und Mythen, seiner Literatur und Persönlichkeiten erzählt.

Der Städtische Sender übertrug sämtliche Aufführungen aus dem Teatro Colón: Opern, Sinfoniekonzerte, Kammermusik, Chorwerke und Gesangsvorträge – immer mit ausführlichen Inhaltsangaben und Biografien der Komponisten und Mitwirkenden. »Radio El Mundo« hatte u. a. das Tanzorchester Dajos Bela unter Vertrag. Dajos Bela war ein ungarischer Geiger, der mit seinem Orchester jahrelang im Berliner »Hotel Exzelsior« am Anhalter Bahnhof aufgetreten und mitsamt seinen Mitarbeitern schon 1933 nach Argentinien geflohen war. Dajos Bela brachte den Argentiniern gute europäische und amerikanische Tanzmusik nahe und war jahrelang an der Spitze dieses Genres. »Radio Belgrano« kümmerte sich um Sport, förderte aber auch den Tango. Hier begann die Karriere der Eva Duarte als Tangosängerin, die der Welt als Evita Perón bekannt wurde.

»Radio del Pueblo« brachte jeden Samstag um 15 Uhr die Tonaufnahmen kompletter Opern. Die Sendungen wurden von Hintergrundinformationen, Kommentaren und musikgeschichtlichen Vorträgen begleitet. Diese regelmäßigen Übertragungen entwickelten sich im Laufe der Jahre zu wahren Lektionen einer musikalischen Hochschule. Von den jährlich etwa 50 Sendungen hörte ich im Durchschnitt etwa 20 bis 30, was in mehr als 20 Jahren etwa 500 verschiedene Aufführungen bedeutet. Ich konnte die besten Sänger und Orchester aus der ganzen Welt hören, unterschiedliche Interpretationen vergleichen – und brauchte keine Studiengebühren zu zahlen. Es waren unvergessliche Erlebnisse.

Montevideo

Kurz vor der Mündung des Rio de la Plata in den Südatlantik liegt auf dem Ufer der Republik Uruguay die im Vergleich zu Buenos Aires kleine, aber schmucke und weniger hektische Hauptstadt Montevideo. Man schifft sich am Abend in Buenos Aires in den Dampfer des Pendelverkehrs ein, verzehrt dort sein Abendbrot und wacht am nächsten Morgen im Hafen von Montevideo wohl ausgeruht in der Kabine zum Bordfrühstück auf.

Der nächtliche Pendelverkehr wird von Touristen, Kaufleuten, aber auch Geldschmugglern benutzt, denn das kleine Uruguay, eingebettet zwischen den Giganten Brasilien und Argentinien, ist so etwas wie die Schweiz Südamerikas. Wer sein Geld vor Inflation und Steuern in

Sicherheit bringen will, kommt nach Montevideo und erhält in jeder Bank ohne weitere Formalitäten ein Nummernkonto, das ihn vor Verlusten schützt.

Ich verfügte leider über keine Werte. Meine Reisen nach Montevideo hatten einen ganz anderen Zweck: Tante Betty, die jüngste Schwester meiner Mutter, stammte aus Elbing in Westpreußen und hatte in Montevideo Zuflucht gesucht. Sie wohnte dort mit ihrer Tochter, die sich auf das Abitur vorbereitete, in einer freundlichen Zwei-Zimmer-Wohnung ein bisschen außerhalb der Stadt in Richtung Piriápolis, dem Strandbad der Begüterten. Tante Betty arbeitete als Serviererin in einem Café. Sie freute sich riesig, wenn wir sie besuchten. Ihre Tochter sah in Montevideo keine Zukunftschancen. Bald nach dem Abitur setzte sie sich nach Montreal in Kanada ab, wohin ihr die Mutter später folgte. Ich habe später meine Tante und meine Kusine leider aus den Augen verloren.

General Rawson

Ich hatte die Entwicklung der argentinischen Politik seit meiner Ankunft immer sehr aufmerksam beobachtet. Schon als Lehrling in der Kalenderfabrik gab mir die Herstellung von Ansteckknöpfen mit den Bildern der Hauptkandidaten der nächsten Präsidentenwahl, Ortiz und Castillo, Gelegenheit, Einblick in die damals herrschende politische Situation zu bekommen. Die Drucker in der Fabrik klärten mich darüber auf, dass der amtierende Präsident General Justo 1930 nach einem Militärputsch an die Macht gekommen war und nunmehr demokratische Wahlen ausgeschrieben hatte.

Der Rechtsanwalt Ricardo M. Ortíz wurde Präsident und Ramón S. Castillo sein Vize. Ortíz litt bald unter erheblicher Sehschwäche, musste an den Augen operiert werden und wurde fast blind. Castillo übernahm die Präsidentschaft und machte sich durch unpopuläre Maßnahmen unbeliebt. Dies wiederum rief, wie so oft in Argentinien, die Militärs auf den Plan, die dann am 4. Juni 1943 putschten. Nun wurde

General Arturo Rawson Präsident. Als Kommandant von »Campo de Mayo«, einem Truppenstützpunkt in einem Vorort von Buenos Aires, half er seinen putschenden Kameraden mit 10 000 Mann, die alle strategisch wichtigen Stellen von Buenos Aires besetzten und den Präsidenten Castillo kurzerhand aus dem Amt jagten. Doch schon drei Tage später wurde General Rawson von seinem Kriegsminister Pedro Pablo Ramírez aus dem Amt gedrängt, weil die putschenden Generäle sein Kabinett nicht billigten. Auch Ramírez wurde nach acht Monaten von General Fárrell in die Wüste geschickt. General Rawson machte sich bei seinen Kameraden u. a. durch oppositionelle Aufsätze in der größten argentinischen Tageszeitung »La Prensa« unbeliebt. Auf Betreiben der Militärjustiz stand er fortan unter Hausarrest.

General Rawson gehörte zu den treuesten Besuchern meines Buchgeschäftes in der »Galeria van Riel«. Er war speziell an Büchern über Malerei und Architektur interessiert, und ich hatte so manches freundliche Kundengespräch mit ihm. Als ich aus »La Prensa« erfahren hatte, dass er seinen Hausarrest nutzte, um seine Erinnerungen zu schreiben, sah ich die Möglichkeit, seine Autobiografie als Buch herauszugeben, rief ihn deshalb an und bat ihn um ein Gespräch. Er erinnerte sich sofort an mich und war bereit, mich an einem der nächsten Tage zum Tee zu empfangen.

Ich wusste, dass ich mich auf ein mehr oder weniger gefährliches Terrain begab, ging also zur Gruppe »Demokratische Studenten«, die in der Juristischen Fakultät ihr Büro hatte, erzählte von meinem Vorhaben und bat sie, falls ich mich nicht bis 19 Uhr des gleichen Tages bei ihnen melden würde, nach mir zu suchen.

Ich besuchte also den Ex-Präsidenten Rawson in seiner Privatwohnung in der Straße Callao. Als Erstes berichtete er mir von der Vorgeschichte des Putsches vom 4. Juni und speziell von der Tatsache, dass Oberst Perón daran nicht teilnehmen wollte, sich später aber als Nutznießer dieser Revolution feiern ließ. Rawson nannte ihn einen »Usurpator«. Den Putsch gegen den demokratisch gewählten Präsidenten Castillo begründete er mit der Einschätzung der Generäle, dass Castillo speziell in der Transportpolitik zu sehr die britischen Interessen, die das Eisenbahnnetz und den Nahverkehr in Buenos Aires in ihren Händen hatten, vertreten und inakzeptable Maßnahmen auf diesem Gebiet getroffen habe. Eine zukunftsweisende Politik sah der Ex-Präsident in der Dezentralisierung der Wirtschaft, in der Förderung der mittleren und großen Städte des Landes durch ein gut ausgebautes Straßennetz und in der Schaffung großer Produktions- und Absatzmärkte im gesamten Inland durch eine substanzielle Vergrößerung der Bevölkerung mittels einer adäquaten Einwanderungspolitik. Die praktische Durchführung seiner Pläne sollte, so meinte der General, in den Händen demokratischer Parteien liegen, wobei er den Peronismus als undemokratisch ablehnte.

Seine Autobiografie hat er leider nicht mehr veröffentlicht.

Tandil

Etwa 350 km südlich von Buenos Aires liegt ein schmuckes Städtchen, eingebettet im Tal eines Mittelgebirges: Tandil war Mitte des 19. Jahrhunderts ein Stützpunkt der argentinischen Armee, die unter dem Befehl des Generals Julio A. Roca den Auftrag hatte, die Landbesitzer der Zone vor den Überfällen der Mapuche-Indianer, die eigentlich seit vielen Jahrhunderten die Eigentümer dieser Gegend waren und nun ständig um die Wiedereroberung ihrer Existenzgrundlagen kämpften, zu schützen. Sie waren ehedem Jäger, Fischer und Bauern mit gut organisierten Verbindungen zu ihren Brüdern im jetzigen Territorium der Republik Chile. Die Mapuches in der argentinischen Pampa sind bei der »Strafaktion« des Generals Roca fast völlig ausgerottet worden. Ein Genozid, der ungesühnt blieb.

Touristen werden selbstverständlich nicht mit den Grausamkeiten der Ausrottung konfrontiert. Man zeigt ihnen nur die schönen kleinen Kanonen, die artig auf einem Hügel neben einem Café aufgestellt sind und von einer nebulös umschriebenen »Wüstenexpedition des Generals Roca« zeugen. Man besucht das schöne Umland, bestaunt ein riesiges Felsstück, das am Rande eines Berges über die Tiefe ragt und jeden Moment hinabzustürzen droht, und besucht eine unterirdische Käsefabrik, deren Produkte internationalen Ruhm erlangten.

Erst viel später, als ich mich eingehender mit der Geschichte dieser Gegend befasste, wurde mir bewusst, auf welch blutgetränkter Erde ich mich dort bewegte. Während meiner Verkaufstätigkeit im Süden kam ich regelmäßig nach Tandil, um die dortigen Werkstätten zu beliefern. Im Hotel Roma unterhielt ich ein Reservelager der meistgekauften Artikel. Tandil wurde in gewisser Weise das geografische Zentrum meines Arbeitsbereiches im Süden der Provinz Buenos Aires, um das sich ein Halbkreis von Städten bildete, in denen Autowerkstätten auf meinen regelmäßigen Besuch warteten: Balcarce (mit der Mercedes-Benz-Agentur des Weltmeisters Fangio, heute Automuseum), Mar del Plata (mit seinem herrlichen Strand und dem mondänen Kasino), Necochea, Olavarria, Coronel Suárez (bekannt für seine Russland-Deutschen) und Bahía Blanca (mit seiner enormen Flottenbasis).

Ich hatte bald das Gefühl, dass Tandil meine zweite Heimat werden könnte. Ich sprach darüber mit dem Besitzer des Hotels Roma, mit dem ich mich angefreundet hatte und den ich bat mir mitzuteilen, wenn er von einem günstigen Angebot für ein Stück bebaubaren Landes erfahren sollte. Eines Tages berichtete er mir von zwei Männern, Lieferanten des Hotels, die einen Kartoffel- und Kohlenverkauf betrieben und über den Verkauf eines am Rande Tandils gelegenen Terrains in die Haare geraten waren. Er riet mir, diese Leute zu besuchen, was ich dann auch tat.

Sie fuhren mich zu dem Grundstück, das ihnen nach der letzten Versteigerung noch übrig geblieben war. Sie zeigten mir ein Stückchen des Paradieses, das etwa je 50 m breit und lang und zum Süden von einem Waldstückchen begrenzt war. Die Sicht nach Westen reichte weit über die hügelige und grüne Landschaft bis zum Horizont. Ich ließ mir nichts anmerken, aber innerlich war ich überwältigt von der Schönheit des Fleckens. Der geforderte Preis lag bei 8000,– Mark, auch dies so günstig wie in einem Märchen.

Ich hatte, wie immer, kein Geld und machte das Angebot, sofort 100,– Mark als Anzahlung zu leisten und den Rest nach Eintragung meines Namens im Grundbuch in vierteljährlichen Raten zu begleichen. Die beiden Herren waren einverstanden, denn sie wollten das Objekt ihre Zwistes so schnell wie nur möglich loswerden, und so fuhren wir ins Hotel Roma, wo ich auf meiner Schreibmaschine den Kaufvertrag aufsetzte, der dann sofort unterzeichnet wurde.

Ich ließ mir von einer Baumaterialienfirma eine Quebrachoplatte kommen, die ich auf vier fest verankerten Pfählen als zukünftigen Arbeits- und Bauplatz montierte. Es gibt kein Holz, das härter wäre als das des Quebrachobaumes. Da ich noch nicht über Wasser verfügte, ließ ich mir von einem Brunnenbauer ein Loch durch den felsigen Unterboden meines Grundstückes bohren. Und siehe da: nach etwa 20 Metern fand er eine Ader saubersten Grundwassers, dessen erste Probe ich mit einem Fläschchen, das ich an einem langen Bindfaden ins Bohrloch hinabgleiten ließ, nach oben holte.

Einer schönen Zukunft schien nichts im Wege zu stehen. Meine Reisen als selbstständiger Verkäufer von Auto-Elektro-Ersatzteilen im Süden der Provinz Buenos Aires und der Kauf meines kleinen Grundstücks in Tandil gehören zu den schönsten Erinnerungen meines Lebens in Argentinien.

Luisito – Scheidung auf argentinische Art

Luisito war ein fröhlicher Knabe. Wir wohnten damals bei Lola Sonntag, einer Schwester meiner Frau. Sie war mit Siegfried, der aus dem Hannoverschen stammte, verheiratet. Die Familie hatte zwei kleine Töchter. Luisito wuchs mit seinen beiden Kusinen auf, sie waren ein Herz und eine Seele. Auch Siegfried war Vertreter von Autoersatzteilen und besuchte recht fleißig seine Kundschaft in der Bundeshauptstadt.

Je weiter die Zeit voranschritt, um so mehr widmete sich Sara der politischen Untergrundarbeit. Ich selbst konnte den kommunistischen Aktivitäten nicht viel abgewinnen. Außerdem hatte ich von den Foltermethoden der argentinischen Polizei gegen verhaftete Anhänger der verbotenen Kommunistischen Partei erfahren und fürchtete um die Sicherheit meiner Familie.

Als Luisito in das schulfähige Alter kam, votierte ich für seine Anmeldung in der Pestalozzi-Schule, einer demokratischen Einrichtung, von Deutschen und Schweizern im Bezirk Belgrano aufgebaut und mit Schulbussen ausgestattet, die auch in unserer Gegend vorbeikamen. Sara war mit diesem Vorschlag nicht einverstanden. Sie vertrat die Meinung, dass die öffentliche Grundschule gut genug für unser Kind sei. Ich gab nach.

Luisito ging also in die Volksschule. Als er mir jedoch im zweiten oder dritten Schuljahr allen Ernstes erzählte, dass die »Jungfrau von Luján« (ein Vorort von Buenos Aires) die Beschützerin der argentinischen Schulen und Chausseen sei, war es um den Frieden in der Familie geschehen. Sara war ja auch Jüdin, und ich konnte nicht begreifen, dass sie derartige katholische »Aufklärung« in unserer Familie duldete. Ich selbst hatte mich nie als frommer Jude gefühlt, sondern war liberal und in religiösen Dingen tolerant – bis heute. Im Leben meiner Frau hatten sich aber einerseits Gleichgültigkeit gegenüber der Religion, andererseits Dogmatismus in der politischen Anschauung breitgemacht, die dem Familienfrieden abträglich waren. Als ich dann eines Abends von meiner Verkaufstour zurückkehrte und erfahren musste, dass Sara mit dem Kind zu einer geheimen Sitzung ihrer Parteifreunde gefahren war, war meine Geduld am Ende.

Wir trennten uns. Und Mario Macklin, unser gemeinsamer Freund, vertrat jeden von uns in den Trennungsverhandlungen, wobei erwähnt werden muss, dass eine echte Scheidung im argentinischen Gesetz nicht vorgesehen war. Hier hatte der Vatikan seine Hand im Spiel: Die Trennung zweier Ehepartner wurde gerichtlich nur für »Tisch und Bett« ausgesprochen. Eine Wiederverheiratung war in Argentinien zu jener Zeit nicht möglich.

Das Kind wurde Sara zugesprochen. In einem freundschaftlichen Gespräch mit mir vertrat Mario außerdem die Meinung, dass es nach modernsten pädagogischen Erkenntnissen nicht empfehlenswert sei, dass das Kind weiterhin Kontakte mit dem Vater pflegte, weil damit ein Keil zwischen Kind und Mutter getrieben würde. Er bat mich inständig, Luisito seiner Mutter nicht zu entfremden. Ich habe leider erst viel zu spät erkannt, dass Marios Rat falsch war. Ich hatte schwer unter der Trennung zu leiden.

Ich wollte mich u. a. über Luisitos schulische Fortschritte erkundigen und besuchte eines Tages den Direktor seines Gymnasiums. Der erklärte mir freudestrahlend, dass mein Sohn der beste Schüler seiner Schule sei und nur der Umstand, dass er aktive kommunistische Werbung unter der Schüler- und Lehrerschaft betreibe, ihn davon abhalte, Luisito die Staatsflagge als Fahnenträger der Schule anzuvertrauen, was er sehr bedauere. Luisito studierte später Medizin und lernte während des Studiums Marta, Tochter einer italienischen Familie, kennen. Marta studierte Pädagogik. Als es ans Heiraten ging, stellte Marta ihren lieben Medizinstudenten vor die Alternative, entweder seine kommunistische Arbeit fortzusetzen oder sie zu heiraten – beides sei nicht möglich! Sie wollte Sicherheit für sich und ihre zukünftige Familie haben. Luisito entschied sich für sie. Er wurde ein angesehener Kinderarzt.

Elvira – Viamonte

Ich lernte Elvira Alvarez in einem Gartenrestaurant kennen. Sie war mit ihrer Mutter zu einem Kurzurlaub von Buenos Aires nach Tandil gefahren. Wir freundeten uns an und hielten die Verbindung in Buenos Aires aufrecht. Dort stellte sie mir ihren Bruder, einen Bankkaufmann, und ihre Schwester vor. Der Vater, ein argentinischer »Criollo« halb spanischer und halb indianischer Herkunft, war verstorben; die Mutter stammte aus Norditalien und war schon als Kind mit den Eltern nach Argentinien ausgewandert.

Elvira war Verkäuferin in einem Süßwarengeschäft. Später entschloss sie sich, mich bei meinen Verkaufsfahrten durch die Lande zu begleiten. Das war eine schöne, recht abenteuerliche Zeit. Mein Vater hatte inzwischen in einer der wichtigsten Straßen der City, der Calle Viamonte, ein großes, von einem Deutschen geführtes Papier- und

Schreibwarengeschäft entdeckt und mit dessen Inhaber ein Untermietabkommen zur Einrichtung einer Buchhandlung in der hinteren Hälfte des Ladens unterzeichnet. Hier hatte er endlich die Möglichkeit, seinen Beruf adäquat auszuüben. Stolz zeigte er mir die Regale mit der Auswahl an guter Literatur, die er u. a. bei einem Buchvertrieb in Olten/Schweiz bestellt hatte. Auch ein Regal mit Büchern seiner Leihbibliothek war vorhanden.

Die Gallenbeschwerden, die meinen Vater weiterhin stark belasteten, machten ihm die normale Betreuung des Geschäftes unmöglich. Auch meine Mutter war dieser neuen Anstrengung nicht gewachsen. Sie hatte vorsorglich von mir eine Liste der Hotels bekommen, in denen wir bei meinen Verkaufstouren durch die Provinz übernachteten. So kam es, dass ich alle paar Wochen ein Telegramm von ihr erhielt mit der dringenden Bitte, nach Buenos Aires zurückzukehren, um ihr in Vaters Geschäft beizustehen. Diese Unterbrechungen meiner Verkaufsarbeit stellten wiederum meine eigene Existenz in Gefahr. Nachdem ich innerhalb von drei Monaten etwa vier Mal nach Buenos Aires zurückbeordert worden war, entschloss ich mich, da ich keine andere Wahl sah, die Reisen in die Provinz an den Nagel zu hängen, um meinen Eltern definitiv zur Verfügung zu stehen.

Elvira und ich mieteten daher vorübergehend ein Zimmer in der Wohnung ihrer Mutter. Und dann kam, was nicht kommen durfte: Der Eigentümer des Schreibwarengeschäftes, in dem mein Vater Untermieter war, hatte einen von ihm firmierten Wechsel nicht pünktlich eingelöst. Der Wechsel war geplatzt. Es kam ein Gerichtsvollzieher, der den ganzen Laden versiegelte. Nicht nur, dass mein Vater wochenlang keine Einkünfte mehr für den Lebensunterhalt hatte, bis sein Lager freigegeben war, sondern auch die Zahlungen an die Lieferanten mussten zeitweilig eingestellt werden. Eine Wiederaufnahme der Verkaufstätigkeit im Laden Viamonte war nicht möglich, da das Geschäft wegen des Konkurses seines Inhabers unter den Hammer kam. Die vom Gericht freigegebenen verlagsneuen Bücher meines Vaters konnten wir mit einigen Verlusten an die entsprechenden Lieferanten zur Gutschrift zurücksenden.

Ich versuchte zu retten, was zu retten war. Das Wichtigste schien mir zu sein, den Bücher- und Zeitschriftenlesezirkel meines Vaters am Leben zu halten, um so wenigstens die dringendsten Ausgaben aufzubringen. Also machte ich mich auf die Suche nach einem Geschäftsraum im Zentrum der Stadt, um die Kundschaft meines Vaters, die ihm nach wie vor die Treue hielt, bedienen zu können.

YWCA – ein neues Geschäft

Es ist wirklich nicht leicht, ein Objekt zu finden, das zentral gelegen ist, genügend Platz für Ware und Kundenbedienung aufweist und wenig kostet. Man klappert also systematisch Straße für Straße, Laden für Laden ab, sieht, ob man ein Plätzchen entdeckt und dem Inhaber einen Vorschlag zur Untervermietung machen kann, geht geduldig weiter, bis man Erfolg hat. Das kann zwei Tage, aber auch zwei Wochen dauern oder länger, man darf die Geduld nicht verlieren und muss freundlich bleiben, auch dann, wenn man wieder keinen Erfolg hat.

Da entdeckte ich die Vorhalle eines Vereinssitzes, ein breites Eingangsportal mit zwei flankierenden Nebeneingängen und einer herrlich geschwungenen, mit einem Kunstschmiedegitter verzierten Marmortreppe in den ersten Stock. Das wäre doch etwas!

Es war der argentinische Sitz der internationalen Frauenvereinigung YWCA (Young Women Christian Association). Ich klopfte also im Büro an, machte den Vorschlag, einen Zeitschriftenkiosk in der Vorhalle einzurichten und den Verein am Umsatz zu beteiligen. Meine Referenzen: die deutschsprachigen Buchhändler von Buenos Aires, die mich als Kunden des ambulanten Lesezirkels meines Vaters kannten, und der Importeur amerikanischer Zeitschriften und Pocket Books »Acme Agency«, mit dem ich als Sekretär von Alfredo Cahns literarischer Agentur immer wieder Verbindung hatte. Man wolle dem Vereinsvorstand meinen Vorschlag bei der nächsten Sitzung unterbreiten. Der Vorstand stimmte zu.

Ich bekam einen Vertrag.

Unter dem Leerraum der rechten Treppe baute ich ein Regal für das Zeitschriftenlager und den Lesezirkel meines Vaters auf. Unter die linke Eingangstür stellte ich einen kleinen Verkaufs- und Kassentisch. Die verlagsneuen Zeitschriften in englischer, französischer, deutscher und italienischer Sprache wurden in Ständern untergebracht. Ich schickte Rundschreiben mit der neuen Adresse an die Abonnenten des Lesezirkels und ließ mir amerikanische und italienische Zeitschriften von »Acme Agency« und deutsche und französische Zeitschriften von entsprechenden Importeuren bringen. Ich nannte das Geschäft »Revistas Extranjeras« (Ausländische Zeitschriften). Der Verkauf konnte beginnen.

Die Mensa der Frauenvereinigung stand jedem, ob Mitglied oder nicht, von Montag bis Freitag für einen preiswerten Mittagstisch offen. Küche und Speiseraum befanden sich im ersten Stock. Dort herrschten Egon und Johanna Mange. Beide waren Gastronomen im Verein »Vorwärts«, der in Quilmes, einem Nachbarstädtchen, ansässig war. Der sozialdemokratische Verein »Vorwärts« war von emigrierten Sozialisten, Opfern der Bismarckschen Politik, Ende des 19. Jahrhunderts gegründet worden. Sein Sport- und Erholungsplatz wurde später von Verfolgten aus Nazi-Deutschland und Österreich an den Wochenenden gerne in Anspruch genommen, weshalb Egon und Johanna, die selbst in Quilmes wohnten, den Platz jeweils am Samstag und Sonntag gastronomisch betreuten.

Sie waren als Jugendliche mit ihren Eltern aus Hessen nach Argentinien geflüchtet, wo sie sich zuerst in der Provinz Santa Fe landwirtschaftlich versuchten. Da sich die jungen Leute in den Dörfern der Baron-Hirsch-Stiftung nicht gegen die konservative Haltung der Älteren in der Frage der genossenschaftlichen Produktions- und Bearbeitungsmethoden durchsetzen konnten, zogen die Jungen in die Städte, speziell nach Buenos Aires. So auch das Ehepaar Egon und Johanna Mange mit ihrem Töchterchen Anni; ihr Sohn Ricardo kam in Buenos Aires auf die Welt.

Mit der Zeit lernte ich die ganze Mange-Familie kennen. Sie arbeiteten gemeinsam in der Küche der Frauenvereinigung. Egon, damals etwa dreißig Jahre alt, fuhr täglich in aller Herrgottsfrühe zur Großen Markthalle der Stadt, um nach dem Ansturm der Händler Restbestände frischen Gemüses und Obstes zu Spottpreisen aufzukaufen und in die Küche zu bringen. Dort hatten inzwischen Ehefrau Johanna, Stiefmutter Mange und Anni die Speisen vorbereitet, während Ricardo den Speiseraum fegte. Bei halblauter Radiomusik waren alle immer sehr fröhlich. Aus der geschäftlichen Nachbarschaft wurde im Laufe der Zeit eine echte Freundschaft, in die später auch weitere Verwandte von Johanna und Egon einbezogen wurden. Wir vertrauten uns gegenseitig kleine und große Sorgen an und feierten gemeinsam, wenn sich dazu die Gelegenheit ergab.

Jeden Montag kamen in meinem neuen Geschäft fünf Pakete mit je 20 deutschen Zeitschriften an. Elvira und ich hefteten die einzelnen Exemplare in einen Papierbogen, den wir mit unserem Stempel versehen hatten. Jede Mappe aus kräftigerem Papier wurde mit fünf verschiedenen deutschen Zeitschriften gefüllt und an die Abonnenten verliehen. Die Leihgebühr richtete sich nach dem Alter der Ausgaben; die jeweils erste Ausgabe deckte die Gestehungskosten, die späteren Verleihungen brachten den Verdienst. Wir mussten zudem unserer eigentlichen Vertriebstätigkeit nachgehen – neben dem Verkauf im Zeitschriftenkiosk der YWCA –, um die jämmerliche Existenz meiner Eltern finanzieren zu können.

Den wöchentlichen Zeitschriftensendungen der »Acme Agency« für den Kiosk lag regelmäßig ein kleiner Katalog der von dieser Firma vertriebenen »Pocket Books« bei, in den ich ab und zu einen Blick warf. Ich hatte für Bücher leider keinen Platz, konnte sie also nicht in mein Angebot aufnehmen. Doch eines Tages fiel mir ein ganzseitiges Inserat auf: »Acme« bot ein englisches Wörterbuch zum Publikumspreis von fünf Peso an. Das schien inklusive Buchhändlerrabatt interessant zu sein. Ich bestellte drei Exemplare und malte ein Plakat mit großen Lettern »FÜR NUR 5 PESO« sowie einen kleiner Zusatz: »NUR EIN EXEMPLAR PRO KUNDE!« und heftete eine Ausgabe des englischen Wörterbuches in die Mitte des Plakats, das ich fest auf eine zugeschnittene Hartpappe klebte. Diese Werbung hängte ich an die

Straßenseite der rechten Nebentür. Die zwei verbliebenen Exemplare gingen schon am gleichen Tage weg.

Da »Acme« nur gegen Vorauskasse lieferte, bestellte ich zuerst nur fünf weitere Exemplare. Auch diese fünf Bücher waren innerhalb von zwei Tagen verkauft. Ich bestellte zehn Exemplare und bat um höheren Rabatt und eine Option für weitere zwanzig. Auch das klappte. Da der Verkauf des Wörterbuches munter weiterging, bestellte ich nun einhundert Exemplare mit Höchstrabatt. Innerhalb von zwei Jahren hatte ich dann Acmes Restbestand von 2000 Exemplaren unter die Leute gebracht.

Viele Käufer fragten mich im Laufe der Zeit nach zweisprachigen englisch-spanischen Wörterbüchern. Ich besorgte diese bei Buchimporteuren in Buenos Aires. Der Verkaufserfolg mit den Wörterbüchern veranlasste mich, die Frauenvereinigung mit Hinblick auf die gestiegenen Umsätze, an denen die YWCA beteiligt war, um die Genehmigung zur Aufstellung einer größeren, verschließbaren Büchervitrine zu bitten. Diese wurde erteilt. Dann entwarf und baute ich ein langes Regal mit fünf Böden, das ich auf der rechten Seite der Vorhalle neben dem Treppenaufgang aufstellte. Ein Handwerker zimmerte dazu drei Fensterrahmen, die auf der Unterseite mit Rollen versehen, seitlich zu verschieben und mit Schlössern ausgestattet waren.

Ich warb ab jetzt bei Buchhändlern der City und wissenschaftlichen Bibliotheken mit dem Firmennamen »La Casa de los Diccionarios« (Das Haus der Wörterbücher), nahm sukzessive noch Wörter-, Lehrbücher und Grammatiken weiterer Sprachen hinzu und importierte jeweils einige Exemplare direkt aus dem Ausland. Später besorgte ich auch Wörterbücher verschiedener Indio-Sprachen Südamerikas von Verlegern und Buchhändlern in Buenos Aires, Asunción, Santiago de Chile, Lima und Bogotá. Meine Auswahl war einzigartig in Südamerika. Was mir nach wie vor fehlte, waren Eigenkapital und langfristige Kredite, um dieses Geschäft adäquat aufbauen zu können. Der Erfolg allein reichte nicht: Ich brauchte eine solide finanzielle Grundlage. Diese war nicht in Sicht.

Kulturelles

Nachdem wir unsere Arbeiten zur Einrichtung des Verkaufsstandes beendet hatten, bekamen wir immer mehr Einsicht in die verschiedenen kulturellen Aktivitäten, die sich im gleichen Haus abspielten. Da kam ein Herr Graetzer regelmäßig mit einer Schar junger Damen und verschwand mit diesen im ersten Stock. Herr Graetzer, ein hagerer Mittvierziger, immer korrekt im grauen Anzug gekleidet, Musikpädagoge aus Wien, 1939 nach Buenos Aires geflüchtet, hatte er Musiker und Musikfreunde zu einer Gesellschaft vereint, die sich »Collegium Musicum« nannte und langsam zu einer Institution wurde. Das Collegium Musicum widmete sich dem Musikunterricht von Kindern, dem kammermusikalischen Musizieren und der Aufführung von Chorwerken. Graetzer war auch Leiter des Chors des »Vereins der Musikfreunde von Buenos Aires«, eben dieser jungen Damen, mit denen er regelmäßig in den ersten Stock ging, um dort in der Aula Proben abzuhalten. So hörte man immer wieder die schönsten Melodien aus dem klassischen Repertoire, so z. B. die Vier Gesänge für Frauenchor von Brahms. Ein wahrer Genuss für den Musikfreund.

Unvergesslich bleiben mir die populären Picknick-Abende der »Musikfreunde«, die allsommerlich in einer Estanzia bei Buenos Aires mit Kammermusik- und Chorauführungen stattfanden.

In einen größeren Raum des Erdgeschosses kam jeden Freitag eine gemischte Folkloregruppe mit drei Gitarristen und einem Harfenspieler zusammen. Die Tänzer übten in ihrer ländlichen Mode: die Damen in hellblauen Kleidern mit Faltenrock, z. T. mit langen Zöpfen, die mit hellblau-weißen Bändern, den Farben der argentinischen Fahne, zusammengehalten wurden; die Herren in schwarzen Gaucho-Pumphosen, die von einer mit Münzen bestickten Bauchbinde gehalten wurden, schwarzen Halbstiefeln mit und ohne Sporen, hellblauen Dreieck-Halstüchern und schwarzem Hut mit kurzer, vorn nach oben gebogener Krempe.

Die Tänzerinnen und Tänzer kamen meist aus den Dörfern der Pampa und brachten »ihre« Melodien mit, die sie hier zelebrierten, um dieses kulturelle Erbe zu bewahren, speziell die Tänze Chacarera und Zamba und auch die aus Alt-Buenos Aires stammenden Tango und Milonga. Es gab auch Einlagen: Tänze der Indios aus den Anden und dem Hochland von Bolivien. Wunderschön die »Carnavalitos« mit Gesang und Panflöte. Das ganze Milieu war neu für mich. Ich war sehr angetan von dieser argentinischen Tradition und der zum Ausdruck kommenden Lebensfreude der Menschen.

Eines Tages kam ein Herr zu uns in den Verkaufsraum. Er sei Lehrer in einem Heim für autistische Jugendliche und wolle am nächsten Samstagnachmittag mit einer Gruppe seiner Zöglinge das Vereinshaus besuchen. Diese Jugendlichen würden im Vereinssaal ein Theaterstück einüben, das sie sich selbst ausgedacht hätten. Er bat uns inständig, den jungen Leuten unsere Überraschung nicht anmerken zu lassen und sie »ganz normal« zu behandeln. Die Gruppe kam dann alle zwei bis drei Monate zu ihren Proben und Aufführungen. Wir hatten uns allmählich mit diesen jungen Menschen angefreundet, und es gab jedes Mal ein herzliches und fröhliches »Hallo!«, wenn sie wieder aufkreuzten.

Nach den Sommerferien kam Leben in den Verein. Der »Große Bazar« musste auf dem Hof vorbereitet werden. Für die verschiedenen Nationalitäten der Frauen des Vereins wurden Stände aufgebaut, in denen diese Handarbeiten, Andenken und Backwaren feilboten, deren Erlös wohltätigen Zwecken zufloss. Die Damen waren fast immer mit ihren Gatten gekommen, die meisten kannten sich: Es herrschte eine fröhlich-festliche Atmosphäre. Hier lernte ich Menschen aus mehreren Ländern kennen, Weißrussinnen und Abessinierinnen, Spanierinnen aus Andalusien und dem Baskenland, Slawinnen und Nordeuropäerinnen. Besonders gefielen mir die armenischen Gäste: schöne Frauen und Männer, weltoffen und gebildet. Der argentinische Schmelztiegel zeigte sich von seiner anmutigen Seite.

Entschädigung

Noch in den letzten Tagen der Kämpfe des Zweiten Weltkriegs las man in argentinischen Zeitungen, dass amerikanische Truppen »den deutschen Goldschatz« in einem süddeutschen See entdeckt und gehoben hätten. Ich sandte sofort einen Brief an den Botschafter der USA in Buenos Aires, in dem ich mich auf diese Nachricht bezog. Ich teilte ihm mit, dass meine Familie vom Deutschen Reich ausgeraubt worden sei und ich daher vorsorglich unseren, wenn auch winzigen, Anteil an diesem Goldschatz anmelden wolle. Der Botschafter, Mr. Braden, ließ es sich nicht nehmen, mir auf meinen Brief zu antworten. Er schrieb, dass die USA nach Beendigung des Krieges selbstverständlich darauf achten würden, NS-Unrecht adäquat mit Reparationen auszugleichen, und empfahl mir, die gesetzliche Entwicklung aufmerksam zu beobachten.

Nach dem 8. Mai 1945 verfolgte ich die im »Argentinischen Tageblatt« aus Deutschland kommenden Nachrichten genau. Seit 1948 konnte man dann allmählich von Überlegungen für sogenannte Wiedergutmachungsgesetze in den westlichen Besatzungszonen Deutschlands und – endlich – 1951 von einem Entschädigungsgesetz des Landes Berlin (West) lesen.

Meine Eltern und ich hielten Familienrat ab. Wir beschlossen, unsere Forderungen an das Land Berlin über die bundesdeutsche Botschaft in Buenos Aires einzureichen. Nach einigen Wochen bekamen wir per Post einige Antragsformulare und die Aufforderung, sie ausgefüllt und mit je einem Lebenslauf zurückzusenden. Die Aufgabe, den Lebenslauf zu formulieren, schien uns eine mentale Überforderung zu sein, zu sehr hatten wir in unseren letzten Lebensstationen in Deutschland, Österreich und im Exil gelitten. Speziell mein Vater war nicht gewillt, alte Wunden wieder aufzureißen, weshalb er den ganzen Vorgang in seinem Schreibtisch versteckte.

Vaters behandelnder Arzt hatte ihn wieder ins Krankenhaus eingewiesen. Dort bat er Elvira und mich, sein Büro aufzuräumen. Dabei fiel uns der große Umschlag aus Berlin in die Hände. Jetzt nahm ich mir die Antragsformulare vor und füllte sie aus. Dann bat ich meinen Vater, mir seinen Lebenslauf in die Schreibmaschine zu diktieren, was drei psychologisch sehr anstrengende Tage in Anspruch nahm. Ich ließ seine Unterschrift von der bundesdeutschen Botschaft in Buenos Aires beglaubigen und sandte die ganze Akte über die Botschaft nach Berlin.

Das war der Anfang.

Miss Low

In der Zeit, da ich noch ledig war und auch Sara noch nicht kannte, las ich in der Presse Berichte über ein interessantes Projekt von Lord Beaverbrook zur grundlegenden Reform des britischen Gesundheitswesens – mit der Möglichkeit, dass jedermann Anrecht auf kostenlose Behandlung im Krankheitsfalle haben sollte. Leider waren die Auskünfte über Details dieser Initiative des englischen Zeitungsmagnaten Lord Beaverbrook zu karg. Ich hätte darüber gerne mehr gewusst.

Also ging ich zur Botschaft des Vereinigten Königreiches in Buenos Aires, fragte mich nach der Presseabteilung durch und landete in einem Büro für allgemeine Publikumsbetreuung. Die Dame, die sich mein Begehren aufmerksam anhörte, stellte sich als Miss Low vor. Sie war reiferen Alters, elegant gekleidet und sichtlich angetan von der Aufgabe, die ihr nun zugefallen war. Sie versprach, sich mit der Bitte um Aufklärung an das Oberhaus in London zu wenden und mich über die entsprechenden Resultate zu informieren.

Einige Wochen später rief sie mich im Geschäft an, um mir mitzuteilen, dass ihr das Parlament ein Exemplar der in einem Buch veröffentlichten Gesetzesvorlage zugesandt habe, und bat mich, es abzuholen. Miss Low übergab mir strahlend die Trophäe ihrer Nachforschung. Ein Wort ergab das andere, schließlich sagte sie mir, dass sie mit ihrer älteren Schwester, mit der sie zusammen wohnte, vereinbart habe, mich an einem der nächsten Tage zum Essen einzuladen. Ich nahm die Einladung gerne an, und wir hatten einen angenehmen Abend mit einer sehr interessanten Diskussion über den Krieg und den erhofften Frieden.

Wieder war es eine Pressemitteilung, der ich größte Aufmerksamkeit schenkte: Die amerikanische Regierung hatte ein wunderbares

Projekt initiiert, das sich dem Wiederaufbau der durch Krieg zerstörten Länder sowie der Repatriierung von versprengten Personen (Displaced Persons) widmete und von UNRRA (United Nations Relief und Rehabilitation Administration) durchgeführt werden sollte.

Ich rief Miss Low an und meinte, dass ich in Mitteleuropa gerne bei der Arbeit der UNRRA mithelfen würde, und fragte sie, ob sie mir zu diesem Zweck behilflich sein könnte. Ihre Antwort war sehr vorsichtig. Sie sagte, dass sich das Vereinigte Königreich hier in Argentinien auf neutralem Boden befinde und sie mich leider nicht fernmündlich informieren könne. Ich besuchte sie also in ihren Amtsräumen, wo sie mir einen Zettel übergab, auf dem eine Adresse in der Straße Sarmiento stand, wo, wie sie mir sagte, ein Mittelsmann zu den alliierten Streitkräften sein Büro hatte. Ich suchte also diesen Herrn in seinem Büro im Hinterhof eines Wohnhauses auf, der mich in einwandfreiem Deutsch über meine Personalien und über die Gründe meines Angebotes befragte. Auch er bezog sich auf die Neutralität Argentiniens in der kriegerischen Auseinandersetzung, und dass unser Gespräch daher mit absolutem Stillschweigen zu behandeln sei.

Und dann machte er mir ein merkwürdiges Angebot: »Wir bekommen«, so sagte er, »in letzter Zeit immer mehr Hilfsangebote von Menschen, die im Ausland vor der Verfolgung durch den Nazistaat Unterschlupf gefunden haben und nun die Gelegenheit sehen, durch eine fiktive Mitarbeit bei der UNRRA eine günstige und kostenlose Rückkehrmöglichkeit in ihre Heimat bewerkstelligen zu können. Wir sind natürlich nicht bereit, derartige Wünsche zu erfüllen. Wenn Sie also ehrlich gewillt sind, beim europäischen Wiederaufbau behilflich zu sein, so können wir Ihnen dies nur ermöglichen, indem Sie sich zuerst der Französischen Fremdenlegion zur Verfügung stellen, die Sie dann kämpferisch oder verwaltungstechnisch dort einsetzt, wo sie es für richtig hält.«

Ich sagte meinem Gegenüber, dass ich mich nicht zum Kriegsdienst melden wolle, mein Angebot ehrlich gemeint war, sein Ansinnen also für mich nicht infrage komme, und bat, mich verabschieden zu dürfen. Dann ging ich zu Miss Low, berichtete ihr von dem Gespräch, nannte es einen Bauern- und Gimpelfang und protestierte gegen den Missbrauch meines guten Glaubens durch die Taktik des alliierten Büros.

Der amerikanische General Patton, Befehlshaber der Panzerverbände, dessen Truppen in Nordafrika und später in den Ardennen entscheidende Siege erringen konnten, hielt nach Kriegsende eine Rede über Kriegführung und Strategie. In einer Passage seiner Rede fielen unter anderem etwa folgende Worte: »Im nächsten Krieg wird ausschließlich die Panzerwaffe entscheidend für den Sieg sein.« Das gefiel mir nicht. Vielleicht war ich auch voreingenommen gegen diesen Menschen. Als General Patton nämlich in Süditalien ein Militärkrankenhaus inspizierte, fiel ihm unter den Patienten ein Soldat auf, dem kein äußeres Merkmal einer Krankheit anzusehen war. Er hielt ihn für gesund und quasi für einen Drückeberger, beschimpfte ihn als Feigling und ohrfeigte ihn. Der Soldat war dort jedoch wegen einer schweren psychologischen Erkrankung in Behandlung. General Patton wurde deshalb zeitweise von seinem Kommando abgelöst. Die ganze Angelegenheit ging damals durch die Presse.

Ich war jedenfalls erbost, dass jetzt, da die Kämpfe endlich vorüber waren, während der Rauch über den verwüsteten Städten noch immer nicht abgezogen war, ein Verantwortlicher für den errungenen Sieg schon vom nächsten Krieg sprach, den wir, die Generation der jungen Demokraten, uns einfach nicht vorstellen konnten und wollten. Ich musste meinem Herzen Luft machen und rief Miss Low an, von der ich annahm, dass sie meine Meinung teilte, nämlich dass eine Äußerung über einen zukünftigen Krieg doch in der heutigen Zeit unverantwortlich sei. Doch ich bekam eine Abfuhr: »General Patton ist nicht mehr aktiver Kommandant. Er hat also die Freiheit, das zu sagen, was er denkt. Er ist niemandem Rechenschaft schuldig!«

Das war das Ende einer Freundschaft.

La Posta

Als wir unsere Entschädigungsanträge über das bundesdeutsche Konsulat nach Berlin geschickt hatten, tat sich erst gar nichts. Doch dann kam eines Tages ein Brief von der Entschädigungsbehörde, in dem wir um Benennung eines Zustellungsbevollmächtigten in Berlin gebeten wurden. Wir teilten der Behörde mit, dass wir keinerlei Kontakte nach Berlin hätten, und baten, einen Rechtsanwalt von Amts wegen als Zustellungsbevollmächtigten zu benennen. Daraufhin meldete sich ein Anwalt, der uns um die Übermittlung der notwendigen Daten und die Unterzeichnung einer Zustellungsbevollmächtigung bat. Wir sandten das Gewünschte ein. Als wir nach etwa zwei Monaten nichts weiter von der Sache hörten, baten wir den Anwalt um Auskunft. Als sich nach weiteren vier Wochen nichts tat, wandten wir uns an die Behörde, teilten ihr mit, dass wir dem Anwalt unser Vertrauen und unsere Bevollmächtigung entzögen, und benannten das Konsulat der Bundesrepublik Deutschland in Buenos Aires als unseren Zustellungsbevollmächtigten. Von da an kam die Sache langsam in Schwung.

Ein Kunde unseres deutschen Lesezirkels fragte mich eines Tages, ob ich nicht jemanden kennen würde, der ein kleines Wochenendhäuschen mit Garten, etwa 35 km von Buenos Aires entfernt, kaufen möchte. Er hatte es für seine Mutter erworben, aber die dauernden Fahrten dorthin waren ihr wegen ihres Alters zu beschwerlich geworden, und er sei mit seiner Frau an diesem »weekend« nicht interessiert. Er sei bereit, es billig abzugeben. Ich erzählte dies beiläufig meinen Eltern und sagte, dass ich durchaus Interesse hätte, falls in absehbarer Zeit Geld aus Berlin kommen würde. Ich fuhr also mit Elvira hinaus, um mir das Häuschen anzusehen.

Wir fuhren mit dem Vorortzug bis Morrón und von dort mit dem Bus noch weitere 15 Minuten bis zur Haltestelle »La Posta«, ein Platz, an dem früher die Pferde der Postkutschen nach dem Wallfahrtsort »Luján« gewechselt wurden. Es ging dann zu Fuß noch etwa 300 Meter durch eine vierreihige Allee mit riesigen Eukalyptusbäumen. Zwei weißgetünchte Pfosten aus Ziegelsteinen, die ein kleines filigranes

Garten und kleines Haus in La Posta, 1952.

Im Garten von La Posta, 1952.
Herta Winter mit Elvira.

Eingangstor hielten, bildeten den Eingang zu einem 1500 Quadratmeter großen Garten, an dessen Ende ein festes Häuschen und ein gemauerter Abstellraum vor einer wunderschönen Pergola standen. Es gab weder Strom noch fließendes Wasser. Eine handgetriebene Pumpe konnte Wasser auf einen großen Zementtank, der auf den Abstellraum montiert war, umleiten, sodass man Trinkwasser hatte und auch duschen und ein WC betreiben konnte. Für Licht und Heizung gab es entsprechende Petroleumgeräte.

Der Garten war spärlich bepflanzt. Ein großer Rasen, umrahmt von schönen Büschen, bedeckte fast die ganze Fläche des Grundstucks. Neben dem Häuschen, das nur ein größeres Zimmer und den Duschraum enthielt, sah man die Reste eines früheren Gemüsebeetes, daneben noch ein nett gestrichenes Hundehaus. Das kleine Anwesen gefiel uns. Wir verhandelten mit dem Verkäufer und waren uns bald einig. Wir hatten zwar noch kein Geld für den Kauf, jedoch eine schriftliche Zusage für den Fall, dass eine erste Zahlung aus Berlin kommen würde. Als eine kleinere Zahlung für meine Mutter kam, konnten wir das Grundstück kaufen.

Wiedergutmachung

Noch vor der Verabschiedung eines Bundesgesetzes hatte das Land Berlin ein Gesetz über die Anerkennung der politisch, religiös und »rassisch« Verfolgten veröffentlicht. Eines Tages lasen wir im »Argentinisches Tageblatt« eine Mitteilung, dass bis zum 31. Oktober 1952 Entschädigungsansprüche bei der Berliner Behörde anzumelden seien. Und so schrieben wir am 22. Oktober 1952 an das Entschädigungsamt Berlin:

»Zur rechtzeitigen Wahrung unserer Rechte (Anmeldefrist 31. Oktober 1952) melden wir hiermit unsere Entschädigungsrechte aus den uns durch die Hitler-Regierung zugefügten tatsächlichen und moralischen Schäden an und sind bereit, dieselben jederzeit dokumentarisch zu belegen.

Sollten hierzu amtliche Formulare notwendig sein, so bitten wir um deren Übersendung.

Für heute möchten wir mitteilen, dass wir Geschäfte und Wohnungen innerhalb Gross-Berlins bis zu unserer erzwungenen Auswanderung im Jahre 1936 hatten. Wir besassen u. a. eine Buchhandlung und Leihbibliothek, die wir auf amtlichen Befehl als Nichtarier aufgeben mussten.«

Wir konnten damals nicht ahnen, dass unsere Anträge eine Lawine bürokratischer und gerichtlicher Maßnahmen nach sich ziehen würden, die sich z. T. bis zur Jahrtausendwende hinzogen.

Etwa Mitte der Fünfzigerjahre fragte mich die Berliner Behörde schriftlich, ob ich am Nachholen einer schulischen und/oder beruflichen Ausbildung interessiert sei. Ich war selbstverständlich an einer Verbesserung meiner beruflichen Möglichkeiten interessiert, und beantwortete das Schreiben positiv. Daraufhin erhielt ich eine Beihilfe von DM 5000,–, die später auf DM 10 000,- erhöht wurde, sowie DM 6000,– als Rückwandererhilfe.

Mit diesen Geldern fuhren wir, meine Lebensgefährtin Elvira und ich, nach Berlin. Ich wollte meine beruflichen Kenntnisse in der Bibliothek der Freien Universität und in der Amerika-Gedenkbibliothek über das Bibliografieren erweitern. Zugleich sah ich mich nach dem Buchangebot für Fremdsprachen um. Ich machte mich auch mit Dewey's Dezimal-System der internationalen Klassifikation von Büchern bekannt, das ich später in meinen eigenen Katalogen praktisch angewandt habe.

Gleichzeitig nahm ich Kontakt zur Berliner Verleger- und Buchhändlervereinigung auf, die mich über die beruflichen Möglichkeiten für Anfänger im damaligen Berlin aufklärte. Der Geschäftsführer dieser Vereinigung, Herr Weber, machte mich darauf aufmerksam, dass eine neue Buchhandlung mit einem allgemeinen literarischen Sortiment in Berlin keine Erfolgschancen habe, dass er aber eine Buchhandlung mit dem Schwerpunkt Fremdsprachen für zukunftsträchtig halte, da es in Berlin und der Bundesrepublik keine oder zu wenige diesbezügliche Angebote gebe.

Im Namen der Berliner Verleger- und Buchhändlervereinigung gab er am 25. November 1957 folgende Erklärung ab:

»Die Familie Winter wurde gezwungen, im Jahre 1935/36 ihre buchhändlerische Betätigung in Berlin aufzugeben. Herr Berthold Winter ist dann nach der Emigration der Familie nach Südamerika von 1937 bis 1940 abermals im väterlichen Geschäft [...] beschäftigt gewesen. Desgleichen für einige Zeit im Jahre 1941.
Im Jahre 1954 hat er das väterliche Geschäft übernommen, ausgebaut und bis jetzt weitergeführt. [...] Neben Ausstellungs- und Verkaufsräumlichkeiten unterhält Herr Winter auch ein Bücher- und Zeitschriftendepot. [...] Sein Geschäft befindet sich in Buenos Aires, Calle Tucumán 846.
[...] können wir erklären, daß Herr Winter den Bestimmungen des Berliner Gewerbezulassungsgesetzes hinsichtlich seiner Sach- und Fachkunde als Gewerbeträger für Buchhandel entspricht.«

Ich sprach in der Entschädigungsbehörde vor und fragte nach einer Unterstützungsleistung zur Finanzierung einer solchen Buchhandlung in Berlin. Der Sachbearbeiter sah keine Möglichkeiten. Ich bat ihn schließlich, die entsprechende Regelung der Darlehensgewährung für Personen zu prüfen, die ihre Ausbildung aufgrund der Verfolgung nicht machen konnten. Da verlor der Beamte die Beherrschung, knallte das Gesetzbuch auf den Tisch und sagte: »Sie machen einem auch mehr Arbeit, als die ganze Sache wert ist.«
Ich meldete diesen Vorfall dem Innensenator Lipschitz, dessen Staatssekretar mich später anrief, um mir zu sagen, dass die Entschädigungsbehörde mit Anträgen älterer Geschädigter überfordert sei und die zur Verfügung stehenden Mittel nicht für alle reichten. Er bat mich eindringlich, nach Buenos Aires zurückzukehren und mich dort meiner kleinen Einkunftsquelle zu widmen, bis ich, um in Berlin mit amtlicher Hilfe starten zu können, »an der Reihe sei«.
Ich sah ein, dass ein weiterer Verbleib in Berlin nur mein restliches Geld aufzehren würde, da auch eine Vermittlung der Buchhändler-

vereinigung, mich als Mitarbeiter in der Branche unterzubringen, erfolglos geblieben war. Wir kehrten also nach Buenos Aires zu meinem Zeitschriften- und Bücherkiosk in der Christlichen Frauenvereinigung zurück.

Seitenansicht des gedeckten Grillofens in La Posta mit Tranchiertisch und Abwaschbecken. Eigenbau Berthold Winter, 1963.

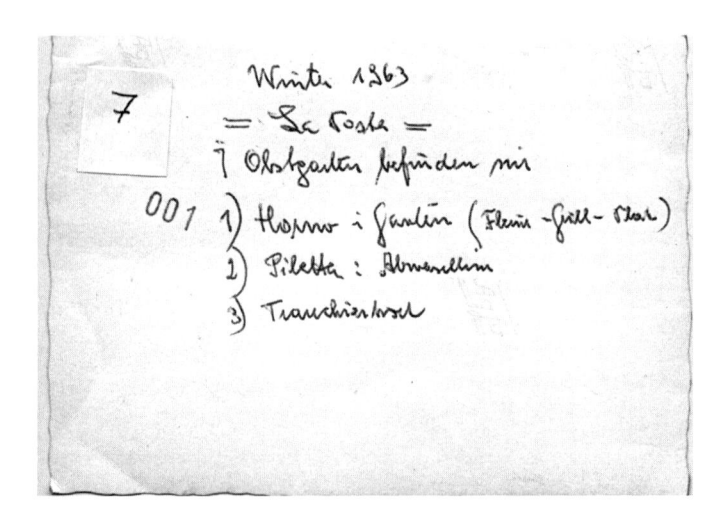

Bei Audelina in La Posta, 1952. Von links: Audelina, Elvira,
Berthold Winter; 1. v. rechts: Herta Winter.

Audelina

Über das Leben dieser wunderbaren Frau sollte man ein ganzes Buch schreiben, denn selten habe ich einen Menschen kennengelernt, für den ich so viel Hochachtung empfunden habe wie für Audelina. Es begann damit, dass sich unser Nachbar zur Linken in »La Posta«, ein freundlicher Mittfünfziger, über den Zaun lehnte, sich vorstellte und uns fragte, ob meine Eltern eine gelegentliche Haushaltshilfe für unser kürzlich bezogenes Wochenendhäuschen benötigten. Seine Tochter wohne in der nächsten Siedlung und würde uns gerne für ein paar Pesos behilflich sein. Auf unsere Bitte hin kam sie dann am nächsten Samstag: eine kleine, schlanke, sonnengebräunte Mestizin, schwarzhaarig, dunkle Augen, Adlernase, das schiere Gegenteil einer Schönheitskönigin, aber von einer gewinnenden Ausstrahlung. Sie war schlicht gekleidet und hatte bald begriffen, welche kleinen Aufgaben auf sie warteten.

Sie erzählte, dass sie verheiratet sei, zwei kleine Kinder von vier und sechs Jahren habe und ihr Mann wegen einer chronischen Krankheit pensioniert sei. Es stellte sich später heraus, dass die Familie in der Nähe der Siedlung ein kleines Haus mit einem Gemüsegarten und einem Feldstückchen bewohnte. Eine Kuh, ein Pferd, zwei Schafe und mehrere Hühner gehörten zu ihrem Besitz. Wir, Elvira und ich, besuchten Audelina bald und waren überrascht von der Ordnung und Sauberkeit des kleinen Anwesens. In den engen Räumlichkeiten mit festgestampftem Lehmfußboden und kleinen Fenstern hausten Audelinas Mann, ihr Bruder und die Kinder. Sie selbst war die Einzige, die Geld verdiente, um die Familie mit dem Nötigsten zu versorgen. Als ihre Schwägerin bei der Geburt der Tochter verstarb, zögerte Audelina keinen Moment und nahm das Neugeborene in ihrer Familie auf.

Ihr Arbeitstag begann täglich um 6 Uhr mit der Versorgung der Tiere. Dann wurde die Kuh gemolken. Die Milch brachte sie mit ihrem Pferd in die Siedlung, wo sie feste Abnehmer hatte. Später kümmerte sie sich um die ganze Familie, betreute die Gemüsebeete, wusch die Wäsche und machte den Haushalt. Kam ich mal des Abends an ihrem Haus vorbei, sah ich sie, ein Zigarillo rauchend, beim Pokerspiel mit den Männern des Hauses, wobei Sonnenblumenkerne die Einsätze waren. Eines Tages kam es zum Krach mit dem Bruder. Sie warf ihn kurzerhand raus. Einige Wochen später erzählte sie mir, dass ihr Bruder am nächsten Samstag heiraten würde, sie aber nicht bereit sei, zu seiner Hochzeit zu erscheinen. Diese sollte in einer primitiven Schenke am Rande der Siedlung gefeiert werden.

Ich sagte ihr, dass es schließlich ihr Bruder sei, und bekniete sie, seine Einladung anzunehmen. Sie willigte endlich ein unter der Bedingung, dass Elvira und ich auch kämen. Wir versprachen unser Erscheinen. Am Nachmittag des Samstags kam sie zu uns. Elvira setzte ihr die Lockenwickler auf und kümmerte sich auch sonst um ihre Frisur. Dann zog sie auf ihrem Fahrrad wieder nach Hause. Wir waren für 20 Uhr vor der Schenke verabredet. Pünktlich erschien Audelina rittlings auf ihrem Pferd – ohne Sattel, nur ein Jutesack als lose Unterlage –, übergab mir ein mit Zeitungspapier umwickeltes Päckchen und bat mich, es für sie während des Abends zu verwahren. Auf meine Frage nach dem Inhalt antwortete sie, dass es eine geladene Pistole enthalte, damit sie in der Dunkelheit nicht schutzlos heimreiten müsse.

Villa Miseria

Mit dem restlichen Geld aus dem Berliner Ausbildungsfonds konnte ich mein Bücherlager in Buenos Aires etwas aufstocken. Ich schickte jedem Buchhändler im Zentrum von Buenos Aires einige selbst gefertigte Zettel mit der Adresse meiner Fremdsprachenbuchhandlung »La Casa de los Diccionarios«. So bekam ich laufend Kundschaft, die aus dem Belletristiksortiment der Konkurrenz nicht bedient werden konnte. Die Umsätze reichten nach Abzug der Fixkosten gerade zu einer bescheidenen Lebensführung.

Eines Tages kam ein etwa 15-jähriger, sauber gekleideter Indio mit der Frage in mein Geschäft, ob ich ihm etwas Arbeit für einige Stunden in der Woche geben könnte. Es stellte sich heraus, dass er keine Eltern mehr hatte, bei seiner Großmutter in einem entfernten Vorort wohnte und etwas Geld für sein Gitarrenstudium verdienen wollte. José war freundlich, seine Ansprüche mehr als bescheiden, und so gab ich ihm die Möglichkeit einer Probezeit als Bote für den Zeitschriftenlesezirkel, den ich von meinem Vater übernommen hatte. José stellte sich geschickt an, kam zuverlässig zu den vereinbarten Terminen und gehörte bald zum »Betrieb«. Etwa zwei, drei Monate nach Arbeitsantritt richtete er mir den Dank seiner Oma aus, verbunden mit der Bitte um unseren Besuch bei ihr. Ich ließ mir von José beschreiben, wie ich zu ihr fahren konnte, und so machten wir uns auf, Josés Oma zu besuchen. Es war eine kleine Odyssee dorthin: Vorortbahn und Bus und dann ein Fußweg durch eine lehmige Straße, an deren beiden Seiten sich niedrige Holz- und Wellblechbuden als Wohnhütten aneinanderschmiegten, bevölkert von einigen Frauen, vielen Kindern und einigen Haustieren.

Wir waren in ein Elendsviertel, »Villa Miseria« genannt, geraten, und in einer dieser Hütten wohnte José mit seiner Oma. Sie hatte ihr bestes Kleid angezogen, war adrett gekämmt und hieß uns freundlich willkommen. Es wohnte ein ganzer Clan in diesem Raum: zwei weitere, schon erwachsene Enkel und eine Tochter. An den Wänden zwei Gitarren und Fotos von Carlos Gardel, dem verunglückten Tangosänger, der Jungfrau von Luján und von Perón. Auf der »Kommode« ein

Mini-Fernseher und ein Radio. Der kleine Matekürbis machte seine Runde, und es gab mit Fleisch und Rosinen gefüllte Teigtaschen, die herrlich mundeten.

Überhaupt war die ganze Atmosphäre in der »Villa Miseria« voller Musik, froher Stimmen und Kinderlärm. Die Kinder waren barfuß, die Erwachsenen sauber und bescheiden gekleidet. Allenthalben sah man kleine Gesprächsgruppen an den Ecken, die mehr oder weniger temperamentvoll über die Tagespolitik diskutierten. Unser Besuch bei Josés Oma war eine weitere Bereicherung meiner Kenntnisse über das südamerikanische Leben.

Kampf mit den deutschen Behörden

Im Laufe der Jahre hatte sich bei mir ein Gallenleiden eingeschlichen. Auch mit den Nieren und der Verdauung haperte es. Dr. Agid, ein aus Ungarn stammender Flüchtling, der vor seiner Auswanderung nach Argentinien Arzt im Jüdischen Krankenhaus in Berlin gewesen war, wurde mein Hausarzt. Er hatte seine Zulassung in Argentinien erst bekommen, nachdem er sämtliche gymnasialen Prüfungen in Argentinien, die Aufnahmeprüfung zum argentinischen Medizinstudium und die Abschlussprüfung der Medizinischen Fakultät von Buenos Aires hinter sich gebracht hatte. Seiner Erfahrung konnte ich mich anvertrauen. Er riet mir, meine Gesundheitsschäden in Berlin anzumelden, da sie seines Erachtens in ursächlichem Zusammenhang mit dem erzwungenen Aufenthalt in Argentinien stünden. Die Entschädigungsbehörde lehnte meinen Antrag ab.

Dr. Otto Große, Rechtsanwalt in Berlin, der sich auch in Argentinien als Fachanwalt für Entschädigungsfragen einen Namen gemacht hatte, übernahm nun die Wahrung meiner Rechte. Er bat mich um die Einholung eines medizinischen Fachgutachtens, um mein Anliegen gerichtlich durchsetzen zu können. Ich suchte daher einen Gerichtsarzt im Telefonbuch und fand Dr. Alvarez, in dessen Sprechstunde ich dann auch ging. Dr. Alvarez, ein Schwarzer mit ergrautem Haar, war bereit, mich gründlich zu untersuchen und eine entsprechende Expertise zu erstellen. Nach etwa zwei Monaten war die Prozedur beendet. Ich sandte sein Gutachten nach Berlin. Dr. Großes Eingabe wurde in erster Instanz abgeschmettert.

Dr. Alvarez war außer sich. Er schrieb der Behörde und machte ihr den Vorwurf, die individuellen Leiden eines Verfolgten zu ignorieren. Seines Erachtens sei die forensische Wissenschaft in Argentinien viel fortschrittlicher, da in der medizinischen Fakultät von Buenos Aires längst ein Lehrstuhl für das Studium der Leiden von Verfolgten eingerichtet sei. Außerdem zitierte er Rilke: »Gib einem jeden seinen eigenen Tod«, was bedeutet, dass jeder Einzelne ein eigenes Schicksal hat und seine Leiden individuell zu untersuchen sind.

Dr. Große ging in Berufung und erreichte nach zähen Verhandlungen einen Vergleich mit der Entschädigungsbehörde, die letztlich den Standpunkt des Herrn Dr. Alvarez anerkannte. Da waren wir schon im Jahr 1964 angekommen.

Die Wanderer

Meinem Vater wurden nach langem Hin und Her Berufs- und Gesundheitsschadensrenten gewährt. So verfügten meine Eltern Anfang der 1960er-Jahre über eine Rücklage, die es ihnen gestattet hätte, in Buenos Aires relativ sorgenfrei zu leben. Doch die Dinge kamen anders: Die große Hitze und die Feuchtigkeit in Argentinien machten ihnen zu schaffen. Daher beschlossen sie, nach Berlin und anschließend nach Österreich, speziell nach Graz zu reisen, wo sie sich recht wohl fühlten. An den europäischen Winter konnten sie sich aber jetzt nur schwer wieder gewöhnen, und so kehrten sie nach Buenos Aires zurück. Sie wohnten dann in unserer 2 ½- Zimmerwohnung und teilweise auch in »La Posta«. Mein Vater brachte mir als technische Neuheit ein Tonbandgerät mit und auch einige schöne Musikplatten.

Dieses Spiel der Reisen nach Europa und zurück wiederholte sich später nochmals. Statt schriftlicher Korrespondenz erhielt ich kleine

Tonbänder mit persönlichen Nachrichten von meinen Eltern aus Berlin. Auf einer dieser Postkassetten hörte ich die Stimme meiner Mutter: »Brich deine Zelte in Buenos Aires ab. Du hast dich dort schon genug abgequält. Man wird dich mit offenen Armen empfangen. Komm her!« In meiner Skepsis antwortete ich ihr: »Ich sehe momentan keinen Grund, nach Deutschland zurückzukehren, denn nicht von Brot allein lebt der Mensch. Ich habe hier meine Wurzeln und meine Freunde, und ich lebe gerne hier. Natürlich möchte ich euch oft sehen. Ich schlage deshalb vor, dass wir uns, solange wir können, immer wieder gegenseitig besuchen.«

Doch plötzlich waren meine Eltern wieder da. Sie hatten wegen der Berlin-Krise Angst bekommen und waren regelrecht mit dem nächsten Flugzeug aus Berlin geflohen. Sie berichteten von vielen Truppenbewegungen in Deutschland und einer Flottenkonzentration in der Meerenge von Gibraltar, die sie alle aus der Luft beobachtet hätten. Sie waren froh, wieder in einem sicheren Land zu sein.

Ich bekam in dieser Zeit einen mit grüner Tinte und auf schönem Büttenpapier geschriebenen Brief von der Berliner Hauswirtin meiner Eltern, die mir berichtete, dass sie und ihre Familie seit einiger Zeit einen regen Gesprächsaustausch mit meinen Eltern in ihrer Wohnung pflegten, in dessen Verlauf mein Vater immer wieder durchblicken lasse, dass er seinen in Buenos Aires lebenden Sohn zur Rückkehr nach Berlin ermuntern wolle. Dies sei der Grund ihres Briefes, denn sie wolle mich wohlmeinend warnen. Sie schrieb, dass meine Eltern ihrer Auffassung nach die Möglichkeiten für einen Rückkehrer nach Deutschland in einem zu rosigen Licht sähen.

Einige Jahrzehnte später heiratete ich die Briefeschreiberin.

1964 – Der Tod meines Vaters

Das Telegramm meiner Mutter aus Berlin war schockierend: »Bitte komm so schnell wie möglich und steh mir bei. Papa liegt sehr krank im Krankenhaus.« Ich hatte im Geschäft zwei Mitarbeiterinnen, die sich regelmäßig ablösten. Ihnen übergab ich die notwendigen Vollmachten, um den Betrieb aufrechterhalten zu können. Dann buchte ich zwei Passagen nach Genua; sechs Tage später schifften wir uns ein. Per Bahn fuhren wir von Genua nach Zürich, von wo wir nach Berlin flogen.

Im Krankenhaus warteten die Ärzte bereits, um meinen Vater zu operieren. Er hatte darauf bestanden, mich unbedingt noch vor der Operation zu sehen. Der Eingriff war erfolglos. Vater starb nach einem fünftägigen Koma, bei dem ich mit – kurzen Schlafabständen – nicht von seinem Bett wich.

Einige Tage nach seiner Beerdigung sagte ich zu meiner Mutter: »Mach dich bitte fertig, wir fahren nach Hause.«

»Zu Hause ist dort, wo Papa liegt«, antwortete sie.

Meine Eltern und ich hatten in all den Jahren zusammengehalten und eine außerordentliche Schicksalsgemeinschaft gebildet. Ich konnte es also nicht übers Herz bringen, nach Buenos Aires zurückzukehren und meine Mutter allein in Berlin zurückzulassen. Daher musste ich meinem Leben einen neuen Inhalt, einen neuen Horizont geben. Ich erinnerte mich an die Zusicherungen in der bundesdeutschen Botschaft in Buenos Aires, die mir den öffentlichen Beistand der Bundesrepublik zur Wiedergewinnung unserer Existenz in Aussicht stellte, und auch an die Worte des Staatssekretärs in der Senatsinnenverwaltung, der mich gebeten hatte, in Buenos Aires abzuwarten, »bis ich an der Reihe sei«. Das war nun sieben Jahre her.

Ich war also wieder in Berlin und verfügte über einen Betrag aus der vor wenigen Wochen gewährten Rentennachzahlung. Wenn mir die Behörde zu diesem Geld das im Gesetz vorgesehene Langzeitdarlehen gewähren würde, meinte ich, könnte ich in Berlin eine Sprachenbuchhandlung eröffnen, hätte auch den gesetzlichen Anspruch auf Einbeziehung in die öffentliche Auftragsvergabe im Buchwesen und würde somit in das wirtschaftliche und soziale Leben meines Geburtslandes eingegliedert werden können.

Mit diesem Ziel vor den Augen wandte ich mich an die Darlehensabteilung des Entschädigungsamtes, das mich sofort an die Sparkasse von Berlin (West) verwies. Der zuständige Sachbearbeiter der Sparkasse prüfte meine Unterlagen, fand sie in Ordnung und sagte mir, dass die Bearbeitung eines Darlehensantrages nur vorgenommen werden könne, wenn der Antragsteller einen Mietvertrag und die Einrichtung eines entsprechenden Objektes nachweisen würde.»Aber kommen Sie mir nicht mit einem Zweijahresvertrag, denn es können nur Darlehen ausgezahlt werden, wenn eine gewisse Kontinuität des Geschäftes gesichert ist.«

Ich begab mich auf Ladensuche und fand schließlich ein leer stehendes Geschäftslokal mit dazugehöriger Zwei-Zimmer-Wohnung in der Charlottenburger Knesebeckstraße, ca. 80 m vom Kurfürstendamm entfernt. Ich einigte mich auf den Abschluss eines Fünfjahresvertrages mit Mietpreiserhöhungsklausel. Bevor ich aber das Objekt mietete, bat ich den Sachbearbeiter der Sparkasse um entsprechende Begutachtung. Er kam, sah sich Laden und Nebenräume an und war begeistert von der guten Geschäftslage; auch den Mietpreis fand er angemessen. Er riet mir abzuschließen und sofort den entsprechenden Darlehensantrag bei ihm einzureichen.

Das war im November 1964. Im Februar 1965, also drei Monate später, teilte mir die Sparkasse mit, dass mein Antrag vom Wiederaufbaufonds wegen einer negativen Stellungnahme der Industrie- und Handelskammer zu Berlin abgelehnt worden sei.

Ich hatte zwischenzeitlich mit meinen argentinischen Mitarbeiterinnen die Auflösung meines Buchgeschäftes in Buenos Aires vereinbart und Johanna und Egon Mange gebeten, sich Luisitos anzunehmen, was sie bis zu ihrem Tode mit aller Liebe auch taten. Ich wurde dann für viele Jahre Egon Manges Bevollmächtigter in Europa. Wir trafen uns alljährlich mit ihnen zu Johannas Kur in Bad Nauheim, wo sie mir ausführlich über Luisitos Entwicklung, die Dinge ihrer Familie und die allgemeine Lage in Argentinien berichteten. Mit Manges Tochter Anni stehe ich nach wie vor in herzlicher Verbindung.

Zurück in Berlin

Wir wohnten nach meiner zweiten Rückkehr nach Berlin bei Lydia im 5. Stock am Platz der Luftbrücke. Lydia hatte während der letzten Kriegsjahre Gesang studiert. Als Berlin von der Roten Armee erobert wurde, fand sie Zuflucht in der Wohnung ihres Professors, von dem sie dann bald ein Kind bekam. Da war es aus mit dem Studium. Sie musste Geld verdienen, lernte Krankenpflege und wurde als Nachtschwester im St. Joseph Krankenhaus angestellt. Durch einen Verdacht auf TBC bei einer Routineuntersuchung verlor sie ihre Stellung.

Als wir als Untermieter zu ihr zogen, hatte sie eine Stelle als Verkäuferin in der Schöneberger Buchhandlung Elwert und Meurer angetreten. Eines Tages kam sie sehr aufgeregt nach Hause: »Herr Meurer hat heute alle Mitarbeiter der Buchhandlung zusammengetrommelt, um ihnen unter anderem zu sagen, dass sie sich vor den Berichten der Ermordung von Juden in den Konzentrationslagern hüten und solcher Literatur keinen Glauben schenken sollten.« Sie kündigte dort sofort und begann ein Fernstudium zum Erlernen der Buchführung. Nach Beendigung dieses Studiums bekam sie eine Anstellung als Buchhalterin in einem kleinen Betrieb, der sich auf die Herstellung von medizinischen Präzisionsgeräten spezialisiert hatte, und avancierte dort zur Ersten Prokuristin. Meine Wege sollten sich später wiederholt mit denen des Buchhändlers Meurer kreuzen.

Während meiner Besuche bei meinem Vater im Auguste-Viktoria-Krankenhaus lernte ich auch die Familie seines Hauswirtes in der Motzstraße kennen. Wir besuchten sie öfters und freundeten uns mit ihr an. Als ich die Buchhandlung in der Knesebeckstraße, die ich letztendlich doch noch gegründet hatte, eröffnete, boten sich die Hauswirtin, Frau Hanna-Marie, und zwei ihrer Töchter an, uns bei den ersten Einrichtungs- und Organisationsarbeiten behilflich zu sein. Hanna-Marie entstammte einer Industriellenfamilie aus dem Erzgebirge, hatte die Handelsschule in Chemnitz besucht und war firm in den Arbeiten als Sekretärin und Buchhalterin. Ihre beiden älteren Töchter (15 und 16 Jahre alt) besuchten ein Schöneberger Gymnasium. Die drei freiwilligen Helferinnen kamen halbtags zwei oder drei Mal in der Woche, legten Lagerkarteien an, schrieben Werbebriefe und halfen beim Einsortieren der ankommenden Ware, während Elvira Lagerarbeiten verrichtete und sich um die Bewirtung unserer Gäste mit Kaffee und Kuchen kümmerte.

Eines Tages wurde Elvira krank. Der Arzt wies sie in ein Krankenhaus ein, wo sie dann etwa drei Monate bleiben musste. Der Klimawechsel und die neuen Lebensumstände waren ihr nicht bekommen, die fehlenden Sprachkenntnisse, das fremde Milieu und meine neue Dynamik in der Lebensgestaltung hatten uns voneinander entfremdet. Nach dem Krankenhausaufenthalt sehnte sie sich nach dem sonnigen Argentinien und ihrer Familie zurück. Unsere bisherige Harmonie war sicherlich auch durch meine Ungeduld gestört. So trennten wir uns mit Wehmut nach vielen Jahren des Zusammenseins.

Es ging um die Krankenhausrechnung für Elvira. Ich war hierfür zu knapp bei Kasse. Also ging ich zum Charlottenburger Rathaus und sprach in der zuständigen Abteilung vor. Der Sachbearbeiter prüfte meine Unterlagen und meinte dann: »Väterchen Staat kann aber auch nicht alles bezahlen.«

Ich antwortete: »Sagten Sie Väterchen Staat?« Der Begriff war mir neu.

»Ja, Väterchen Staat kann nicht für alles da sein.«

»Na, da frag ich mich, wohin sich dieses Väterchen nach meinem Rausschmiss aus Deutschland, mit etwas über fünf Mark in der Tasche, verkrümelt hat. Ich habe diesen Burschen jedenfalls in den letzten dreißig Jahren nicht zu Gesicht bekommen. Er hat mich verdammt vernachlässigt. Also verschonen Sie mich bitte mit dieser Märchenfigur.«

Die Charlottenburger Kasse beglich dann doch die Rechnung.

Die Einrichtung und Organisation meiner neuen Buchhandlung in der Knesebeckstraße fiel in die Zeit einer schon lang schwelenden Ehekrise von Hanna-Marie und ihrem Mann, die in ihrem Auszug (samt Kindern) aus der ehelichen Wohnung gipfelte. Sie beantragte die

Scheidung und zog mit zwei ihrer Töchter in eine Wohnung in der Darmstädter Straße. Wir waren uns inzwischen sehr nahegekommen. Unsere erste gemeinsame Reise führte uns nach Seefeld in Tirol, wo wir uns das Eheversprechen gaben. Doch es sollte noch 34 Jahre dauern, bis das Versprechen eingelöst werden konnte.

Berthold Winter und Hanna-Marie bei einem Treffen in London mit seinem Sohn, Dr. Luis Rodolfo Winter, und dessen Ehefrau Marta, die beide aus Buenos Aires gekommen waren.

Ein Geschäftsmodell

Ich hatte in dem Buch »Wiedergutmachungsgesetze« von H. G. van Dam, Martin Hirsch und Rolf Loewenberg gelesen, dass sich Bundesregierung und Wiedergutmachungsausschuss seit 1961 mit dem Entwurf eines Eingliederungsgesetzes befasst und ihn mehrfach geändert hatten. Der Referentenentwurf vom 4. März 1961 nannte sich »Entwurf eines Gesetzes über Maßnahmen zur Eingliederung zurückgekehrter Opfer der nationalsozialistischen Verfolgung«. Einige dieser Eingliederungsmaßnahmen wurden dann in das Bundesentschädigungsgesetz aufgenommen, wo es in § 68 Abs. 2 heißt, dass eine bevorzugte

Berücksichtigung bei der Vergabe von öffentlichen Aufträgen entfällt, »wenn der Verfolgte in das wirtschaftliche und soziale Leben in einem seinen früheren wirtschaftlichen und sozialen Verhältnissen entsprechendem Maße eingegliedert ist«.»Die Eingliederung betrifft die in der Bundesrepublik wohnhaften Verfolgten, so daß der Wohnsitz in der Bundesrepublik einschließlich des Landes Berlin-West regelmäßig Anspruchsvoraussetzung ist.«

Ich erfüllte diese Voraussetzung, was mir die Möglichkeit, eine sichere Existenz aufzubauen, erleichterte. Ich wusste aber auch, dass ein dornenreicher Weg vor mir liegen würde. Das Geschäft durfte nicht durch das Privatleben in Mitleidenschaft gezogen werden. Ich musste mir, um einen adäquaten Lebensstandard zu erhalten, unabhängig vom geschäftlichen Erfolg (oder Misserfolg) ein vernünftiges Gehalt auszahlen, um moralisch und gesundheitlich durchhalten zu können. Auch die Qualität meiner Dienste durfte nicht allein von den Finanzierungsmöglichkeiten abhängen. Das Sortiment meiner Sprachenbuchhandlung musste so attraktiv wie nur möglich gestaltet werden. Werbung und Kundenbedienung mussten durch eine fachmännisch gestaltete Auswahl und Beratung abgesichert werden.

Mein Aktionsplan begann damit, dass ich mit den Firmen Langenscheidt in Berlin und Libri in Hamburg, die mich schon in Buenos Aires beliefert hatten, als Brückenpfeiler für den Aufbau eines nationalen und internationalen Lieferantennetzes im Fremdsprachenbereich kooperierte, um ein Lager von Sprachkursen, Grammatiken und Wörterbüchern in etwa 28 Sprachen aufzubauen. Zur Belieferung der öffentlichen Hand hatte ich Kontakte zu den wichtigsten Schulbuchverlagen und zu leistungsfähigsten Großvertrieben geknüpft.

Dann stellte ich mich Berliner Bibliotheken und Schulen schriftlich und durch persönliche Besuche als neuer Lieferant vor und bat sie, meinen Neuanfang durch Einbeziehung meiner Buchhandlung in die Auftragsvergabe »zum Zwecke meiner Eingliederung in das wirtschaftliche und soziale Leben« zu unterstützen.

Kalte Schultern

Der Neubeginn in der alten Heimat war für mich wie der Beginn in einem luftleeren Raum. Es gab – außer meiner Mutter – keine Verwandten, deren Erfahrungen mit den täglichen Dingen mir hätten weiterhelfen können, keine alten Freunde, mit denen man sich hätte austauschen können, keine Existenzgrundlage, die einem Selbstsicherheit hätte geben können, und auch die Hoffnung auf eine bessere Zukunft war mit der Ablehnung der Darlehensgewährung verflogen.

Dass man uns mit »offenen Armen« empfangen würde, hatte sich als ein Trugbild erwiesen. Übrig blieb ein Manko in der Kasse, da die für das Geschäft bestimmten Gelder von der bescheidenen Geschäftseinrichtung und den ersten Warenlieferungen aufgezehrt worden waren. Wie der noch über vier Jahre gültige Mietvertrag erfüllt werden sollte, wusste ich nicht. Die Versprechungen der bundesdeutschen Botschaft in Buenos Aires, die mich zur Rückkehr nach Berlin ermunterte, erwiesen sich als hohl. Mir kamen die Erfahrungen meiner Eltern in den Sinn, denen deutsche Behörden die Existenz geraubt hatten und die sich nicht wehren konnten.

Ich gelangte zu der Überzeugung, dass es für mich nur zwei Wege gab: Entweder ich zeige Berlin definitiv den Rücken und kehre in meine geliebte Wahlheimat zurück, oder ich sage den Behörden, die sich im Ausland mit Wiedergutmachung brüsten, den Kampf an und zwinge sie, uns die im reichsdeutschen Volksvermögen aufgegangene Familienexistenz wieder zurückzugeben.

Ich entschied mich für die zweite Alternative. Ich konnte und wollte nicht zulassen, dass das von der Naziregierung an meiner Familie begangene Unrecht weiterhin gültig und irreparabel sein sollte. Mein Vorhaben, das wusste ich, würde alle meine nervlichen und gesundheitlichen Reserven in Anspruch nehmen und mich zu Taten und außerordentlichen Aktivitäten zwingen, die ich unter normalen Umständen bestimmt nicht vollbracht hätte. Es ging um den Kampf gegen einen uneinsichtigen Teil der Gesellschaft, der an dem von den Nazis geschaffenen Status quo mit allen Mitteln festhalten wollte, um einen Kampf ums Recht, der nur durch eine zielsichere Strategie zu gewinnen war.

Ich war bereit. Mein Plan begann, wie gesagt, damit, dass ich mich Berliner Bibliotheken und Schulen als zurückgekehrter Buchhändler vorstellte und auf die Möglichkeit hinwies, mir durch öffentliche Aufträge eine neue Existenzgrundlage in der früheren Heimat zu verschaffen. Derart gab ich den für die Beschaffung von Büchern Zuständigen in den Berliner Behörden die faire Möglichkeit, ihre wahre Gesinnung unter Beweis zu stellen.

Von etwa 600 angeschriebenen Berliner Schulen bekam ich fünf mehr oder weniger positive Antworten. Der Leiter der Stadtbücherei Charlottenburg sagte mir, dass ich bei ihm »offene Türen« einrenne, denn seine ganze Familie sei schon immer den Nazis gegenüber feindlich eingestellt gewesen. Es dauerte dann etwa zwei lange Jahre, bis aus Charlottenburg die ersten Aufträge kamen. Die Stadtbücherei Wilmersdorf, die gerade eine Fremdsprachenabteilung in der Seesener Straße einrichten bzw. ausbauen wollte, war an meinem Sortiment sehr interessiert und beauftragte mich mit Lieferungen. Die anderen Stadtbüchereien blieben durchwegs stumm. Erst in späteren Jahren stellte sich dort ein Erkenntniswandel ein. Da war ich aber schon so sehr verschuldet, dass auch kleinere Aufträge nicht mehr halfen.

Der Direktor der Amerika-Gedenkbibliothek, den ich in den ersten Tagen nach der Geschäftseröffnung persönlich aufsuchte, sagte mir klipp und klar, dass er keine Veranlassung sähe, einen neuen Lieferanten mit Aufträgen zu bedenken. Als ich ihn auf § 68 BEG hinwies, fragte er mich, ob ich ihn erpressen wolle. Auch die Sekretärin der Schule in meiner Nachbarschaft meinte, dass sie mit den bisherigen Lieferanten sehr zufrieden sei und ihr Chef daher nicht daran denke, deren Etat auch nur minimal durch Aufträge an mich zu schmälern.

Auch mein Anruf beim damaligen Charlottenburger Bezirksstadtrat für Volksbildung, Herrn Ristock, fruchtete nichts. Er sagte, dass die Schulen Einkaufsautonomie hätten und er nicht bereit sei, den Rektoren der Charlottenburger Schulen Weisungen zu erteilen, bei wem sie ihre Bücher und Utensilien einkaufen sollen. Ich sei, so fügte er beiläufig hinzu, sicherlich »zu spät« nach Deutschland zurückgekehrt. Erst nach einiger Zeit, nachdem er ein Schreiben des Berliner Innensenators zu meinem Anliegen erhalten hatte, wurde Herr Ristock im Kreis der Volksbildungsstadträte doch noch aktiv.

Mein erster Anlauf war also, von wenigen Ausnahmen abgesehen, ein Fiasko. Ich hatte zwar nicht geglaubt, dass Berlin mich mit Wohlwollen überschütten würde. Dass ich aber Opfer einer fast feindseligen Passivität sein würde, hätte ich nicht erwartet.

Sprachenbuchhandlung

In etwa zwei Jahren hatte ich meine Sprachenbuchhandlung aufgebaut. Die Post und meine Schreibmaschine waren die Kommunikationsmittel, die mir zu jener Zeit auf nationaler und internationaler Ebene zur Verfügung standen, um mich mit meinen Lieferanten in Verbindung zu setzen. Es dauerte daher manchmal einige Wochen, bis ich Verlagskataloge aus Übersee bekam, denen ich die für mein Spezialsortiment notwendigen Titel entnehmen konnte und deren Versand an mich dann weitere Wochen in Anspruch nahm. Es war eine mühselige, aber auch spannende Arbeit, bis ich die verschiedenen Abteilungen »Grammatiken«, »Wörterbücher«, »Übungslektüre« und »Sprachkurse« in den vielen Sprachen zusammengestellt hatte. Dies alles ohne die in Aussicht gestellte Unterstützung, während die Fixkosten Monat für Monat aufgebracht werden mussten.

Die Berliner Absatz-Organisation, eine Dependance der Industrie- und Handelskammer, kam nach Begutachtung meines Geschäftes zu nachstehender Empfehlung:

»Die Internationale Sprachenbuchhandlung Berthold Winter […] ist unserem Hause als zuverlässiges und leistungsfähiges Unternehmen bekannt. Es handelt sich nicht um eine Buchhandlung, die – einzig in ihrer Art in Berlin – sich auf breiter Grundlage die Aufgabe gesetzt hat, Lehrende und Lernende über den letzten

Stand der Verlagsproduktion auf dem Gebiet der Fremdsprachenlehre zu unterrichten und ein dementsprechendes Lager zur Verfügung aller sprachinteressierten Kreise zu unterhalten.
Die Sprachenbuchhandlung Winter führt
– Sprachlehrbücher in 42 Sprachen, Sprachführer, Enzyklopädien, Wörterbücher, Briefsteller in Fremdsprachen für private und kommerzielle Zwecke, Übungstexte zur Sprachvervollkommnung in Literatur, Wissenschaft, Handel und Technik,
– Sprachkurse für den Unterricht und Selbstunterricht mit Schallplatten in 38 Sprachen bzw. Tonbändern (6 Sprachen), auch kombiniert mit Dia-Serien bzw. Standbildstreifen für den audiovisuellen Unterricht und komplette Tonbandkurse für das Sprachlabor,
– schöngeistige Literatur in 12 Sprachen,
– spanische und portugiesische Verlagswerke aller Art [...],
– Werke englischer, indischer und italienischer Verleger [...],
und betreibt einen weltumfassenden Besorgungsdienst:
– alle lieferbaren Bücher und Zeitschriften, Atlanten, Landkarten und Globen, Diapositive, Schallplatten und Tonbänder, sowie Subskriptionen und Fortsetzungsreihen. Die Winter'sche Besorgungsdienst ist auf prompten Versand an öffentliche und private Kunden eingearbeitet.
[...]«

Rechtsunsicherheit

»Du musst wissen, was deine Rechte im Entschädigungsgesetz sind, sonst kommst du nicht weiter«, sagte mein Vater, als wir noch in Buenos Aires lebten. Ich kaufte mir also bei Friedmann ein Buch über das Bundesentschädigungsgesetz (BEG) und ackerte es, Zeile um Zeile, mit meinem Vater durch. Wir wussten bald, was sich die bundesdeutschen Gesetzgeber ausgedacht hatten, um das von ihren Vorgängern begangene Unrecht auszugleichen. Die Kenntnis des Gesetzes befähigte uns, die jedem von uns zugefügten Schäden und Verluste zu benennen und entsprechende Anträge bei der Berliner Entschädigungsbehörde zu stellen.

Beim Abschnitt »Berücksichtigung bei der Vergabe von öffentlichen Aufträgen« gingen unsere Meinungen jedoch auseinander, weshalb wir uns entschlossen, entsprechenden Rat im Konsulat der Bundesrepublik einzuholen. Für den Beamtem in der Entschädigungsabteilung des Konsulats, dem ich den entsprechenden Passus im Gesetzbuch zeigte, gab es keinen Zweifel, als ich ihn fragte, ob dieser Paragraf 68 auch für mich anzuwenden sei. Fast ungehalten fragte er mich: »Können Sie nicht lesen? Hier steht es doch Schwarz auf Weiß: ›Verfolgte sind bei der Vergabe von öffentlichen Aufträgen unbeschadet der Regelung für notleidende Gebiete bevorzugt zu berücksichtigen. Dies gilt auch für Unternehmen, an denen Verfolgte maßgeblich beteiligt sind‹. Natürlich können Sie, solange Sie in Argentinien leben, von dieser Bevorrechtigung keinen Gebrauch machen. Sie müssen schon nach Deutschland zurückkehren und sich dort geschäftlich niederlassen, um mithilfe dieser Bevorzugung wirtschaftlich eingegliedert zu werden.«

Nachdem ich in Berlin meine Buchhandlung eröffnet hatte, machte ich die Öffentlichen Bibliotheken und Schulen darauf aufmerksam, dass ich – ungeachtet meiner Fremdsprachenspezialisierung – jedes lieferbare Buch besorgen und liefern könne. Da das Echo der behördlichen Einkäufer zu gering war, suchte ich Rat bei meinem Rechtsanwalt, Herrn Otto Große. Er schrieb mir am 24. Juli 1967 einen erläuternden Brief, in dem er erklärte: »Nach Überprüfung der Rechtslage bestätige ich Ihnen erneut, daß Sie anspruchsberechtigt nach § 68 BEG sind. Wenn auch die Entschädigungsbehörde aus der Rechtsstellung Ihres Herrn Vaters als Buchhändler hinsichtlich § 68 BEG eine andere Ansicht vertritt, so hat die Entschädigungsbehörde eindeutig die Bestimmung des § 114, Absatz 1 BEG übersehen, denn Sie sind inzwischen selbständiger Buchhändler und haben deshalb Ansprüche nach den Bestimmungen der §§ 66 und 86, mithin also auch nach § 68 BEG.«

Der Vorsitzende der Jüdischen Gemeinde zu Berlin, Herr Galinski, den ich mehrmals über meine diesbezüglichen Misserfolge unterrichtet hatte, übergab mir die Kopie eines am 12. Oktober 1967 an die Gemeinde gerichteten Briefes des Senators für Schulwesen und meinte, dass er nicht mehr als dies für mich tun könne.

Der Senator ließ vertreten durch Dr. Eiselt mitteilen, dass er »bereits am 20. April 1966 den Bezirksämtern von Berlin, Abteilung Volksbildung, und am 1. Juli 1966 den mir nachgeordneten Dienststellen und Einrichtungen schriftlich empfohlen habe, die Buchhandlung Winter nach den Richtlinien für die Berücksichtigung bevorzugter Bewerber bei der Vergabe von öffentlichen Aufträgen gemäß § 68 Abs. 1 des Bundesentschädigungsgesetzes bei Buchbeschaffungen bevorzugt zu berücksichtigen.«

Urlaub in Österreich

Um mit den Widrigkeiten, die sich meiner Existenz nach der Rückkehr aus Argentinien entgegenstellten, fertigzuwerden, hatte ich gelernt, Privates von Geschäftlichem zu trennen. Ich durfte mich nicht in meinem Kampf gegen die »Wiedergutmacher« versklaven. Die täglichen finanziellen Sorgen im Geschäft wollte ich von meinem neuen Familienleben, das ich mit meiner Lebensgefährtin Hanna-Marie aufzubauen begann, fernhalten. Nur so konnte ich die Verletzungen ertragen, die mir Missgunst und Nichterfüllung behördlicher Versprechungen täglich zufügten. Kaum hatte ich also die Tür zu meinem Geschäft geschlossen, erwartete mich der angenehmere Teil meines Lebens.

Da waren zum Beispiel die Winterferien mit Bettina, der Jüngsten, die noch in die Schule ging. Jahr für Jahr fuhren wir in die österreichischen Alpen, wo Hanna-Marie und Bettina Skisport betrieben. Wir machten herrliche Schlittenkutschfahrten, zu denen sich später auch Tochter Gabriele, die noch im Studium war, gesellte. Auch Sissy, die Mutter eines meiner früheren studentischen Mitarbeiter, die sich mit Hanna-Marie angefreundet hatte, kam des Öfteren aus dem nahe gelegenen Garmisch nach Seefeld, um uns zu besuchen. Die Winterurlaube waren gespickt mit guter Luft, Schnee, Geselligkeit und guter Laune.

Nicht weniger erfreulich waren die jährlichen Sommerferien am Kärntner Weißensee, die wir in einer bäuerlichen Familienpension verbrachten. In wenigen Schritten waren wir am Ufer dieses sauberen, etwas kalten Sees, wo ein kleines Grundstück, das zur Pension gehörte, auf uns wartete. Dort konnten wir uns dann auf dem Rasen ausbreiten, den Anlegesteg zum Schwimmen und Rudern benutzen. Unsere Schlauchboote lagen im dazugehörigen Bootshaus. Nicht zu vergessen die Lagerfeuer auf dem Feld der Bäuerin am Waldesrand, die Ausflüge nach Hermagor und der Autotrip nach Venedig. Ich fand wieder Lust am Leben.

Senatsrat Gérard und Senator Neubauer

Wenn ich über die behördliche Ablehnungen schreibe, mit denen ich während der zwei Jahrzehnte nach Eröffnung meiner Berliner Buchhandlung konfrontiert war, darf ich um der Gerechtigkeit willen diejenigen aufrichtigen Menschen nicht vergessen, die sich gegen Wind und Wetter an meine Seite gestellt haben, um sich für mich einzusetzen.

Zu den engagierten Verfechtern meiner Belange gehörte Senatsrat Gérard im Entschädigungsamt Berlin. Er beobachtete die negative Entwicklung meines Geschäftes, sah die Wurzeln behördlicher Gleichgültigkeit bei auftragsvergebenden Stellen und war bemüht, die vorgesetzten Instanzen der Bibliotheken und Schulen auf das Problem der Wiedergutmachung aufmerksam zu machen. So erreichte er, dass sich die Oberste Wiedergutmachungsbehörde des Landes Berlin, der Innensenat mit Kurt Neubauer an der Spitze, in persönlichen Schreiben an die elf Bürgermeister der Berliner Verwaltungsbezirke und an die Senatoren für Schulwesen und für Wissenschaft und Kunst mit der Bitte wandte, mich bei der Vergabe von Aufträgen zu berücksichtigen.

Das gleichlautende Schreiben enthielt im Kern folgende Passage: »Gleichwohl betrachte ich es, unabhängig von dem formalen Rechtsstandpunkt, als unsere allgemeine und moralische Verpflichtung, […] einem unserer Mitbürger zu helfen, der als junger Mensch durch nationalsozialistisches Unrecht zur Auswanderung mit dem folgenden harten Emigrationsschicksal gezwungen worden war und der den wiederholten Aufforderungen deutscher Auslandsbehörden und deutscher Politiker zur Rückkehr in die Heimat voller Glauben gefolgt und nach Berlin zurückgekehrt ist. Ich richte daher an Sie die Bitte, es für Ihren Geschäftsbereich zu ermöglichen, dass Herr Winter bei der Vergabe Öffentlicher Aufträge und der Beschaffung einschlägiger Bücher im Rahmen des Vertretbaren wohlwollend berücksichtigt wird. Ich wäre Ihnen dankbar, wenn Sie sich meinen Gedanken nicht verschließen würden.«

Als ich Herrn Gérard nach einer gewissen Zeit berichtete, dass das persönliche Schreiben des Senators an die Berliner Behörden nur einige sporadische Buchbestellungen zur Folge hatten, bemühte er sich bei ihm um ähnliche Schreiben an alle Ministerpräsidenten der Bundesrepublik Deutschland. Auch diese brachten im Endeffekt nicht die gewünschte Förderung meines Betriebes. Die Resonanz war, gelinde gesagt, erbärmlich.

Als Kuriosum aus dieser Zeit erinnere ich mich an ein Schreiben der damaligen Kultusministerin des Landes Rheinland-Pfalz Hanna-Renate Laurien an mich. Sie beschwerte sich darüber, dass sich Berliner Behörden im Bundesgebiet für mich mit Bettelbriefen einsetzten, da doch Berlin selbst über genügende Mittel verfüge, um mir beistehen zu können. Als ich Herrn Gérard diesen Passus vorlas, meinte er nur, dass er sich wundere, was wohl das »C« im Kürzel der Partei der Ministerin bedeute.

Der Beistand der Herren Gérard und Neubauer war engagiert, verhalf mir aber nicht zu einer stabileren geschäftlichen Grundlage.

Eine Reise nach Ägypten

Es begann damit, dass unsere Kusine Ingrid von ihrer Nilfahrt ins Schwärmen geriet: »Du siehst vom Schiff aus, wie die Bauern mit ihren Ochsen das Land pflügen, wie die Frauen am Fluss ihre Wäsche waschen und wie ihre Kinder im seichten Uferwasser spielen, und plötzlich bist du um Jahrtausende zurückversetzt in die Vergangenheit Ägyptens. Ihr müsst unbedingt diese Nilfahrt machen, ich würde gerne mitfahren.« Also buchten wir – es war in den 1980er-Jahren – eine Nilfahrt. Die ägyptischen Szenen des Alten und des Neuen Testaments, die Befreiung der Israeliten von der ägyptischen Knechtschaft und die Flucht von Maria mit Joseph und dem kleinen Jesus nach Ägypten waren mir bekannt, und die biblische Joseph-Geschichte, von Thomas Mann ausführlich nacherzählt, hatte ich gerade gelesen, ein Anlass mehr, mich auf diese Fahrt ins Altertum zu freuen.

Ingrid hatte nicht übertrieben. Wir erlebten eine Welt, die mit unserer wenig gemeinsam hatte, staunten über die phantastischen Tempelbauten und Begräbnisstätten, die Räder am Fluss zur Bewässerung der Felder und die morgenländische Atmosphäre, die über Menschen und Landschaft lag. Gedanken kamen auf: Damals fassten die versklavten Israeliten, meine Vorfahren in der Dunkelheit der Geschichte, ihren Mut und flüchteten gemeinsam in die Wüste Sinai, um dann 40 Jahre später in das »Land, in dem Milch und Honig fließen«, wandern zu können. Ihre Nachkommen aus unserer Zeit mussten jenes Land wieder urbar machen, Sümpfe trockenlegen und Wüstenstriche bewässern, damit sie – unter den neuen Bewohnern – ihr Leben aufbauen konnten, was ohne neues Unrecht schier unmöglich zu sein scheint.

Wir fuhren dann noch zum Nasser-See und bestaunten die ungeheure menschliche Leistung, die den Bewohnern Mizrayims den »Segen« der Elektrizität in jedes kleine Dorf an den Ufern des Nils beschert. Ein wenig Wehmut überkam uns, denn der Zauber des Morgenlandes weicht auch hier den technischen Errungenschaften.

Hermann von Seyfried, Dr. Goez

In der Entschädigungsbehörde war Senatsrat Gérard von mir darüber unterrichtet worden, dass ich inzwischen Aufträge der Schulbehörde erhalten hatte. Er vertrat die Meinung, dass nun der Moment gekommen sei, mir mit einer Beihilfe und einem Darlehen aus dem Entschädigungsfonds beizustehen. Um ein solches Verfahren in die Wege zu leiten, sollte ich der Behörde ein Gutachten über die Wirtschaftlichkeit meines Unternehmens beibringen.

Mir war ein entsprechender Gutachter nicht bekannt. Ich wandte mich daher an den Fachverband und bat um Benennung eines Experten. Man empfahl mir u. a. den Wirtschaftsfachmann Hermann Ritter und Edler von Seyfried. Ich rief Herrn von Seyfried an und berichtete ihm in groben Umrissen, worum es sich handelte. Wir trafen uns in seinem Büro am Kurfürstendamm, das er mit seinem Kollegen von Heeremann teilte. Beide nahmen mein Geschäft unter die Lupe, prüften mein Lager, meine Einrichtungen und die Buchführung und kamen zu dem Schluss, dass ich besser als vergleichbare Kollegen gewirtschaftet und dass bei einer früheren angemessenen Beteiligung der Öffentlichen Hand an der Auftragsvergabe sich meine Buchhandlung zu einem blühenden Unternehmen entwickelt hätte.

Das Entschädigungsamt Berlin unterstützte mich daraufhin letztmalig mit einer Beihilfe und einem Darlehen und teilte dies auch der Schulbehörde mit. Ich konnte mit den bewilligten Geldern meine dringendsten Verbindlichkeiten abdecken und wartete dann auf die zugesagten Stützungs- und Aufbaumaßnahmen der Schulämter. Diese jedoch stoppten abrupt ihre Aufträge, und so kam es, dass ich eines Tages die Rückzahlung des Darlehens nicht mehr leisten konnte. Das Entschädigungsamt war trotz des Auftragsboykotts der Schulbehörde nicht bereit, mir die geschuldete Darlehnssumme zu erlassen. Es tat so, als ginge es diese Nichterfüllung zugesagter Aufträge nichts an, und zog jahrelang die monatlichen Raten von meiner Gesundheitsschadensrente ab.

Herr von Seyfried blieb mir jedenfalls noch jahrelang freundschaftlich verbunden. Er ließ es sich nicht nehmen, in meiner Begleitung bei den verschiedensten Amtsstellen persönlich vorstellig zu werden. Als Generalvertreter der Gothaer Versicherung in Berlin hatte er wahrlich ein stattliches Arbeitspensum zu bewältigen. Er betrachtete es jedoch als seine menschliche Pflicht, seine Bemühungen um mich nicht einfach auf die lange Bank zu schieben. Daher stellte er eines Tages den Plan auf, die elf Bezirksstadträte für Volksbildung des Landes Berlin persönlich zusammen mit mir zu besuchen, um sie zu einer gemeinsamen Aktion zu meinen Gunsten zu bewegen. Er stieß jedoch bei allen Gesprächspartnern auf strikte Ablehnung. Wir konnten diese negative Einstellung nicht erklären. Erst viele Jahre später sollten wir die Hintergründe erfahren.

Nachdem ich 1972 – im achten Jahr nach Geschäftseröffnung – den Vorsitzenden der Jüdischen Gemeinde Heinz Galinski wieder von meinen geschäftlichen Problemen berichtet hatte, wandte er sich an Herrn Dr. Goez, den Vizepräsidenten der Industrie- und Handelskammer zu Berlin (IHK). Herr Dr. Goez lud mich daraufhin zu einem Gespräch in seine Amtsräume ein. Dieser schon ältere Herr hörte sich meinen Bericht über den bisherigen Verlauf meiner buchhändlerischen Aktivitäten in Berlin an und sagte mir dann, dass die IHK leider nicht über genügend Möglichkeiten der Unterstützung für mich verfüge, dass aber die unter seiner Leitung stehende Berliner Absatz-Organisation (BAO), eine Gliederung der IHK, zur Überwachung der »bevorzugten Auftragsvergabe« nach dem Bundesentschädigungsgesetz beauftragt worden sei.

Herr Dr. Goez fragte mich, ob es meiner Werbung bei Bibliotheken und Schulen nützlich sein könnte, wenn mir die BAO eine Bescheinigung ausstellen würde, aus der mein Anspruch auf bevorzugte Berücksichtigung bei der öffentlichen Auftragsvergabe ersichtlich sei. Ich nahm sein Angebot dankbar an, und so bekam ich mit der Post zwei Tage später die entsprechenden Dokumente. Mit Datum vom 5. Oktober 1967 stellte mir Herr Dr. Goez folgendes Dokument aus:

»Als Landesauftragsstelle Berlin bescheinigen wir Herrn Berthold WINTER, […] dass er den Amtlichen Ausweis als politisch, rassisch oder religiös Verfolgter des Nationalsozialismus – PrV-Ausweis Nr. 12542 vom 8. 1. 1958 – besitzt. Nach § 68 I BEG ist Herr Winter deshalb bei der Vergabe öffentlicher Aufträge bevorzugt zu berücksichtigen. Ausserdem geniesst Herr Winter auch mit seinem

Gewerbebetrieb in Berlin als anerkanntem Notstandsgebiet die Bevorrechtigung nach den Richtlinien des Bundesregierung vom 31. 3. 1954.
Wir bitten, diese doppelte Bevorrechtigung bei Vergabe von Aufträgen angemessen zu berücksichtigen.«

Mit Datum vom 6. Oktober 1967 stellte Herr Dr. Goez nun namens der Industrie- und Handelskammer zu Berlin die Bescheinigung aus, dass ich »als Verfolgter des Nationalsozialismus zu den bevorzugten Bewerbern um öffentliche Aufträge gemäss § 68 I BEG [gehöre]. Wir bitten die auftraggebenden öffentlichen Stellen, dies angemessen zu berücksichtigen. INDUSTRIE- UND HANDELSKAMMER ZU BERLIN. Der Hauptgeschäftsführer i. V. Dr. Goez.«

Herr Dr. Goez gehörte zu den wenigen Personen des öffentlichen Lebens, die mich regelmäßig im Geschäft besuchten, um nach dem Rechten zu sehen. Er war es, der mir eines Tages sagte: »Sie haben einen Feind in der IHK. Ich konnte ihn leider noch nicht ausfindig machen. Tatsache ist, dass er jede Initiative hintertreibt, die Ihnen nützlich sein könnte.«

Als ich Herrn Dr. Goez eines Tages in der IHK telefonisch sprechen wollte, sagte man mir, dass er erkrankt sei. Ich wählte seine Privatnummer und sprach mit seiner Ehefrau: »Ach, Herr Winter, er ist schon seit Tagen krank und bettlägerig. Er leidet auch an Ihren Dingen. Er erzählte mir von Ihrem Anliegen und dass, sobald er gewisse Maßnahmen der Kammer untersuchen möchte, sich eine Wand des Schweigens und des Widerstandes gegen ihn im Amt auftürmt.« Leider ist dieser gute Mann bald darauf verstorben, sodass wir damals des Rätsels Lösung nicht erfahren konnten.

Sein oder nicht sein ...

Die Probleme meiner Existenz in Deutschland seit meiner Rückkehr aus dem Exil beschäftigten meine Lebensgefährtin Edeltraud immer wieder. »Wie kommt es, dass dein Geschäft nicht genügend abwarf und du trotzdem privat gut leben konntest? Hast du, wie ihre Töchter behaupten, von Hanna-Maries Geld gelebt?« Nein, ich habe nicht von Hanna-Maries Vermögen gelebt. Unser gemeinsam festgelegter monatlicher Haushaltsplan wurde paritätisch finanziert, auch wenn mir dies zuweilen sehr schwer fiel.

Meine Rückkehr nach Deutschland hatte den Sinn gehabt, meinem Leben neue Hoffnung zu geben und meine Existenz auf solide Grundlagen zu stellen, wie ich sie im Exil nicht hatte. Die Probleme beim Aufbau einer gesicherten Existenz hatte ich nicht vorausgesehen. Wollte ich den Kampf um Gerechtigkeit in Würde bestehen, musste ich einige gesellschaftliche Tabus durchbrechen, was bedeutete: Schulden machen, Erniedrigungen, Prozesse und Pfändungen in Kauf nehmen.

Alle diese Widrigkeiten konnten mich aber nicht erschüttern, denn es war Deutschland, das mich mittellos ins Ausland gejagt, unter Versprechungen in die Heimat zurückgelockt und dann seiner Eingliederungspflicht nicht entsprochen hatte. Der Staat, der sich zur Eingliederung der früheren Verfolgten verpflichtet hatte, ließ mich im Stich, weshalb ich mich frei jeder »Schuld« fühlte.

Meine Entscheidung, doch hier zu bleiben, war – im Nachhinein betrachtet – richtig. Ich habe alle Schulden zurückbezahlt und konnte ab Ende der 1980er-Jahre ein gesichertes Rentnerleben führen. Ich hatte den deutschen Staat mit allen mir zur Verfügung stehenden Mitteln gezwungen, meine Ansprüche zu respektieren.

Wiedergutmachung. Eine unverbindliche Angelegenheit?

Der Zweck der Bevorzugung von Verfolgten bei der Vergabe von öffentlichen Aufträgen ist, wie schon erwähnt, die Eingliederung in das wirtschaftliche und soziale Leben der Bundesrepublik Deutschland in einem den früheren Verhältnissen entsprechenden Maße. Die Industrie- und Handelskammer prüfte in keinem Moment den Grad meiner Eingliederung, sondern setzte sich über die Vorgabe des Gesetzgebers hinweg, verfügte einseitig acht Jahre später, ohne mich gehört zu haben, die Ungültigkeit der von ihr selbst angebotenen und erteilten Bescheinigungen und untersagte mir deren Benutzung. Im November 1977 teilte mir die IHK mit, dass die von ihr und der BAO erstellten Dokumente, die sich unmissverständlich auf eine gesetzliche Verpflichtung bezogen, lediglich als unverbindliche Empfehlung zugunsten meines Geschäftes zu verstehen seien, und höhlte derart den gesetzlich gewollten Aspekt der Wiedergutmachung aus. Das entsprechende Schreiben der IHK vom 16. November 1977 übersandte ich in Kopie an einige meiner Freunde im In- und Ausland. Ich wollte ihnen zeigen, in welcher Art und Weise ich hier behandelt wurde.

Ich blieb trotzdem eisern, ließ mich nicht aus der Ruhe bringen und steuerte unerbittlich mein Ziel an, meine wirtschaftlich-soziale Eingliederung gegen Wind, Wetter und antisemitische Tiefschläge, von wem sie auch kamen, durchzusetzen. Ich war es mir und all denen, die ihre Stimme nicht mehr erheben konnten, schuldig.

Hunde, Katzen und ein Papagei

Ein Hund stand auf der Straße vor unserem Garten in »La Posta« und bellte uns unaufhörlich an. Wir versuchten, ihn durch Worte zu verscheuchen. Zwecklos! Unser freundliches Zureden quittierte er mit ebenso freundlichem Schwanzwedeln. Durch Bellen und Winseln gab uns dieses schwarze, unscheinbare, langhaarige Tierchen eindringlich zu verstehen, dass es unbedingt zu uns in den Garten wollte.

Wir ließen also den Hund herein, was er mit freudigem Wedeln quittierte. Wir hatten ihn bisher noch nie gesehen; er machte aber, als würde er uns schon lange kennen, schnupperte im ganzen Garten und um unser Häuschen herum und entdeckte dann die schöne Hundehütte. Dieser Verschlag gefiel ihm; sofort richtete er sich darin häuslich ein. Der zugelaufene Hund war, wie wir bald feststellten, eine Hündin, die – mit richtigem Gespür – eine sichere Bleibe suchte. Einige Tage später gab es Nachwuchs. Wir hatten plötzlich zehn Welpen im Hundehaus.

Audelina erklärte sich bereit, sich um die kleine Hundeschar zu kümmern. Sie tat dies vorbildlich.

Erst kam Audelina täglich aus ihrem Dorf in unser Anwesen, auch wenn wir über die Woche in Buenos Aires im Geschäft waren, reinigte das Hundehaus und kümmerte sich um das Futter für die Hündin. Später lud sie sonntags die ganze Welpenbande in einen runden, flachrandigen Korb, den sie dann auf dem Kopf trug, während die linke Hand oben den Korbrand hielt, die rechte ihr Fahrrad führte und die Hundemutter, wir nannten sie »Rin«, sie freudig begleitete und um sie herum bis zu ihrem Haus tänzelte. Ein Anblick für die Götter. Am Freitag brachte sie die ganze Fuhre wieder zu uns nach »La Posta«, wo wir die ganze Hundefamilie über das Wochenende für uns hatten, bis dann der Moment gekommen war, die jungen Hunde an Interessenten in der Nachbarschaft zu verteilen. Einer, »Foxi«, blieb über ein Jahr bei uns, bis ihn, als er auf Brautschau war, ein Lastwagen überrollte.

Die Unbekannte kam mir auf der Straße freudig entgegen, berührte mich zärtlich mit ihrem Körper, begleitete mich uneingeladen bis in unsere Wohnung und setzte sich erwartungsvoll mit mir auf das Bett. Und schnurrte, was das Zeug hielt. Ich spedierte sie dann wieder auf die Terrasse hinaus, denn ich wollte mir mit fremden Damen nichts einhandeln. Resultat: Sie kam jeden Abend wieder, passte mich auf dem Heimweg vor dem Haus ab und gab mir zu erkennen, dass sie beabsichtige, mich definitiv zu adoptieren. Ich stellte ihr daher eine seitwärts offene Apfelsinenkiste auf den Hof und legte ihr unten eine Decke hin. Sie begriff sofort, dass dies ihre neue Behausung sein sollte. Wir versorgten sie täglich mit Milch und Futter und bekamen pünktlich zwei kleine Kätzchen als Gegengeschenk. Wir tauften sie nach ihrem Aussehen »Tigre« (Tiger) und »Corvata« (Krawatte). Wir liebten diese Tierchen, was uns aber nicht davon abhielt, sie nach einer gewissen Zeit an andere Tierliebhaber in der Nachbarschaft abzugeben.

Das war zu jener Zeit, als mir meine Mutter das Hilfstelegramm sandte und wir die Überfahrt nach Europa antreten mussten. Die Katzenmutter wurde natürlich zu Audelina gebracht, die sie gerne aufnahm. Als ich mich Tage später von Audelina und ihrer Familie verabschieden wollte, entdeckte mich »unsere« Katze auf dem Hinweg. Sie kam aus einem Waldstück seitlich der Straße und war außer sich vor Wiedersehensfreude. Sie streckte sich mehrmals auf dem Boden und schoss echte Purzelbäume. Noch nie hatte ich vorher einen solchen Freudenausbruch bei einem Tier gesehen.

Es schnürte mir das Herz zu, denn ich konnte nicht weiter bei meiner Katze bleiben, und ob ich je zurückkommen würde, war ungewiss. Mir blieb der einzige Trost, dass das Tierchen bei Audelina gut aufgehoben war.

In Berlin: Eva, Hanna-Maries Älteste, zog los, einen Hund zu besorgen. Ein Cocker-Spaniel sollte es sein. Sie kam auch mit einem Hundekind zurück. Doch es war ein drei Monate alter Boxer. Es ging zunächst nur darum, Boxer »Alex«, wir nannten ihn »Ali«, sauber zu bekommen. Zu Hause bei Eva hatte man mit dem Baby Marian mehr als genug zu tun. Also bekam Mama den ehrenvollen Auftrag, sich um Alis Grunderziehung zu kümmern.

Als Ali sauber war und auch gehorsam, zog er zu Eva, die ihn dann einige Monate bei sich hatte, bis sie eines Tages zu uns kam und uns eröffnete, dass Interessenten auf ein von ihr aufgegebenes Inserat kommen würden, um den Hund zu kaufen, der dann zu Zuchtzwecken nach Australien verschifft werden sollte. Ich fragte nach dem Preis, den Eva für Ali haben wollte, und kaufte ich ihn ihr kurzerhand ab.

Ali blieb zwölf Jahre bis zu seinem Tod bei uns. Er begleitete mich täglich ins Geschäft und war ein wunderbarer Kumpel für die ganze Familie. Über Ali könnte man ein Buch schreiben. Er hatte ein gutes Gespür für die Ehrlichkeit der Menschen, und so warnte er mich mit leisem Knurren vor Kunden, denen er misstraute. Sein fröhliches Bellen, wenn er die steile Uferböschung bei unseren Ausflügen an der Havel hinunterlief, war weithin zu hören. Sein Stöhnen, wenn er mir beim Schreiben meiner Behördenbriefe unter dem Schreibtisch Gesellschaft leistete, interpretierte ich als Zeichen seiner Identifizierung mit unserer Lebenssituation.

Die Dame vom Savignyplatz kam fast jeden Vormittag gegen 11 Uhr mit ihrem kleinen Hund am Geschäft vorbei. Dieser putzige

Hund, ein kecker brauner Kurzhaar-Chihuahua, schnupperte an Ali, der meist ausgestreckt in der Sonne vor der Ladentür lag. Und so kam es langsam zu einer echten Freundschaft zwischen beiden Tieren. Eines Tages kreuzte ich mit dem kleinen Chihuahua, er hieß »Carlos«, bei uns zu Hause auf. Sein Frauchen, die meine Sympathie für ihren Liebling entdeckt hatte, machte eine Ägyptenreise und hatte mich gefragt, ob ich ihren kleinen Hund während ihrer Abwesenheit zu mir nehmen könnte. Ich war einverstanden. Hanna-Marie machte große Augen ob des unerwarteten Besuches, freundete sich aber schnell mit Carlos an.

Einige Monate später brachte mir eine Nachbarin vom Savignyplatz Carlos ins Geschäft. Sein Frauchen sei nach einem chirurgischen Eingriff verstorben und habe noch im Krankenhaus verfügt, dass Carlos entweder bei mir unterkommen oder, falls ich nicht einverstanden sei, eingeschläfert werden solle.

Carlos, der sich mit Ali wunderbar vertrug, gehörte seitdem zur Familie. Ali verstarb etwas später. Und so wurde Carlos noch viele Jahre zu unserem wunderbaren Kumpel. Carlos begleitete uns im Schlauchboot, im Auto in und um Berlin, in der Bahn und im Flugzeug durch Deutschland und auch auf einigen Fahrten ins Ausland. Er liebte seine Reisetasche und sprang fröhlich hinein, sobald wir sie für einen nächsten Ausflug flottmachen wollten. Er war gelehrig, wachsam und gehorsam – ein ganzer Hund. Wir liebten ihn und trauerten sehr, als er im Alter von dreizehn Jahren einging.

Ein neuer Modehund hatte Berlin erobert: Der West Highland White Terrier. Auch Hanna-Marie war begeistert von dieser Hunderasse und wünschte sich, sie war schon stark in den Siebzigern, ein solches Tierchen – aber nur direkt vom Züchter! Wir machten also einen Züchter ausfindig und riefen ihn an. Er erzählte uns, dass er gerade einen Wurf habe und uns empfehle, recht bald ein Jungtier auszuwählen und anzuzahlen, um es dann, wenn es so weit wäre, abzuholen. Also fuhren wir nach Braunschweig, suchten uns ein Hundeweibchen aus, das dann ein kleines rosa Seidenschleifchen bekam, damit es später nicht mit seinen Geschwistern verwechselt werden konnte.

Einige Wochen später rief uns der Züchter an und bat uns, »Ypsi« abzuholen. Hanna-Marie war mit dem neuen Hundebaby überglücklich, sie ging mit ihm regelmäßig spazieren und freute sich über seine gelehrige und freundliche Art. Ypsi war beherzt und mutig, nahm es mit jedem Hund auf und kam nur winselnd zu uns, wenn sie einen kleinen Biss abbekommen hatte. Lediglich vor dem Wasser hatte sie Scheu. Sie ging ungern in die Havel, schwamm kaum und kam bald wieder an Land, um sich zu schütteln. Ypsi leistete uns keine zwei Jahre Gesellschaft. Sie starb in meinen Arnen. Unser Tierarzt musste sie von einer unheilbaren Krankheit erlösen.

Die Hauswartfrau unserer Wohnanlage las eine Wochen später ein Inserat eines Berliner Züchterehepaars, das einen Wurf dieser Terrierart anbot, und brachte uns den Ausschnitt. Hanna-Marie war noch nicht über die Trauer um ihren Hund hinweggekommen, da fuhren wir zu dem Züchterpaar. Wir saßen in der »guten Stube«, die Tür ging auf, ein fröhlicher kleiner Hund stürmte herein, und ehe Hanna-Marie es sich versah, war das Hündchen auf ihren Schoß gesprungen. Auf einen solchen herzlichen Empfang war sie nicht vorbereitet. Hier ging es buchstäblich um Liebe auf den ersten Blick. Wir kauften die kleine Hündin, die wir auch Ypsi nannten, da sie die Stelle der ersten Ypsi eingenommen hatte. Ypsi II begleitete uns dann viele Jahre in guten und in schlechten Zeiten. Sie überlebte Hanna-Marie, um dann zu Hanna-Maries Freundin Helene zu kommen, die sie den Rest ihres Lebens fürsorglich betreute.

Einer unserer liebsten Hausgenossen war ein Blaustirn-Papagei, den meine Stieftochter Eva zu der Zeit, als ihr erster Sohn etwa ein Jahr alt war, kaufte und den sie uns, weil sie ihn aus beruflichen Gründen bald nicht mehr versorgen konnte, anbot. Wir übernahmen ihn, und er hat uns mit seinem Wesen fast vierzig Jahre lang viel Freude bereitet. Der Platz seines großen Käfigs war im Speisezimmer und – bei schönem Wetter – auf dem Balkon. Lora begrüßte jeden von uns allmorgendlich mit Strecken seiner schönen tiefroten und dunkelblauen Flügel. Unsere Bemühungen, ihn zum Sprechen zu bringen, waren erfolglos. Er liebte es, im Nacken und am Kehlchen gekrault zu werden, und quittierte kleine Naschereien mit Wohllauten. Nach Hanna-Maries Tod entwickelte sich eine außerordentlich freundschaftliche Beziehung zwischen Edeltraud und dem Papagei. Er wartete jeden Abend auf seine Streicheleinheiten und hatte größtes Vertrauen zu ihr. Er war jederzeit ein wichtiger Teil der Familie. Seine krähigen Rufe fehlen uns sehr. Wir haben ihm ein schattiges Grab in unserem Garten bereitet.

Rechtsanwalt Herbert Siering

In den siebziger Jahren lernte ich Herrn Rechtsanwalt Herbert Siering kennen, der sein Büro in der Kalckreuthstraße in Berlin Schöneberg hatte. Er war mehrmals wegen bestimmter Sprachbücher in meine Buchhandlung gekommen, wo wir dann mit der Zeit ins Gespräch kamen. Sichtlich beeindruckt von der politisch-juristischen Misere, die er hinter meinen Berichten vermutete, bot er mir seinen spontanen und selbstlosen Beistand an, den ich gerne annahm.

Ich brachte Rechtsanwalt Siering meine Unterlagen, die ihn befähigen sollten, die Ursachen der verfahrenen Situation zu ermitteln. Als Erstes knöpfte er sich Herrn Senatsrat Beyer im Schulministerium vor. Später widmete er seine Aufmerksamkeit den Dingen um die Berliner Verleger- und Buchhändlervereinigung. Nach monatelangen Forschungen und ausgiebigem Briefwechsel kam er zu der Erkenntnis, dass die Hürden in einer Einstweiligen Verfügung des Landgerichts Berlin aus dem Jahr 1972 lagen (ich wusste nichts von dem *Missbrauch* durch den Fachverband und die IHK), und die zu meinen Lasten ergangen und sämtlichen Berliner Schulen und Bibliotheken zugespielt worden war.

Nach langen Recherchen lud Herr Siering die Führungsspitze der Berliner Buchhändlervereinigung und mich in sein Büro ein. Im Ergebnis wurde ein sechsseitiges Memorandum aufgesetzt und von allen Anwesenden unterschrieben. Dieses Memorandum stellte die Sachlage und deren Auswirkungen auf mein Unternehmen fest und verpflichtete den Fachverband, meine Eingliederung in das wirtschaftliche und soziale Leben der Bundesrepublik Deutschland zu fördern. Es wurde abschriftlich an alle Berliner und Bundesstellen, mit denen ich in Kontakt stand, mit der Bitte um entsprechende Anwendung gesandt.

Der Aufruf des Fachverbandes konnte den Auftragsboykott nicht beenden, sodass ich noch weitere Jahre von den Behörden ignoriert wurde. Ich hatte das Gefühl, als ob die schulischen und bibliothekarischen Ämter der Bundesrepublik den mir von den Nazis aufgezwungenen Ausschluss aus dem wirtschaftlichen Leben fortsetzten. Mir blieb daher nichts anderes übrig, als weiter die Zähne zusammenzubeißen und mit allen Mitteln um mein Recht zu kämpfen.

Rechtsanwalt Siering hatte, das muss ich deutlich hervorheben, jahrelang viele Arbeitsstunden ehrenamtlich geopfert, viele Briefe geschrieben und ungeheure Überzeugungsarbeit geleistet, um meine gestörten Beziehungen zum Börsenverein des Deutschen Buchhandels und zur Berliner Verleger- und Buchhändlervereinigung wieder auf eine vernünftige und rechtlich korrekte Grundlage zu stellen, was ihm gelungen ist und wofür ich ihm vom Herzen danke. Ohne seine Aktivitäten, gerade auch gegenüber der Senatsschulverwaltung, wären spätere Aufträge zur Lieferung an Berliner Schulen bestimmt nicht erteilt worden.

Mit der Maxim Gorkiy auf Kreuzfahrt

Hanna-Marie hatte immer wieder die Nachrichten über das deutsche Passagierschiff »Hanseatik«, das 1967 in Dienst gestellt wurde, gelesen und den Wunsch geäußert, eine Reise mit diesem Schiff zu unternehmen. Die »Hanseatik« wurde später an eine amerikanische Reederei veräußert, die sie bald an die sowjetische Schwarzmeerflotte weiterverkaufte, von der sie dann auf den Namen des russischen Schriftstellers Maxim Gorki getauft wurde.

Als die »Maxim Gorkiy« dann durch ihre Weltumfahrten von sich Reden machte, bat Hanna-Marie mich, Tickets für eine Kreuzfahrt mit diesem schönen Schiff, das damals »Die weiße Lady« genannt wurde, zu besorgen. Aber dann ereignete sich ein Zwischenfall: Am 19. Juni 1989 fuhr die »Maksim Gorkiy« mit 575 Passagieren an Bord in Spitzbergen in ein Treibeisfeld. Das Schiff schlug leck und begann zu sinken. Das norwegische Küstenwachschiff »Senja« kam zu Hilfe und nahm die teilweise auf Eisschollen ausharrenden Passagiere auf, die mit Flugzeugen zurück nach Deutschland geflogen wurden. Selbst nach diesem Unglück war Hanna Marie nicht von ihrem Wunsch abzubringen. Sie wollte gerne die gleiche Strecke mit der Gorkiy bereisen.

Ich buchte also für die folgende Fahrt von Bremerhaven, über nordschottische Inseln, Island, Spitzbergen, Polarkreis, die Lofoten, Bergen zurück nach Bremerhaven. Wir hatten einen erfahrenen Kapitän an Bord, die ukrainische Mannschaft verwöhnte uns vorbildlich, die Reise ging von Höhepunkt zu Höhepunkt. Hanna-Marie hatte sich durchgesetzt, und wir hatten eine eindrucksvolle Reise hinter uns.

Ein Denkmal für Ruth Herzog

Ruth Herzog trat in mein Leben wie eine hell aufleuchtende und genauso schnell wieder verlöschende Nova am Firmament. Sie wollte ein Buch kaufen, erzählte beiläufig von ihrer Tochter und ihrer Enkelin und auch davon, dass sie während der Verfolgung in einem ähnlichen Versteck wie Anne Frank durchhalten musste. Sie hatte ein Buch geschrieben, das bei Fischer unter dem Titel »Shalom Naomi? Brief an ein Kind« erschienen war. Sie wohnte in Berlin und berichtete von Anfeindungen, denen sie immer wieder wegen ihres Aussehens ausgesetzt war. Nach einiger Zeit teilte sie mir mit, dass sie unheilbar krank sei.

Als ich ihr von meiner Rückkehr aus dem Exil und von den unglaublichen Schwierigkeiten bei der Wiedereingliederung erzählte, bat sie mich, sich für mich einsetzen zu dürfen, um so dem bisschen Leben, das ihr noch beschieden war, einen Sinn zu geben. Hatte sich zu jenem Zeitpunkt Rechtsanwalt Siering um die juristischen Aspekte bemüht, ging Frau Herzog mein Problem nun mit aller ihr zu Verfügung stehenden politischen Überzeugungskraft an, schrieb unzählige Briefe an Journalisten, sprach mit Persönlichkeiten im verlegerischen Kreis und mobilisierte letztendlich auch Organisationen für politisch Verfolgte. Die sich später aus ihren Aktivitäten ergebenden Initiativen der Herren Werner Goldberg vom Bund der Verfolgten des Naziregimes und Dr. Rudolf Georgi vom Vorstand der Berliner Verleger- und Buchhändlervereinigung waren den nicht ermüdenden Aufklärungen und Aufrufen von Ruth Herzog zu verdanken.

Sie verstarb leider, ohne die Früchte ihres Erfolges erleben zu dürfen. Ich bin dieser wunderbaren Frau zu großem Dank verpflichtet.

Robert M. W. Kempner

Rechtsanwalt Dr. Robert M. W. Kempner war jahrelang einer der Weggenossen, die mich moralisch stützten. Herr Dr. Kempner gehörte vor 1933 zum juristischen Stab des Preußischen Innenministeriums. Aufgrund seiner jüdischen Herkunft und wegen »politischer Unzuverlässigkeit« wurde er aus dem Staatsdienst entlassen und 1935 verhaftet. Nach internationalen Protesten wieder freigelassen, konnte er über Italien in die USA fliehen. Er wurde amerikanischer Staatsbürger und von der US-Regierung nach dem Ende des Zweiten Weltkrieges in den Nürnberger Prozessen gegen die Hauptkriegsverbrecher als stellvertretender Hauptankläger eingesetzt.

Dr. Kempner hatte sich später als Rechtsanwalt in Frankfurt am Main niedergelassen. Ich war durch die in New York erscheinende deutschsprachige jüdische Zeitschrift »Aufbau« über seine Aktivitäten informiert. So rief ich ihn eines Tages an und fragte ihn, ob ich ihn in Frankfurt persönlich aufsuchen dürfe. Er bejahte, und so konnte ich mit ihm in seiner Frankfurter Kanzlei ein längeres Gespräch führen.

Kempner kannte einige Berichte von Opfern der NS-Verfolgung, die über ihre mangelnde Berücksichtigung bei der öffentlichen Auftragsvergabe klagten, und war sehr verwundert, dass ich es schließlich doch erreicht hatte, Bestellungen von Berliner Bibliotheken und

Schulen zu bekommen. Er rief seine Sekretärin in sein Büro und sagte: »Sehen Sie sich diesen Mann an: Wenn es je einen Menschen gab, der ein Gespenst mit einem Lasso einfing und es nach Hause brachte, dann ist es dieser Mann! Er hat es wirklich geschafft, einige Aufträge zu bekommen.«

Kempner meinte, dass er es nicht hätte besser machen können. Ich solle den von mir eingeschlagenen Weg weitergehen und dürfe mir nichts gefallen lassen. Er war überzeugt davon, dass ich durch meine Hartnäckigkeit und Energie über kurz oder lang die Lösung meiner Probleme erreichen würde. Als ich ihn später wieder anrief und ihm über weitere Ablehnungen durch Öffentliche Bibliotheken und Schulen berichtete, sagte er: »Hauen Sie denen immer nur eins in die Fresse!« Kempner sandte meine Berichte regelmäßig mit der Bitte um Publikation an die Zeitschrift »Aufbau«. Er gehörte außerdem zu den Menschen, die sich auch vehement für die Rechte früherer Zwangsarbeiter einsetzten.

Ich begleitete seinen Sarg beim Begräbnis in Berlin-Lichterfelde. An seinem Grab sprachen die Justizsenatorin Prof. Dr. Jutta Limbach, Ignatz Bubis, Präsident des Zentralrates der Juden in Deutschland, und Klaus Schütz, früherer Regierender Bürgermeister von Berlin. Herr Dr. Kempner war Teil der über den Krieg hinaus geretteten moralischen Reserve Deutschlands. Ich gedenke seiner in innigster Dankbarkeit.

Pfarrer Reinhold George

In den 1950er-Jahren hatte der Pfarrer der Schöneberger evangelischen Kirchengemeinde »Zum Heilsbronnen«, Superintendent Reinhold George, die Mütter seiner Täuflinge in einem »Jungmütterkreis« organisiert, der sich regelmäßig zum Nachmittagsplausch im Gemeindehaus traf. Hanna-Marie, meine spätere Gattin, gehörte auch zu diesem Kreis. Noch heute, Jahrzehnte später, verbindet mich eine Freundschaft mit dem Ehemann einer früheren »Jungen Mutter« und ihren Töchtern.

Pfarrer George war Sohn des früheren Dompfarrers in Königsberg, wo auch er seine priesterliche Weihe erhalten hatte. Mit den Frauen seines Schöneberger Jungmütterkreises unternahm er jedes Jahr interessante Auslandsreisen. Da ich mich der Gruppe bei einigen Fahrten angeschlossen hatte und somit auch einen sehr lebendigen Kontakt mit Pfarrer George pflegen konnte, hatte sich zwischen uns ein fast freundschaftliches Verhältnis entwickelt, das wir mit gegenseitigem Respekt pflegten. War er in der Kirche eher als konservativ bekannt, zeigte er sich mir gegenüber als liberal und verständnisvoll. Jeglicher missionarische Eifer ging ihm ab. Wir wussten immer, auf welcher Seite der Andere stand, und konnten so auch frei über schwierige Themen miteinander sprechen, ob es um die religiöse Erziehung von Hanna-Maries jüngster Tochter ging oder um seine Sorge um den Erhalt und die Renovierung des Königsberger Doms unter sowjetischer Oberhoheit.

Unvergesslich bleibt mir ein langes Telefonat, in dem ich ihm über meine wirtschaftlichen Schwierigkeiten berichtete. Da er bei unseren verschiedenen Reisen meinen argentinischen Reisepass in die Hand bekommen hatte, fragte er mich beiläufig, ob ich auch einen deutschen Pass hätte. Ich verneinte und berichtete, dass mir die Senats-Innenbehörde die Einbürgerung in die Bundesrepublik Deutschland wegen mehrerer Eintragungen meines Geschäftes im Zentralschuldnerverzeichnis verwehrte. Pfarrer George war über diese Tatsache, die, wie er meinte, meine Würde verletzte und für jeden gerecht denkenden Menschen unerträglich sei, sehr erregt. Er riet mir spontan, darüber nachzudenken, ob ich mich vielleicht an die Europäische Kommission für Menschenrechte wenden sollte, um dort die Gründe meines bislang vereitelten Eingliederungsprozesses zu klären und Abhilfe zu schaffen.

In den achtziger Jahren rief ich den Sekretär der Menschenrechtskommission beim Europarat in Straßburg an, um mich über die zur Verfügung stehenden Beistandsmöglichkeiten zu orientieren. Da zur Eröffnung meiner Klage gegen die Bundesrepublik Deutschland noch der Durchlauf höherer Instanzen bis Karlsruhe notwendig geworden war, riet er mir, Kopien meines Schriftverkehrs mit Berliner und bundesdeutschen Behörden vorab an die Menschenrechtskommission zum vorläufigen Verbleib zu senden, um auf diese Weise meinen Korrespondenzpartnern die Einschaltung der Menschenrechtskommission in mein Rechtsbegehren mitzuteilen. Dies würde, wie er meinte, seine unmittelbare Wirkung sicherlich nicht verfehlen. Dem Beistand des Sekretärs der Menschenrechtskommission verdanke ich, wie später noch zu zeigen sein wird, den Erfolg meiner Bemühungen.

Ungarn

Die reiselustigen, schon recht reif gewordenen jungen Mütter, Pfarrer George, Hanna-Marie und ich (mit meinem Hündchen Carlos) trafen uns beim Heilsbronnen in Schöneberg, um mit einem Bus nach Schönefeld im Ostteil der Stadt zu fahren und von dort mit einer alten sowjetischen Maschine der ungarischen Fluggesellschaft nach Budapest zu fliegen. Knapp vor Budapest entlud sich ein heftiges Gewitter, das uns in große Angst versetzte. Als wir schließlich zwischen Blitz und Donner glücklich landeten, spendeten wir dem Piloten einen dankbaren Applaus.

Unsere Reiseführerin war eine recht gut Deutsch sprechende Ungarin, die während der verschiedenen Überlandfahrten viel von ihrer Familie erzählte und auch von der Großmutter, die sie wöchentlich »besichtigte« (besuchte).

Wir waren am Donauknie in Esztergom, der früheren Hauptstadt Ungarns, besuchten die enorme, mit einer von Franz Liszt komponierten Messe im 19. Jahrhundert eingeweihte Kathedrale und die zum Schutz gegen die immer wieder eindringenden Türken aufgetürmten Verteidigungsmauern. In Esztergom fand vor über 1000 Jahren die Krönung von Stephan I. statt. All dies erzählte uns unsere junge Reiseleiterin anschaulich in allen Details. Eindrucksvoll fand ich das kleine, zwischen Esztergom und Budapest gelegene Städtchen Szentendre, das in den 1920er-Jahren Ort einer Künstlerkolonie war. Heute wird Szentendre von vielen Touristen aus aller Welt besucht.

Die Reiseleiterin wurde nicht müde, uns die vielen Sehenswürdigkeiten von Budapest, dies- und jenseits der Donau, die Brücken und Denkmäler, Gebäude, Inseln und Aussichtsplätze, die Oper und die Cafés zu zeigen. Ein gemeinsames Abendbrot an einer langen Tafel in einem sehr schönen Restaurant ist mir im Gedächtnis geblieben. Auf der anderen Seite des Gastraumes war eine ähnliche Tafel für Gäste aus der DDR aufgebaut worden. Sie durften keinen Kontakt zu uns haben.

Wir machten auch Fahrten ins Landesinnere, zu Thermalbädern, in kleinere Ortschaften und in die Puszta, wo wir ein aus früheren Zeiten erhaltenes Dorf mit all seinen Stallungen, Wohnhäusern, Ziehbrunnen usw. besichtigen (nicht »besuchen«!) konnten. Höhepunkt war ein Abstecher zu einem Lipizzanergestüt, in dem wir ein schwarzes Fohlen, das etwa seit einer Stunde auf der Welt war, sehen durften. Es würde sich später zu einem Schimmel entwickeln, sagte man uns. Ein Wunder der Natur!

Freundliche Mitstreiter

Da ich keinen »großen Bruder« hatte, der mir in den Zweikämpfen gegen meine Widersacher helfen konnte, holte ich einige bedeutende Mitstreiter in mein Boot. Ich versprach mir von der Benennung dieser stillen Zeugen, dass die verschiedenen angeschriebenen Stellen meinen Eingaben doch ein wenig mehr Respekt entgegenbringen würden.

Durch die Zeitschrift »Aufbau« hatte ich erfahren, das die Brandeis University in den USA ein Archiv »Moderne Jüdische Geschichte« angelegt hatte. Seit 1976, dem 12. Jahr nach meiner Geschäftseröffnung, habe ich dieser Universität Kopien sämtlicher Briefe übersandt, die sich aus meinem Kampf um Wiedereingliederung erhalten hatten. Ich machte meine deutschen Korrespondenzpartner auf diese Maßnahme in den meisten Briefen auch aufmerksam.

Mit der Kulturredaktion der »Neuen Zürcher Zeitung« stand ich in ständigem Kontakt. Deren Leiter war sehr an der Entwicklung meiner Berliner Buchhandlung interessiert und für die Übersendung entsprechender Unterlagen stets dankbar. Eingesandte Briefe und Unterlagen sind zwar nie publiziert worden. Jedoch allein das Gefühl, die Begleitung zuverlässiger demokratischer Mitwisser im Rücken zu haben, gab mir zusätzliche moralische Kraft, um durchhalten zu können.

Zu meinen treuesten Kunden gehörte der 1990 verstorbene Bischof Kurt Scharf. Mit ihm verbanden mich viele Gespräche über Geschichtliches und Politik. Er hatte sich bald auch mit den Dingen meines persönlichen Schicksals eingehend beschäftigt und bemühte sich sehr, mir über ein Verlagsbüro der Evangelischen Kirche beizustehen. Seine Anrede »Bruder Winter«, wenn er mit mir sprach, klingt mir unvergessen im Ohr. Ich vermisse ihn sehr.

Dr. Peter Glotz war von 1977 bis 1981 Senator für Wissenschaft und Forschung in Berlin. Obgleich er sich ernsthaft für mich engagierte, konnte er dennoch nicht erreichen, dass ich festen Boden unter die Füße bekam. Auch er ließ nichts unversucht, um die wissenschaftlichen Bibliotheken Berlins zu meinen Gunsten zu beeinflussen, war aber gegen die allgemeine Ablehnung machtlos.

Sehr entgegenkommend verhielten sich zwei Berliner Richter in unterschiedlichen Verfahren. Ein Richter am Amtsgericht Charlottenburg, der mich in einer Inkassoangelegenheit vorgeladen und dem ich von meinen bösen Erfahrungen im Nachkriegsberlin berichtet hatte, riet mir, obwohl er zu keinem juristischen Rat befugt war, mich beim Verwaltungsgericht gegen alle Instanzen, von denen ich mich ungerecht behandelt fühlte, »auf Teufel komm raus« zur Wehr zu setzen. »Verklagen Sie jede Behörde, von der Sie meinen, sie tue Ihnen unrecht. Es kostet Sie nichts. Und je mehr Prozesse Sie führen, umso mehr werden Sie merken, dass Sie Ihrem Ziel näherkommen werden.«

Ich kehrte also in mein Geschäft zurück, kaufte mir unterwegs noch eine Menge Papier und Kohlebogen und fing an zu prozessieren. Ich klagte alle zwölf Bezirke des Landes Berlin (West) wegen Nichterfüllung der mir in ihrem Namen in Buenos Aires gemachten Versprechungen an. Desgleichen ergingen Klagen an die Berliner Forschungs- und Universitätsbibliotheken. Es mögen an die zwanzig simultane Prozesse gewesen sein, die ich ohne anwaltliche Hilfe initiierte.

Die Ernte war kläglich. Inzwischen hatte mir das Bezirksamt Charlottenburg ein Gewerbeuntersagungsverfahren wegen Steuerschulden an den Hals gehängt, gegen das ich mich beim Verwaltungsgericht zur Wehr setzen musste. Ich verlor und ging in Berufung. Vorsitzender Richter war der damalige Präsident des Oberverwaltungsgerichtes, der meinem Anliegen größtes Verständnis entgegenbrachte. Mein Grundsatz seit Beginn meines Kampfes lautete: Erst wird der frühere Zustand wiederhergestellt, dann werden auch Steuern bezahlt – und nicht umgekehrt.

Der Vorsitzende Richter erklärte mir geduldig, dass ihm das Gesetz keine andere Wahl lasse, als dem Ansinnen des Bezirksamtes zu entsprechen, also den Entzug der Gewerbegenehmigung zu verordnen. Er wolle mir aber die Gelegenheit geben, mich mit der Behörde zu einigen, weshalb er die Verhandlung um ein halbes Jahr vertagte. Ich höre noch heute die Worte dieses hohen Richters: »Herr Winter, ich flehe Sie an: Machen Sie Ihren Frieden mit dem Finanzamt.« Es war das erste Mal, dass sich ein Würdenträger im deutschen Rechtsraum mir gegenüber menschlich verhielt: »Ich flehe Sie an!« Er war mein Bruder. Ich durfte ihn nicht enttäuschen.

Gleich am nächsten Morgen ging ich zum Vollstreckungsbüro des Finanzamtes, wo man mir sagte, dass der Vorsitzende Richter telefonisch meinen Besuch angekündigt und dem Finanzamt Entgegenkommen geraten habe. Ich verhandelte mit dem Amt in zwei Sitzungen, erreichte eine akzeptable Zurückstufung der geschätzten Schuldsumme und eine auf lange Frist angelegte Ratenzahlung. Mein Verhältnis zu den Finanzämtern wurde von da an freundlicher. Ich konnte viel Entgegenkommen erzielen. Der Prozess vor dem Oberverwaltungsgericht wurde schließlich niedergeschlagen. Ich konnte meine Ziele weiter aktiv verfolgen.

Über die Rieselfelder

Sonntags waren wir meistens zu siebt: Hanna-Marie und Mutter, Tochter Bettina, Enkel Marian, die Hunde Ali und Rocco (Dackel) und ich. Die beiden älteren Töchter Eva-Marie (Marians Mutter) und Gabriele hatten sich schon längst von der Familie getrennt und lebten ihr eigenes Leben.

Hanna-Maries Mutter lebte erst jahrelang in einer kleinen Wohnung am Holtzendorffplatz in Berlin-Charlottenburg. Sie besuchte uns fast täglich, fuhr trotz ihres Alters von über 80 Jahren allein im Bus zu uns, half Hanna-Marie im Haushalt und nahm ihren Liebling Marian fast jeden Sonntag zu sich mit nach Hause. Das ging so lange gut, bis sie sich eines Tages plötzlich nicht mehr an ihre Bus-Haltestelle und die Nummern der Busse erinnern konnte. Wir nahmen sie dann in der Familie auf. Sie wohnte bei uns, bis sie 99-jährig starb.

Die Arbeit in meiner Buchhandlung und die Auseinandersetzungen mit den Behörden nahmen mich während der Woche voll in Anspruch. An den Wochenenden war ich aber nur für die Familie da. Bei schlechtem Wetter vertrieben wir uns die Zeit mit Gesellschaftsspielen oder hörten Musik. Bei gutem Wetter ging es jedoch meist hinaus, entweder zu den Reitplätzen der Tochter Bettina, die von ihrem Vater ein Pferd geschenkt bekommen hatte, oder in den Grunewald, wo wir von Schildhorn bis zum Schloss Glienicke und zurück wanderten. Wenn das Wetter besonders gut war, holten wir die Fahrräder für Hanna-Marie, Bettina, Marian und mich aus dem Keller. Meist ging es über die stillgelegten Gatower Rieselfelder zum Restaurant »Waldhütte«, wo wir einkehrten und uns über die Forellenspezialitäten hermachten. Auf der Rückfahrt hielten wir an einem Übungsplatz für Modellflugzeuge an, bestaunten die akrobatischen Flüge der kleinen Maschinen und waren überhaupt sehr guter Dinge.

Für unseren Boxer Ali fuhren wir oft ins Hundeauslaufgebiet am Grunewaldsee, wo Ali im Wasser nach Herzenslust toben und schwimmen konnte. Es war schön, an seiner Freude teilzuhaben. Die Ausflüge, das Atmen in der Natur, die kleinen Freuden des Lebens und die verschiedenen Reisen waren das Gegengewicht zu den Strapazen des Berufs. Im Kreis der Familie holte ich mir die notwendigen Kräfte, die mich zum Durchhalten befähigten. Ohne sie hätte ich es nicht geschafft.

Hilfe vom Berufsverband

Die Berliner Verleger- und Buchhändlervereinigung hatte sich wie erwähnt im Oktober 1979 durch eine Abmachung verpflichtet, mir bei der Eingliederung in das wirtschaftliche und soziale Leben der Stadt behilflich zu sein. Da sich auch in den achtziger Jahren im öffentlichen Auftragswesen weiterhin nichts tat, was mich auf Sicherheit für spätere Jahre hoffen lassen konnte, sprach ich mit dem Sekretär des Berufsverbandes, Herrn Detlef Bluhm, und teilte ihm mit, dass mir mein Gesundheitszustand wegen der fortdauernden Misserfolge im geschäftlichen Bereich große Sorgen bereite und dass ich die Befürchtung hegte, nie eine finanzielle Grundlage für meine Altersversorgung zu erreichen.

Herr Bluhm sah von sich aus keine Möglichkeit, mich bei Bibliotheken und Schulen zu empfehlen. Er nahm aber Kontakt mit dem Börsenverein des Deutschen Buchhandels in Frankfurt am Main auf. Mit dem Justitiar des Börsenvereins, der eigens für mein Anliegen nach Berlin kam, führte er Gespräche, die in der Vereinbarung einer gemeinsamen persönlichen Vorsprache beim Direktor des Entschädigungsamtes Berlin mündeten. Die drei Herren analysierten sämtliche Möglichkeiten, die das Bundesentschädigungsgesetz noch für mich bieten könnte, und kamen zu dem Ergebnis, dass nur die Verschlimmerung meines Gesundheitszustandes als Konsequenz der jahrelangen Erniedrigungen anerkannt werden würde, wobei selbstverständlich ein vertrauensärztliches Votum eingeholt werden müsse.

Herr Bluhm lud mich ein und berichtete vom Resultat der Unterredung im Entschädigungsamt. Die Behörde habe ihm versichert, dass sie mich nicht alleinlassen, sondern in späteren Jahren für eine Altersbetreuung sorgen werde. Ich war mit der vorgeschlagenen vertrauensärztlichen Untersuchung einverstanden, stellte dann einen Verschlimmerungsantrag zur Berechnung meiner Gesundheitsschadensrente, dem dann auch in bescheidenem Rahmen entsprochen wurde. Die zerstörte Existenz meiner Familie wurde dadurch natürlich nicht kompensiert. Das Resultat der Aktion linderte jedoch meine Zukunftssorgen.

Es war offensichtlich, dass sich Herr Bluhm bemühte, ein Gegengewicht zu dem vor seiner Amtszeit verübten negativen Verhalten des Berufsverbandes herzustellen. Das ist ihm auf seine Art sehr gut gelungen, und dafür bin ich ihm zu Dank verpflichtet.

Die Ming-Gräber

Selten hat man Pfarrer George so aufgeregt gesehen wie an jenem Abend, als er den Damen seines »Jungmütterkreises«, die damals alle schon über 50 Jahre alt waren, in der Ladenkirche am Viktoria-Luise-Platz erklärte, dass er eine komplette 7-Tage-Reise nach Peking und Umgebung inklusive Flug, Hotel und Verpflegung für 170 Mark buchen könnte, wenn er eine Mindestanzahl von 20 Teilnehmern zusammenbekommen würde. Er bekam sie zusammen.

Wir, eine Gruppe von »jungen Müttern« mit Anhang, Hanna-Marie und ich trafen uns also eines frühen Morgens vor eben dieser Ladenkirche, fuhren in einem Bus nach Schönefeld, stiegen dort in eine 2-Strahlen-Boeing mit chinesischem Personal und starteten nach Moskau. Dort mussten wir warten, bis die Maschine aufgetankt war, und flogen dann über das Uralgebirge und die Mongolei in einem fantastischen Non-Stop-Flug nach Peking, wo wir, nachdem wir uns mit chinesischem Geld versehen hatten, in einem annehmbaren Hotel untergebracht wurden.

Unser Fremdenführer war ein chinesischer Student älteren Semesters mit sehr guten Deutschkenntnissen, der zeitweilig auch in Heidelberg Germanistik studiert hatte. Wir besuchten sukzessive den Kaiserpalast, ein repräsentatives Theatergebäude, das Sommerpalais, ein einfaches chinesisches Gehöft, eine Werkstatt, in der junge Frauen Porzellanfiguren im Akkord bemalten, und fuhren zu dem Hügel mit dem schlafenden Buddha.

Ein weiterer Ausflug bescherte uns die Besichtigung eines Teils der Großen Mauer, deren Einrichtungen von außerordentlichen Architektur- und Ingenieurkenntnissen zeugten, und den Besuch eines Landfriedhofes mit seinen eindrucksvollen Gräbern. Ganz besonders war ich beeindruckt von den Anlagen der etwa 50 km von Peking entfernten Ming-Gräber. Hier hatte man eine unterirdische Nekropole für die letzte Ruhe der Kaiser der Ming-Dynastie gebaut, einen großzügigen Palast aus erlesensten Steinplatten und in bester Steinmetzarbeit. Sie zeugten von einer Kultur des Machbaren, wie wir sie nur staunend zur Kenntnis nehmen konnten. Ein Abstecher ins Zentrum von Peking wurde von den Damen unserer Gruppe am letzten Tag unseres Aufenthaltes genutzt, um in einem Kaufhaus herrliches Seidentuch zu besorgen. Dann ging es zurück in die Heimat, wo wir alle – voll der Kenntnisse über die Lebensart eines fremden Volkes und innerlich stark bewegt – wieder in Berlin landeten.

1984

Als im Jahr 1984, 20 Jahre nach der Rückkehr aus dem Exil und nach der Wiedereröffnung unserer buchhändlerischen Familienexistenz, noch immer kein Land in Sicht war, plante ich eine neue Offensive zur Erreichung des Zieles meiner Eingliederung. Mithilfe loyaler Weggenossen wurden drei wichtige Institutionen simultan mit Material über meinen Fall versorgt: die Menschenrechtskommission beim Europäischen Gerichtshof in Straßburg mit einem detaillierten Memorandum über den gegen mich gerichteten Auftragsboykott durch Berliner Bibliotheken und Schulen; die Bezirksbürgermeister der 12 West-Berliner Verwaltungsbezirke durch ein persönliches Schreiben des 2. Vorsitzenden der Berliner Verleger-und Buchhändlervereinigung, Herrn Dr. Rodolf Georgi; die Senatorin für das Schulwesen in Berlin, Frau

Dr. Hanna-Renate Laurien, durch ein persönliches Schreiben des Herrn Werner Goldberg, Geschäftsführer der Arbeitsgemeinschaft der Vertretungen politisch, rassisch und religiös Verfolgter. Nach einer detaillierten Schilderung der Tatsachen, die sich meiner Eingliederung bisher entgegenstellten, wies Herr Goldberg darauf hin, dass es sich um »ein Politikum ersten Ranges handle und es dem Ansehen Berlins dienlich wäre, wenn von der bisherigen Art der Behandlung dieses Falles abgerückt werden würde«.

Diese Aktion sollte ihre Wirkung nicht verfehlen.

Der Brief an die Menschenrechtskommission hatte folgenden Inhalt:

»Hohe Behörde!
Aufgrund meiner Eingabe vom April 1971 an den Regierenden Bürgermeister von Berlin wegen Nichterfüllung ausdrücklich zugesagter Wiedergutmachungsleistungen, wie sie mir im bundesdeutschen Konsulat in Buenos Aires, Argentinien, zum Zecke meiner Rückkehr aus der Emigration, wohin ich durch NS-Verfolgung flüchten musste, konkret zugesichert worden waren und die u. a. die bevorzugte Einbeziehung meiner Buchhandlung in die öffentliche Auftragsvergabe in der Bundesrepublik Deutschland und in Berlin (West) beinhalteten, hatte sich die Oberste Wiedergutmachungsbehörde des Landes Berlin (Der Senator für Inneres) im Mai 1971 schriftlich

a) an den Senator für Schulwesen in Berlin und

b) an die Bezirksbürgermeister der 12 Berliner Verwaltungsbezirke

gewandt und sie um Einbeziehung meiner Buchhandlung in die Auftragsvergabe des Landes Berlin, speziell zur Beschaffung einschlägiger Schulbücher aufgefordert. Der Jahresetat der etwa 600 Berliner Schulen zur Beschaffung von Lernmitteln zur Übereignung an die Schüler beträgt etwa DM 25 000 000,– (in Worten: fünfundzwanzig Millionen Deutsche Mark), deren Beschaffung über den lokalen Buchhandel zu festen Ladenpreisen abgewickelt wird.

Der o. unter a) benannte Schulsenator sicherte mir im Juni 1971 und zwar nach eingehender Prüfung meiner Situation als ehemals Verfolgter und Entrechteter des Nazistaates das Patronat und die Koordinierung einer zentralisierten Auftragsaktion zum Zwecke meiner Eingliederung in das wirtschaftliche und soziale Leben der Bundesrepublik Deutschland im Sinne des Bundesentschädigungsgesetzes zu.

Bei Gelegenheit einer Routinezusammenkunft der zwölf Berliner Bezirksstadträte für Volksbildung des Landes wurde die Akzeptierung des o. a. Patronats durch die Volksbildungsstadträte durch einstimmige Votierung beschlossen, wie mir dies der Schulsenator schriftlich bestätigte.

Das Landgericht Berlin hat die Existenz des o. a. Patronats untersucht und vollinhaltlich bestätigt.

Die bezirklichen Volksbildungsstadträte haben jedoch unter dem Druck der Industrie- und Handelskammer zu Berlin und der Berliner Verleger- und Buchhändlervereinigung, die wegen des Eingliederungspatronats der Obersten Schulbehörde eine Diffamierungskampagne gegen mich in Berlin starteten, die nur mit den antisemitischen Verbrechen des Nazistaates vergleichbar ist, ihr gegebenes Wort bis zum heutigen Tage nicht gehalten und mich dadurch, da ich mit der Erfüllung der Wiedergutmachungsmaßnahme fest gerechnet hatte, in größte Not gestürzt.

Beweis: Einkommensteuerbescheid
des Finanzamtes Berlin-Charlottenburg vom 14. 12. 1984 (Anlage).

Mein Einkommen 1978 bis 1983 war in all den Jahren ... DM 0.

Die wortbrüchigen Bezirke, die Industrie- und Handelskammer zu Berlin und die Berliner Verleger- und Buchhändlervereinigung haben sich in einer gemeinsamen Verfolgungsfront gegen mich als früheren Verfolgten des Naziregimes zusammengeschlossen und durch ihre gemeinsamen Boykottmaßnahmen die Liefer- und Leistungsfähigkeit meiner Buchhandlung vorsätzlich und willentlich zerstört.

Ich wende mich in meiner großen Not an die Menschenrechtskommission beim Europäischen Gerichtshof und zeige hiermit die Verletzung der Menschenrechte durch den Senat von Berlin und die Bundesregierung, die durch ihren Bundesinnenminister in den letzten Jahren wiederholt Kenntnis von diesen Verletzungen der Menschenrechte genommen hat, ohne entsprechende Abhilfe zu schaffen, an.
Ich bitte um Ihren Beistand, damit ich ein menschenwürdiges Leben nach all den Jahren des Übels und der Not fristen kann.
Ich bitte Sie, die Bundesregierung und den Senat von Berlin mit Dringlichkeit aufzufordern, den nazifaschistischen Boykott gegen meine Buchhandlung sofort einzustellen und, mich betreffend, auf den Boden demokratischer Erfüllung international proklamierter Wiedergutmachungsverpflichtungen zurückzukehren.
Es geht nicht an, dass Behörden des Rechtsstaates meine jetzt 91-jährige Mutter durch ihr Verhalten zwingen, mich und mein Geschäft aus ihrer bescheidenen Altersrente jahrelang zu unterstützen in der Erwartung und in der Hoffnung, dass die mir gegebenen Eingliederungsversprechungen endlich eingelöst werden!
Ablichtungen der vorliegenden Eingabe sende ich mit gleicher Post an nachstehend benannte Adressaten:
Herrn Dr. Dr. h. c. H. Kohl, Bundeskanzler der Bundesrepublik Deutschland, Bonn
Herrn Eberhard Diepgen, Regierender Bürgermeister von Berlin
Frau Dr. Hanna-Renate Laurien, Senatorin für Schulwesen, Jugend und Sport, Berlin
Herrn Horst Kramp, Präsident der Industrie- und Handelskammer zu Berlin
Herrn Werner Goldberg, Geschäftsführer der Arbeitsgemeinschaft der Vertretungen politisch, rassisch und religiös Verfolgter, Berlin, der sich seit Dezember vorigen Jahres ununterbrochen bemüht, eine Lebensgrundlage für mein Geschäft in Berlin zu schaffen, ohne dass sich die Mehrzahl der von ihm angeschriebenen Bezirksbürgermeister politisch und menschlich motiviert fühlt

Herrn Dr. Rudolf Georgi, Vorstandsmitglied der Berliner Verleger- und Buchhändlervereinigung, der ebenfalls – und zwar seit 1979 mit Unterbrechungen – sich sehr darum bemüht, die von einem früheren Vorstand der Vereinigung gegen mich begangenen Verbrechen zu neutralisieren, was jedoch am Widerstand der von ihm bemühten Volksbildungsbehörden (Senator für Schulwesen und Bezirksstellen) scheitert.

Ich gebe der Hoffnung Ausdruck, dass vorliegende Eingabe genügt, um endlich Gerechtigkeit für mich zu schaffen, ohne entsprechende Prozesse und Öffentlichkeitsarbeiten in Gang setzen zu müssen.

Über die Resultate meiner vorliegenden Eingabe werde ich Sie informieren.

Mit vorzüglicher Hochachtung
(gez.) *Berthold Winter*
Buchhändler

Dr. Rudolf Georgi – ein hilfsbereiter Verleger

Zu den aus innerster Überzeugung tätigen Streitern zugunsten meiner wirtschaftlichen Eingliederung gehörte der Verleger Dr. Rudolf Georgi, der mit dieser Aufgabe vom Fachverband betraut worden war. Herr Dr. Georgi war schon im Oktober 1979 an meinen Verhandlungen mit der Berliner Verleger- und Buchhändlervereinigung als deren 2. Vorsitzender beteiligt und daher mit der Materie bestens vertraut. Doch es sollten noch fünf bittere Jahre mit allen wirtschaftlichen und persönlichen Misserfolgen vergehen, bis sich Herr Dr. Georgi neuerlich zu aufklärerischer Aktivität den Behörden gegenüber entschloss.

Der ganze Widerstand gegen mein Geschäft wurde aus Konkurrenzneid, wie mir später der Geschäftsführer des Berufsverbandes, Herr Detlef Bluhm, aufgrund seiner Nachforschungen im Verbandsarchiv berichtete, von einem früheren Schöneberger Buchhändler mit allen Merkmalen eines virulenten Antisemitismus so geschickt in Gang gesetzt, dass ich die Entstehung und den Ablauf der perfiden Leumundsschädigung von mir aus nicht erkennen konnte. Er setzte alle zuständigen Behörden (Schulämter, Schulen, Bibliotheken usw.) ständig unter Druck, drohte u. a. mit Dienstaufsichtsbeschwerden und wachte darüber, dass ich mich in keinem Moment richtig etablieren konnte.

Wie aus dem Schreiben von Herrn Georgi vom 11. September 1984 an die Bürgermeister der Berliner Bezirke ersichtlich, ging es nach wie vor um Maßnahmen, die seit 1972 gegen meine Buchhandlung organisiert und öffentlich inszeniert worden waren und die meine Existenzvernichtung zum Ziel hatten. Ich dokumentiere das Schreiben Georgis hier in Auszügen:

»[...] Durch eine Verkettung von Fehlverhalten bei verschiedenen Verwaltungsstellen. Jedoch auch insbesondere bei der Berufsorganisation, der Berliner Verleger- und Buchhändlervereinigung, sind entsprechende Aufträge der öffentlichen Hände nie in dem notwendigen Ausmaß erteilt worden, um die Existenz der Buchhandlung des Herrn Winter zu sichern. Das Ausbleiben der dem Grunde nach zugesagten öffentlichen Aufträge führte zu ernsten wirtschaftlichen Problemen der Buchhandlung mit zunehmender Verschuldung und in der Folge davon zu Lieferengpässen. In einem verhängnisvollen Regelkreis sahen auftragvergebende Stellen deshalb von Bestellungen ab, obgleich bekannt sein mußte, daß gerade diese Auftragsvergabe zur Existenzsicherung und Sicherung der Lieferfähigkeit notwendig war.

Im Jahre 1972 kam es zu einer prozessualen Auseinandersetzung zwischen den Berufsverband und Herrn Winter. Dieser hatte mit Rundschreiben vom 31. 12. 1971 und 25. 1. 1972 alle Berliner Schulen darauf hingewiesen, daß der Senator für Schulwesen das Patronat über eine Auftragsvergabeaktion zum Zwecke der Eingliederung von Herrn Winter in das wirtschaftliche und soziale Leben der Bundesrepublik übernommen habe. Als dieser Rundbrief der Berufsorganisation bekannt wurde, sah sie darin ein wettbewerbswidriges Verhalten. Die einschlägigen Senatsdienststellen bestritten auf Befragen die Existenz des Partonats, woraufhin die Berufsorganisation eine Einstweilige Verfügung gegen Herrn Winter erreichte. Über diese EV unterrichtete die Berufsorganisation mit Rundschreiben vom 21. 2. 1972 alle Schulleiter und mit Rundschreiben vom 23. 3. 1972 ihre Mitglieder. Im folgenden Hauptverfahren unterlag die Berufsorganisation, da ein entsprechendes Patronat doch ausgesprochen worden war und mit Schreiben des seinerzeitigen Senators für Schulwesen (Ristock) vom 28. 2. 1972 ausdrücklich bestätigt wurde (LG Berlin 16.0.66/72 – Anlage 5). Die Berufsorganisation versäumte es anschließend, die Empfänger der o. a. Rundschreiben über den für sie negativen Prozeßausgang zu informieren. [...]«

Den wenigen Menschen, die mir zur Seite standen, war es letztlich zu verdanken, dass der Behinderung meiner geschäftlichen Tätigkeit als Buchhändler schließlich ein Riegel vorgeschoben wurde.

Ab in die Berge

Hanna-Marie und ihre Töchter waren begeisterte Wintersportlerinnen. Hanna-Marie war in den ersten Jahren unseres Zusammenlebens immer gerne im Hochgebirge zur Skiabfahrt. Mit zunehmendem Alter wurde ihr das jedoch zu beschwerlich und riskant, weshalb sie dann bald zum Langlauf wechselte.

Wir fuhren in den Winterferien mit Bettina regelmäßig in die Alpen, wohin uns meist auch Gabriele für ein paar Tage folgte. Im Laufe der Jahre gesellten sich dann auch die jeweiligen Freunde der beiden Töchter hinzu – und nach Jahren dann auch Bettinas Mann Stéphane, Doktor der Mathematik aus Genf mit Wohnsitz in Zürich.

Ob in Ramsau oder im Tiroler Seefeld, es kam nie Langeweile auf: Sport, gesellige Runden und Schlittenfahrten sorgten für Abwechslung und fröhliche Stunden. Auch die großzügig angelegten Schwimmbäder in beiden Orten wurden gerne von uns besucht. Schöner konnten

Winterurlaube nicht gestaltet werden. Unvergesslich auch die Literatur- und Alpenabende in Ramsau – u. a. mit der Lesung der Weihnachtsgeschichte, die am Dachstein, dem Hausberg von Ramsau, handelt und in »Bergkristall« von Adalbert Stifter beschrieben wurde. Erwähnt seien auch die Kabinenfahrten auf den Berg in Seefeld, wo ein herrlicher Blick über das Gipfel-Panorama des Wettersteingebirges bezauberte.

Übrigens schmeckten die Kaiserbrötchen zum Frühstück in »unserer« Seefelder Familienpension köstlich – wie auch die Erdbeertorte mit »Schlag« und Kaffee am Nachmittag im »Hotel Wetterstein«. Der Blick durch die großen Fenster auf die alpine Schneelandschaft hinter dem Inn und das Seekirchlein im Vordergrund, es war eine Idylle.

Wenn wir ohne weiteren Anhang in Seefeld waren, trafen wir uns oft mit Sissy, der Mutter einer meiner früheren Mitarbeiterinnen. Mit ihrem verstorbenen Mann besaß sie ein Weingut mit Kellerei an der Mosel. Als Witwe zog sie dann nach Garmisch-Partenkirchen in die Nähe ihrer Schwester. Sissy hatte sich durch ihre Tochter mit uns angefreundet und gehörte später zu Hanna-Maries Bridgerunde. Wir besuchten sie gerne in Garmisch. Einige Male kam sie nach Seefeld, wohin es auch ihre Tochter und ihren Schwiegersohn, ebenfalls ein früherer studentischer Mitarbeiter in meiner Buchhandlung, immer wieder hinzog.

In der alpinen Natur der Steiermark und Tirols konnte ich jährlich während der Winterferien – und in Kärnten am Weißensee während der Sommerferien – die Energien, die ich dringend in Berlin brauchte, um dort weiterkämpfen zu können, immer wieder auftanken. Dafür bin ich meiner lieben Hanna-Marie, die im Alter von 86 Jahren von uns gegangen ist, noch im Nachhinein von Herzen dankbar. Ohne ihren Anteil wäre dies alles nicht möglich gewesen.

Die Industrie- und Handelskammer zu Berlin (IHK)

Viele Jahre stand sie bedrohlich im Hintergrund meiner geschäftlichen Aktivitäten: die Handelskammer. Ihre Fäden reichten überall hin, ihre Einflussmöglichkeiten waren schwer zu durchschauen und die Verantwortlichen für ihre Eingriffe fast nie zu ermitteln. Dennoch war der einzelne Kaufmann, wenn er auf einer ihrer Schwarzen Listen stand, ihrer meist unsichtbaren Präsenz gnadenlos ausgeliefert.

Einige Beispiele meiner Erfahrungen mit dieser Institution, der jedes kaufmännische Unternehmen angehören muss, werde ich in den folgenden Passagen schildern.

Ablehnung Aufbaukredit: Über meinen Geschäftsstart im September 1964 hatte ich schon berichtet. Der zuständige Kreditsachbearbeiter der Berliner Sparkasse hatte meinen Entwurf zur Wiedereröffnung unserer Berliner Buchhandlung geprüft und mich darauf hingewiesen, dass ein Existenzdarlehen aus dem Marshallplan, das er für das Beste in meinem Falle hielt, auch das Votum der Industrie- und Handelskammer benötigte. Er stellte mir anheim, mich bei der IHK zum Zwecke eines Gesprächs anzumelden. Ich suchte den zuständigen Mitarbeiter auf, der noch weitere Fragen zu meinem Entwurf stellte. Einige Wochen später bekam ich den Besuch meines Sachbearbeiters der Sparkasse, der mir berichtete, dass mein Darlehensantrag am Veto der IHK gescheitert war. Eine Wiederaufnahme des Verfahrens sei leider nicht möglich. Die Sparkasse hatte mir geraten, einen fünfjährigen Mietvertrag für meine Geschäftsräume abzuschließen, den zu erfüllen nun kaum mehr möglich war.

Eine falsche Bescheinigung: Auf Bitten des Vorstehers der Jüdischen Gemeinde zu Berlin lud mich der Vizepräsident der IHK ein, um mit mir die Beistandsmöglichkeiten seiner Institution zu besprechen. Resultat dieses Meinungsaustausches war das Angebot der IHK, mir eine Bescheinigung auszustellen, aus der mein Anspruch auf bevorzugte Berücksichtigung bei der öffentlichen Auftragsvergabe ersichtlich sei. Ich machte jahrelang Gebrauch von diesem Dokument, meist ohne Erfolg. Bis ich herausbekam, dass meine Kundschaft (Bibliotheken und Schulen) hinter meinem Rücken von der IHK darüber informiert worden war, dass die Berücksichtigungsklausel bei mir nicht anwendbar sei.

Leumundsschädigung: Als mir der zuständige Abteilungsleiter des Schulsenators den Vorschlag eines Eingliederungspatronats seiner Behörde machte, stimmte ich den Text meines anschließenden

Rundbriefes an die ca. 600 Schulen mit ihm ab. Der Rundbrief rief die IHK auf den Plan, die dann hinsichtlich des Wahrheitsgehaltes meines Schreibens ein telefonisches Dementi des Schulsenators bekam. Diese einseitige Information – ich wurde nicht gefragt – reichte der IHK, den Buchhandelsverband gegen mich aufzuwiegeln. Aus dieser Situation folgte die gegen mich erlassene Einstweilige Verfügung des Landgerichts, die dann vom Fachverband hinter meinem Rücken allen Schulen zur Kenntnis gebracht wurde. Nachdem das Landgericht in der Hauptsache danach jedoch die Wahrheit meines Rundbriefes an die Schulen festgestellt hatte, unterließ es die IHK, den Fachverband auf Berichtigung des versandten Dementis zu drängen, und machte sich damit an der öffentlichen Leumundsschädigung mitschuldig. Die IHK, deren Mitglied ich war, hatte mich in keinem Moment über die gegen mich gerichtete Aktion informiert und somit stillschweigend die Rufschädigung durch den Fachverband toleriert.

So konnte es kommen, dass ich jahrelang vom öffentlichen Auftragswesen ausgeschlossen wurde, ohne dass ich die Gründe des Boykotts auch nur erahnen konnte. Ich ging immer davon aus, dass die Nichtbeteiligung meiner Buchhandlung am öffentlichen Auftragswesen in antisemitischen Ressentiments begründet war. Erst die Untersuchung des Rechtsanwalts Siering, der meine Akte beim Schulsenator akribisch unter die Lupe nahm, konnte dann Klarheit bezüglich der Fakten schaffen und die verantwortlichen Institutionen, IHK und Fachverband, benennen.

»Linguaphone« im KaDeWe: Der englische Sprach-und Medienverlag »Linguaphone« war in Hamburg von einer Lizenzfirma vertreten, die mich mit Platten- und Tonbandkursen zum Erlernen von Fremdsprachen belieferte. Die Hamburger Vertretung organisierte eines Tages eine Linguaphone-Woche in meiner Fremdsprachenbuchhandlung. In einem unserer Fachgespräche meinten meine Hamburger Kollegen, dass sie es gerne sehen würden, wenn ein Linguaphone-Stand in der Buchabteilung des Kaufhauses KaDeWe für ihr Produkt werben könnte. Ich bot mich an, mit dem Leiter der Buchabteilung Kontakt aufzunehmen. Ich hatte mich schon früher dem Chef der Buchabteilung als Sohn eines seiner Vorgänger vorgestellt, und wir pflegten kollegialen Kontakt. Kunden, die er hinsichtlich fremdsprachlicher Wünsche nicht bedienen konnte, weil sie nicht in das Verkaufsprogramm seiner Abteilung passten, wurden schon seit geraumer Zeit regelmäßig von ihm an meine Buchhandlung verwiesen. Bei unserem Gespräch über die Einrichtung eines von mir zu betreuenden Linguaphone-Verkaufsstandes in seiner Abteilung wurden wir uns bald einig. Die Verkäufe sollten über seine Kasse gehen und dann – unter Abzug einer Provision für seine Abteilung – mit mir abgerechnet werden.

Bei einem Routinebesuch des Außenbeauftragten der IHK am gleichen Tag berichtete ich freudig von meinem Abkommen mit dem KaDeWe. Am nächsten Tag rief mich der Leiter der KaDeWe-Buchabteilung sehr aufgeregt an. Die Verwaltung des KaDeWe, die in Frankfurt am Main ihren Sitz hatte und der er bislang von unserem Abkommen nichts berichtete, habe ihn heute überraschend angerufen und ihm untersagt, mit mir geschäftliche Dinge abzuwickeln, da der Geschäftsleitung schlechte Auskünfte über mich zugespielt worden seien. Auch hier hatte die IHK ihre Hand im Spiel.

Bücher für Gastarbeiter: In der Direktwerbung für meine Sprachenbuchhandlung sandte ich auch Angebote für Fremdsprachenkurse und -lektüre an Botschaften und Konsulate, deren Adressen ich den verschiedenen Telefonbüchern entnehmen konnte. Eines Tages besuchte mich der Sekretär des jugoslawischen Konsuls in Berlin, der mir berichtete, dass Freunde des Konsuls den Vertrieb jugoslawischer Bücher innehatten, weshalb er mich zu einem Besuch in seinen Amtsräumen einlud, um einen Kontakt zwischen mir und seinen Freunden anzubahnen. Ich traf mich wenig später mit dem Konsul in seinem Amtssitz in Dahlem. Wir besprachen, dass ich nach Zagreb fliegen sollte, um mit seinen Freunden vor Ort über die Modalitäten einer Belieferung meiner Buchhandlung mit jugoslawischen Büchern zu verhandeln. Zielgruppe waren natürlich die in Berlin ansässigen jugoslawischen Gastarbeiter. Meine Reise nach Zagreb war ein voller Erfolg: Die Herren zeigten mir die Lagerräume mit der Buchproduktion vieler jugoslawischer Verlage. Wir stellten Listen zusammen über

Art und Mengen der benötigten Bücher, aufgeteilt in Belletristik, Geschichte, Naturwissenschaft, Lexika, Kinderbücher für verschiedene Altersgruppen, Ratgeber für Familie und Kindererziehung etc. Auch über die Zahlungsmodalitäten waren wir uns einig: Die Grundausstattung wurde mir leihweise zur Verfügung gestellt, Versandkosten gingen zulasten des jugoslawischen Vertriebs, Nachbestellungen erfolgten gegen Rechnung. Nach Berlin zurückgekehrt, besorgte ich Regale, die ich im Gang zwischen Küche und Laden und teilweise im Keller aufstellte, um von Anfang an ein geordnetes Lager einrichten zu können.

Nachdem die ersten Pakete angekommen und die Bücher einsortiert worden waren, teilte ich den in Berlin erscheinenden Zeitungen die Einrichtung einer Abteilung mit Literatur für jugoslawische Gastarbeiter in meiner Buchhandlung mit. Die »Berliner Morgenpost« sandte eine Journalistin und einen Pressefotografen in mein Geschäft. Das Interview und das Foto erschienen in der nächsten Ausgabe. Zwei, drei Tage später kam der Sekretär des jugoslawischen Konsuls voller Zorn in meine Buchhandlung: Die IHK habe mein Interview in der »Morgenpost« gelesen und den Konsul angerufen, um ihn darüber aufzuklären, dass ich nicht das Vertrauen der IHK genieße. Man habe ihn davor gewarnt, Geschäfte mit mir zu tätigen.

Der Herr Sekretär forderte mich daher im Namen seines Konsuls auf, sämtliche Bücher, die ich aus Zagreb bekommen hatte, sofort zur Rücksendung zusammenzupacken. Ich ließ mich aber nicht einschüchtern und bestand auf Erfüllung der Vereinbarungen, da ich mir als Kaufmann nichts vorzuwerfen hätte. In diesem Sinne schrieb ich auch nach Zagreb. Da nun aber auch von dort die Vereinbarungen für null und nichtig erklärt wurden, stellte ich den Klageweg hinsichtlich der gelieferten Bücher anheim, die ich als Pfand für weitere Erfüllung einbehielt. Ich selbst nahm von einer Klage Abstand, da ich mir zum einen den Prozess nicht leisten konnte und zum anderen kein Vertrauen in die Rechtsstaatlichkeit Jugoslawiens hatte. Auch in dieser geschäftlich vielversprechenden Angelegenheit wurde ich Opfer der von der IHK getroffenen Maßnahmen.

Da die Leitung der IHK nicht auf meine Eingabe an die Menschenrechtskommission beim Europäischen Gerichtshof reagiert hatte, setzte ich sie einem wahren Trommelfeuer von Anträgen auf Gehör aus. Am 21. Dezember 1984 unterbreitete ich zudem einen letzten, wie mir schien, vernünftigen Vorschlag zur Bereinigung der verfahrenen Situation.

Am 22. Februar 1985 schrieb mir dann Herr Rudolf Georgi, der einen regen Kontakt zur IHK in meiner Sache pflegte, einen Brief u. a. mit folgenden Zeilen: »Die Industrie- und Handelskammer zu Berlin hat sich durch ihr Präsidium in Ihre Angelegenheit eingeschaltet, um einen Besprechungstermin für mich in Ihrer Angelegenheit bei dem Senator für Schulwesen zu erreichen.«

Am 26. Februar wandte sich Herr Georgi mit deutlichen Worten, die ich hier in Auszügen anführe, an die IHK:

»Daß auch die mir gegenüber und Herrn Winter gegenüber erklärte Bereitschaft zur Auftragsvergabe durch die einzelnen Bezirksbürgermeister nicht einmal das Papier wert ist, auf dem diese geschrieben werden, geht aus der in der Anlage beigefügten Kopie der Korrespondenz vom heutigen Tage mit dem Bezirksbürgermeister von Schöneberg hervor. Ich empfinde es schon als einen außerordentlichen politischen Skandal, wenn der Bezirksbürgermeister mir gegenüber erklärt, daß die einzelnen Schulen für die Auftragsvergabe zuständig sind, Herr Winter sich dann an diese Schulen wendet, fünf Monate lang keinen Auftrag erhält, stattdessen dann aber ein Schreiben einer Schule bei ihm eingeht nach dem nicht die Schulen sondern der Bezirk Auftraggeber ist.

Daß Herr Winter, wenn er derart behandelt wird, wie ein Amokläufer reagieren muß, scheint mir gedanklich ohne weiteres nachvollziehbar zu sein.«

Es war klar, dass die IHK nicht über praktische Mittel wirtschaftlicher Art verfügte, sie daher meine Angelegenheit zur Normalisierung meiner Situation lieber dem Schulsenator als der Instanz, die eher Abhilfe schaffen konnte, übertrug. Sie überließ es also Frau Dr. Laurien die für mich negativen Interventionen der Kammer, ihrer eigenen Behörde und der Bezirke auszubaden. Die Beharrlichkeit, der Mut und die Wahrheitsliebe, mit der jedenfalls meine Mitstreiter und ich mein Eingliederungsanliegen vorantrieben, fingen an, Früchte zu tragen.

Israel

Das Flugzeug der »EL AL« stand im Frankfurter Flughafen, stark bewacht und abseits vom allgemeinen Flugzeugtrubel. Es sollte Pfarrer George, seine »Jungmütter«, Hanna-Marie, den Chihuahua Carlos und mich nach Tel Aviv zu einer Pilgerfahrt nach Jerusalem bringen, gekoppelt mit einer Rundfahrt durch Israel. Der kleine Chihuahua (Aussprache: Tschiwawa) war mein ständiger Reisebegleiter geworden, und so schaffte ich es nach Absprache mit Pfarrer George und durch entsprechende Genehmigungen der »El AL« und der israelischen Grenzbehörden, ihn auch auf diese Reise mitzunehmen. Unser erstes Quartier befand sich im arabischen Gebiet außerhalb der Mauern Jerusalems. Ich spürte dort zwar erst eine Aversion gegen die Präsenz des Hundes im Hotel; ein kleines »Geschenk« beim Hotelmanager half aber, aufkommende Wogen zu glätten, und Carlos' Charme tat ein Übriges.

Wir wurden mit herrlichen Eindrücken gefüttert, weshalb diese Fahrt zu den schönsten Reisen gehört, die ich je unternommen habe. Am Tag nach unserer Ankunft konnten wir vom Hotel aus einen Schäfer mit seinen Schafen vor der Mauer Jerusalems bei der Versteigerung seiner Tiere beobachten. Man fühlte sich dabei, als wäre die Zeit hier stehen geblieben, als sähen wir eine Szene, wie sie vor vielen Jahrhunderten in ihrer Art immer die gleiche war: Schafmarkt vor den Toren der Altstadt, ungestört von Technik und Verkehr, nur Mensch, Tier und Natur im Gleichklang. Und natürlich der Handschlag zum Besiegeln des Geschäfts.

Nach einem Spaziergang zum Damaskustor und durch den Basar fuhren wir nach Bethlehem. Der Besichtigung der Geburtskirche, in deren Inneres man durch einen sehr niedrigen Eingangsspalt kam, folgte der Besuch bei Pfarrer Naim Nassar in der Evangelischen Kirche, wo man uns ein sehr herzliches Willkommen mit Kaffee und Kuchen bereitete, war doch die Bethlehemgemeinde eine Partnergemeinde von Pfarrer Georges Heilsbronnen.

Sehr beeindruckend war etwa zwei Tage später die Inthronisierung Pfarrer Nassars zum Bischof von Jordanien in der Jerusalemer Erlöser-Kirche in Anwesenheit koptischer, armenischer, orthodoxer und evangelischer Würdenträger, wobei die Zeremonie von Gesängen des Berliner Domchors begleitet wurde. Ein Greifswalder Bischof hielt die Predigt. Der Berliner Bethlehem-Verein hatte dem neuen Bischof den Stab gespendet, der diesem später leider gestohlen wurde, weshalb der Verein einen zweiten Stab besorgte, der ihm dann bei seinem Besuch in Berlin feierlich übergeben wurde.

Wir, Hanna-Marie und ich, nahmen uns einen Tag frei und besuchten meinen Cousin Uri Schalgi und dessen Familie bei Tel Aviv. Uri war mit seinen Eltern vor den Nazis aus Karlsbad in einer dramatischen Überfahrt in das damalige Palästina geflohen, hatte sich dem Widerstand gegen die britische Verwaltung angeschlossen und war später während des Sechs-Tage-Krieges im Generalstab des damaligen Oberbefehlshabers Moshe Dayan. Er gründete einen Verlag, den er bis heute leitet.

Uri und ich, die beiden letzten Überlebenden des europäischen Stammes der Familie Winter, hielten und halten seit Jahren guten Kontakt. Uri und Chaja trafen sich mit uns jeweils zur Buchmesse in Frankfurt und sporadisch auch in Berlin.

Mit unserer Pilgergruppe fuhren wir auch zum Toten Meer, ließen uns dort auf dem Wasser schaukeln, besuchten die Überbleibsel von Jericho und besichtigten Masada, das tragische Felsplateau, Symbol des jüdischen Widerstandes gegen die römische Herrschaft. Unsere Fahrt in die Wüste beinhaltete ein interessantes Tierreservat, den Besuch in Eilat mit seinen Edelstein verarbeitenden Werkstätten, die Minen des Königs Salomon und im Negev das bescheidene Wohnhäuschen David Ben-Gurions.

Als wir mitten in der Wüste an der Universität von Beer Sheva haltmachten, hörten wir plötzlich Musik in der Nähe. Wir gingen zwischen den Gebäuden auf einen Rasen zu, auf dem einige Dutzend Studentinnen und Studenten hockten, standen und lagen. Sie lauschten den herrlichen Tönen der Dritten Leonoren-Ouvertüre von Beethoven, »live« gespielt vom Philharmonischen Orchester Israels, das aus Tel Aviv extra zu den Studenten in die Wüste gekommen war, um ihnen den Zauber der Musik nahezubringen. Ein einmaliges Erlebnis.

Werner Goldberg

Als Mitglied des Bundes der Verfolgten des Naziregimes pflegte ich Kontakte mit dessen Vorsitzenden Werner Goldberg, den ich sukzessive über meine geschäftliche Situation aufklärte. Ich hatte ihn in früheren Jahren einige Male in seinem Büro im Funkhaus Masurenallee besucht. Meine persönlichen und telefonischen Kontakte mit ihm hatten neben meinen Problemen auch Gespräche über das Tagesgeschehen zum Inhalt. Werner Goldberg versuchte in immer wieder neuen Anläufen, für die Schaffung von Grundlagen zugunsten meiner Existenz zu werben, wobei seine Eingabe vom 27. November 1984 an die damalige Berliner Schulsenatorin Frau Dr. Laurien mit Sicherheit der entscheidendste Schritt aller Bemühungen war. Mit absoluter Transparenz skizzierte er in diesem Memorandum meine verschiedenen Lebensstationen und die negative Einstellung der öffentlichen Hände, wie ich sie nach meiner Rückkehr erlebt habe. Herr Goldberg pochte darauf, dass die Senatorin die weitere Bearbeitung meines Anliegens nicht etwa an Verwaltungsbeamte delegieren, sondern die Sache als Politikerin selbst in die Hand nehmen sollte. Im Folgenden dokumentierte ich sein Memorandum auszugsweise im Wortlaut:

»[…] Ich betone dabei ausdrücklich, daß es sich nicht etwa darum handeln kann, Herrn Winter eine besondere Begünstigung zuteil werden zulassen, sondern Mittel und Wege zu finden, um seine bisherige Nichtbeteiligung an der öffentlichen Auftragsvergabe aufzuheben. Es müßte doch wohl gelingen, ihn als einen Rückkehrer aus der Emigration in Berlin wieder voll in das wirtschaftliche und soziale Leben einzugliedern. Die Bemühungen darum sind im Jahre 1972 [...] durch eine von der Berliner Verleger- und Buchhändlervereinigung erreichte gerichtliche einstweilige Verfügung gegen Herrn Winter abrupt gestoppt worden. Dem lag der Verdacht zugrunde, Herr Winter habe sich des unlauteren Wettbewerbs schuldig gemacht. In dem sich anschließenden Verfahren stellte das Gericht jedoch fest, daß diese Behauptung unzutreffend war, so daß Herr Winter diesen Prozeß gewann. Allerdings wurde diese Tatsache nicht in der gleichen Art publiziert, wie das durch Rundschreiben mit der vorangegangenen einstweiligen Verfügung geschehen war. So kam es, daß es bis auf den heutigen Tag nicht mehr gelang, den damals hervorgerufenen negativen Eindruck – der offenbar auch aktenkundig geworden ist – wieder auszuräumen. [...]

Nun hat sich Herr Dr. Georgi, Vorstandsmitglied der Verleger- und Buchhändlervereinigung, erneut um eine Unterstützung des Herrn Winter bemüht. Er hat erkannt, daß die seinerzeit durch die von ihm jetzt vertretene Vereinigung getroffenen Maßnahmen gegen Herrn Winter ursächlich für den praktisch erfolgten Ausschluß des Herrn Winter von wirksamer Eingliederungshilfe gewesen sind. Dankenswerterweise versucht er daher, dieses Herrn Winter erneut zugefügte Unrecht wieder gutmachen zu helfen. [...]

Da ich die Überzeugung gewonnen habe, daß auch die Verwaltung für die Sie inzwischen Verantwortung übernommen haben, seinerzeit in dieser Angelegenheit sehr unglücklich verfahren ist, bitte ich Sie darum, Ihren Einfluß geltend zu machen, daß eine wirksame Eingliederung durch Vergabe öffentlicher Aufträge an Herrn Winter doch noch zustande kommt. [...]

Gestatten Sie mir abschließend noch die Anmerkung, daß ich diesen Fall nicht nur als einen solchen der Verwaltungsbürokratie ansehe; gerade die gemachten Erfahrungen lassen erkennen, daß man ihn keinesfalls der Bürokratie überlassen darf. Ich halte es nicht für zu hoch geschraubt, wenn ich sage, daß es sich um ein Politikum ersten Ranges handelt und es dem Ansehen Berlins dienlich wäre, wenn von der bisherigen Art der Behandlung dieses Falles abgerückt werden würde.«

Zwar gab es nicht sofort ein Ergebnis auf dieses Schreiben – das Heranreifen der notwendigen Entscheidung bei den Verantwortlichen sollte noch Monate dauern. Die dann aber getroffene Vereinbarung von Frau Dr. Laurien mit den bezirklichen Volksbildungsstadträten unter Einbeziehung von Herrn Dr. Rudolf Georgi war offensichtlich der Logik und Überzeugungskraft des Goldbergschen Memorandums zu verdanken. Ohne dieses Fanal, gepaart mit den vorangegangenen Aufrufen von Ruth Herzog, den außerordentlichen Bemühungen des Herrn Georgi, der Einsicht von Frau Dr. Laurien und den auf Jahre verteilten Anstrengungen aller anderen Gerechten hätte sich eine positive Wende bestimmt nie ergeben.

Sigurd Hauff

Schon einige Monate nach dem Schreiben des Herrn Goldberg vom November 1984 an die Schulsenatorin konnte ich eine Lockerung des absoluten Auftragsboykotts feststellen. Dies kam im Februar 1985 durch eine Mitteilung von Herrn Dr. Georgi, dessen Vorsprache bei Frau Dr. Laurien bislang strikt abgelehnt worden war, über eine dann doch positive Intervention der IHK beim Schulsenator zum Ausdruck. Ich selbst beteiligte mich damals an Ausschreibungen der Bezirke zur Belieferung mit Schulbüchern, um jeden eventuellen Vorwand zum Boykott zu neutralisieren, und erntete anfänglich sporadische Erfolge. Eine entsprechende Mitteilung des Bezirksamtes Charlottenburg vom Oktober 1985 war ein erstes Zeugnis des amtlichen Umdenkens – 20 Jahre nach Geschäftseröffnung. Wie mir der Spandauer Volksbildungsstadtrat Herr Sigurd Hauff später bestätigte, wurde im Mai 1987 im Hause der Schulsenatorin von den Berliner Volksbildungsstadträten unter der persönlichen Beratung des Herrn Dr. Georgi definitiv beschlossen, mir jährlich mit einem Auftragsvolumen von mindestens 200 000,- DM beizustehen. Als Treuhänder für die effektive Durchführung des Beschlusses bot sich Herr Hauff an, der mich in den kommenden vier bis fünf Jahren regelmäßig in meiner Buchhandlung besuchte, um sich ein Bild von der Einhaltung der Zusage und von meiner Lieferfähigkeit zu machen.

Sigurd Hauff, Jahrgang 1935, war ein angenehmer Gesprächspartner, der durch sein Wissen und sein freundliches Wesen bestach. Er wurde später zum Bezirksbürgermeister von Berlin-Spandau gewählt. Seine Aufgabe als Treuhänder meiner Eingliederung nahm er ernst, wofür ich ihm sehr dankbar bin.

Es war mir gelungen, den Einkauf über Zessionskredite zu finanzieren, sodass für die Lieferungen kein Hindernis mehr bestand. Aus dem Gewinn meiner Verkäufe konnte ich mich allmählich entschulden und gewisse Rücklagen bilden, wie ich sie bisher noch nie gekannt hatte. Auch meine Lieferantenkonten wurden entsperrt, und so blühte meine Sprachenbuchhandlung auf. Neben der Nachfrage von Sprachlehrenden und -lernenden konnte ich jetzt auch auf die Wünsche verschiedener Institutionen nach fremdsprachiger Literatur eingehen, wie zum Beispiel der Werkbüchereien, Stadtbibliotheken, Krankenhaus- und Gefängnisbibliotheken, Seemannsmissionen und anderen. Meine generelle Liefer- und Leistungsfähigkeit war wiederhergestellt.

Und plötzlich war ich irgendwie eingegliedert. Fast gänzlich frei von Schulden und ausgestattet mit Bundes- und Landesrenten, konnte ich mich bald mehr meinen privaten Dingen widmen. Ein gutes Buch, ab und zu einen Besuch in der Oper oder im Konzerthaus, einen Ausflug in die schöne Berliner Umgebung mit Hanna-Marie und Bettina und vieles andere konnte ich nun nahezu sorgenfrei genießen. Ich fing an, mich vom Druck des Materiellen – speziell der Schuldenakrobatik – und von der großen psychologischen Last der politisch-sozialen Emotionen zu befreien.

Pazifik

Wir hatten allen Grund, guter Dinge zu sein, auch weil Erträge aus Hanna-Maries Erbe wieder schöne Überlegungen erlaubten. Diese gingen gemeinsam in Richtung Reise. Die »Maxim Gorki« war auf Weltfahrt und lud auf eine Teilstrecke zwischen Kanada und der Karibik ein. Wir buchten, und ab ging es per 11-Stunden-Flug nach Vancouver, wo das Schiff auf uns wartete.

Vancouver, eine schmucke Großstadt, zeigte sich von der besten Seite mit herrlichen Parks, breiten Alleen und einem imposanten chinesischen Bezirk. Wir fuhren entlang der amerikanischen Westküste nach San Francisco, eine Stadt, die schon immer ein Ort meiner Sehnsüchte gewesen war. Und ich war nicht enttäuscht. Wir genossen die freundliche Art der Bewohner, die Fahrten mit der Kabelbahn, die Victorianischen Häuschen, die Seehundkolonie im Hafen, den Besuch am Fuß der berühmten »Golden Gate Bridge« und einen Blick auf das in der Bucht liegende Alcatraz.

Weiter ging es nach Los Angeles, wo wir eine enorme Ansammlung hässlicher Bezirke wahrnahmen. Dass Erdölpumpen sogar in den Vorgärten standen, hatte ich noch nie gesehen. Natürlich gab es auch einen Abstecher zu den großen Kinos und den auf dem Pflaster des Gehweges angelegten Erinnerungssternen der Hollywood-Größen. Die Stadtverwaltung von LA sah von einer Verewigung meiner Hand- und Fußabdrücke im frischen Beton ab, was ich als Wohltat empfand.

Die »Maxim Gorki« fuhr weiter nach Acapulco (Mexiko), ein freundliches Städtchen mit der Touristenattraktion der waghalsigen Springer in der berühmten Felsenbucht. Bei schönstem Wetter machten wir einen Strandausflug. Zu unserer Gruppe gesellte sich ein mexikanischer Gitarrenspieler, der Hanna-Marie und mich zu einem kleinen Süßwassersee neben dem Strand begleitete. Hanna-Marie, eine ausgezeichnete Schwimmerin, ließ es sich nicht nehmen, in diesem Wasser Kühlung zu suchen. Sie schwamm etwa zwanzig Meter, als sie plötzlich von Unterwasserpflanzen, die sich an ihren Beinen verfangen hatten, in ihren Bewegungen gehemmt wurde. Sie rief um

Hilfe. Wir, der Mexikaner und ich, konnten sie aus ihrer misslichen Lage befreien.

Weiter ging es nach Guatemala, wo wir einen Busausflug nach Antigua, ein Städtchen im Landesinnern, machten. Dort konnten wir die Reste einer riesigen, durch ein Erdbeben im 18. Jahrhundert zerstörten Kathedrale besichtigen. Die Überbleibsel der etwa drei Meter dicken Mauern und einiger Säulen und Bögen zeugten von einer ehemals herrlichen Kirche, die zu ihrer Zeit das religiöse Zentrum des gesamten mittelamerikanischen Raumes gewesen war.

In einem Hafen an der Pazifikküste von Costa Rica angekommen, wurden die Passagiere der »Maxim Gorki« auf ein seetüchtiges Ausflugsboot umgeschifft, das sie nach einer etwa dreiviertelstündigen Fahrt zu einem Strand brachte, an dessen Rand Bänke und Tische, ein Kiosk und ein WC standen. In den Sand dieses Strandes legten verschiedene Meeresschildkrötenarten ihre Eier zu unterschiedlichen Zeiten ab, die sie von der Sonnenhitze dort ausbrüten ließen. Die Brut schlüpfte dann jeweils gleichzeitig. Die Tierchen befreiten sich vom Ei und krabbelten dann zielbewusst zum Meer, wo sie vollkommen selbstständig davonschwammen. Während ihres kurzen Marsches durch den Strand waren sie jedoch den gierigen Blicken von Raubvögeln ausgesetzt, die in Scharen über dem Arial in Erwartung ihrer Beute segelten. Deshalb verhalfen Touristen, für die im Nationalpark Hotels gebaut worden waren, und viele Freiwillige den Schildkrötchen immer schnellstens zur Freiheit ins Meer.

Auf der Fahrt vom Hafen zum Schildkrötenstrand und zurück spielte eine kleine einheimische Band auf dem Vorschiff zum Tanz auf, was uns sehr erfreute. Der Ausflug bekam eine fröhliche und gesellige Note.

Bei der abendlichen Ankunft am Panama-Kanal gab es eine Durchsage an Bord, die uns zunächst etwas in Angst versetzte: »Nehmen Sie beim Landgang keinen Schmuck und so wenig Bargeld wie nur möglich mit. Gehen Sie nie allein von Bord und meiden Sie Spaziergänge nach 23 Uhr.« Es ist aber glücklicherweise nichts passiert. Fliegende Händler hatten ihre Verkaufsbuden am Pier aufgeschlagen und boten ihre Waren, gehäkelte Decken, Andenken und andere Touristenattraktionen im Lichte der Scheinwerfer feil. Am nächsten Morgen konnten wir die spannende Durchfahrt durch die Kanalschleusen beobachten: Unser Schiff wurde vom Stillen Ozean über eine Landerhöhung in den Atlantik gehoben, wobei kleine Zahnradloks bei den Bewegungen des Schiffes behilflich waren. Ein eindrucksvolles Wunder der Technik.

Wir hatten nun die Karibik erreicht. Unser erster Hafen dort war das kolumbianische Cartagena, benannt nach dem spanischen Cartagena – diese Stadt wiederum nach dem alt-ehrwürdigen Karthago, der semitisch-phönizischen Großstadt des Altertums auf dem Boden des jetzigen Tunesien. Dieses südamerikanische Cartagena war in der Vergangenheit der wichtigste Umschlaghafen des spanischen Reiches und – wegen der in seinen Magazinen angehäuften wertvollen Waren – immer wieder Ziel von Piraten. Wir wurden vor derartigen Überfällen verschont und konnten uns an den Sehenswürdigkeiten in Natur und Stadt erfreuen.

Die »Maxim Gorki« ankerte in Aruba, einem schmucken Inselstädtchen, das zwar zu den Niederlanden gehört, jedoch absolute Autonomie genießt. Unser Zielhafen war Caracas, Hauptstadt von Venezuela, ein quicklebendiger Ort mit vielen Juwelierläden, Ziele der Begierde unserer weiblichen Mitpassagiere, Hanna-Marie inklusive. Der Sitz des Präsidenten war im Zentrum der Stadt. Beeindruckend war das enorme Bolivar-Denkmal, des Befreiers mehrerer Staaten Südamerikas, der sich in Peru diese Ehre mit dem General José de San Martin teilte, der mit seinem argentinischen Heer über die Anden zur Befreiung Chiles und dann auch Perus gezogen war.

Auf der Fahrt vom Hafen in die Stadt Caracas kamen wir auch an den Vorstadthügeln vorbei, auf denen Tausende von Menschen in ärmlichen Behausungen ihr Leben fristeten und keinen Anteil an den Segnungen des in Venezuela geförderten Erdöls hatten. Das war keine gute Visitenkarte für das reiche Land.

Die Lufthansa brachte uns von Caracas nach Frankfurt am Main und beendete somit einen Ausflug in die Neue Welt, der uns ein Kaleidoskop von Völkern und Lebensarten brachte. Von der Erinnerung an diese Erlebnisse kann ich noch heute zehren.

Die Mitarbeiter

Als ich Ende 1964 in Berlin meine Geschäftstätigkeit begann, hätte ich zwar Mitarbeiter gebraucht, konnte mir aber Vollzeitkräfte wegen fehlender Mittel nicht leisten. Ich hatte bald erfahren, dass studentische Hilfswerke eine Arbeitsvermittlung eingerichtet hatten, bei der man Studenten zur stundenweisen Abrechnung anfordern konnte. Ich rief also an der Freien Universität Berlin an und bat um Entsendung eines Mitarbeiters für Büro- und Lagerdienste.

Es meldeten sich zwei junge Germanistik-Studentinnen, die drei Mal pro Woche für je drei Stunden zur Arbeit erschienen. Sie kannten sich bald mit den verschiedenen Aufgaben meines Geschäfts aus, was sie zu selbstständigem Arbeiten befähigte. Interessant war ihr weiterer Lebensweg. Hannelore lebte später in London und wurde eine erfolgreiche Schriftstellerin. Die andere junge Dame wurde Mitarbeiterin der Buchhandlung Paul Regitz, die sie dann aus dem Konkurs übernahm und mir Jahre später verkaufte.

Ein griechischer Student aus dem Fach der Betriebswirtschaft der Technischen Universität kümmerte sich in späteren Jahren um meine Buchführung. Leider kehrte mein lieber Student eines Tages nicht mehr aus seinem Griechenland-Urlaub zurück. Ein Esel hatte ihn auf einem steilen Gebirgspfad bei einem Ausflug abgeworfen und so verletzt, dass er nicht mehr arbeiten konnte.

Herr Mercado aus Kolumbien studierte Tiefbau an der TU. Es haperte an Mathematik. Er wurde exmatrikuliert, weshalb sein Visum nach drei Monaten ablief. Er fuhr dann nach Spanien und kam nach einem Vierteljahr auf weitere drei Monate nach Berlin zurück. Dieses Spiel wiederholte sich drei oder vier Mal. Seine Arbeit bei mir beinhaltete Botengänge und die Säuberung des Ladengeschäftes und der Lagerräume. Er war ein lustiger, stets hilfsbereiter Bursche. Ein schwarzer Student aus

Haiti, der mir bei der Aufstellung kleiner Kataloge der Sprachenbuchhandlung behilflich gewesen war, schickte mir nach der Rückkehr in seine Heimat die skurrile Bitte, ich möge mich doch in Berlin nach Kapital zur Ausbeutung von Rohstoffen auf seiner Insel umschauen.

Eines Tages stellte sich bei mir eine junge Sprachenstudentin vor. Sie war liiert mit einem Studenten der Völkerkunde, mit dem sie zwei Kinder hatte. Sie brachte diese kleinen Jungen alle vier Wochen mit in meine Buchhandlung, um die Kupfermünzen abzuholen, die ich in der Zwischenzeit aus der Kasse für die Kinder angespart hatte. Dies war immer ein kleiner Festtag. Die junge Frau fand später eine Stelle im Sprachenverlag Langenscheidt.

Ein studentisches Paar, er im Ingenieurstudium, sie in der Publizistik, war jahrelang bei mir im Verkauf und im Lager beschäftigt. Er wurde nach seiner Habilitation erst Angestellter in einem Unternehmen der Müllentsorgung und später selbst Abfall-Unternehmer, während seine Frau an der Freien Universität arbeitete.

Als Student der Pharmazie war Herr L. nicht erfolgreich. Er verpasste wiederholt das Endexamen und wurde exmatrikuliert. Ich schätzte ihn als zuverlässigen Mitarbeiter, der sich sehr gut mit den Dingen meines Geschäftes auskannte, weshalb ich ihn später fest anstellte. Bei der Auflösung meiner Sprachenbuchhandlung übernahm er 1993 mein Buchlager in eigener Regie.

Die Erwähnung der verschiedenen Mitarbeiter in meinem Berliner Betrieb ist mir wichtig, denn sie waren Teil meiner fast dreißigjährigen Geschäftsgeschichte nach der Rückkehr. Es blieb nicht aus, dass ihre Schicksale indirekt, manchmal auch direkt in die Wellen meines Existenzkampfes einbezogen waren. Anders als generell mit den zuständigen Behörden waren meine Erfahrungen mit den jungen Menschen, die ein kleiner Teil des Unternehmens wurden, ausnahmslos positiv. Das Betriebsklima war stets harmonisch, da ich immer darauf achtete, dass jeder Mitarbeiter seine Aufgaben so selbstständig wie nur möglich erfüllen konnte und nicht dem Druck meiner Beaufsichtigung ausgesetzt war.

Leo Baeck Institute

Das Leo Baeck Institute ist eine unabhängige und wichtige Dokumentations- und Forschungsstätte für die Geschichte und Kultur des deutschsprachigen Judentums. In der Zeit der Bemühungen um den Aufbau meiner Buchhandlung nach der Rückkehr aus dem Exil hatte ich auch das Leo Baeck Institute in New York regelmäßig über den Verlauf meiner Bemühungen um Wiedereingliederung unterrichtet. Bei seinem Aufenthalt in Berlin besuchte mich dessen Direktor, Herr. Dr. Fred Grubel, in meinem Geschäft, um sich vor Ort über die Entwicklung zu informieren. Nach New York zurückgekehrt, schrieb er mir: »Ihr ›Kampf ums Recht‹ ist ein erregendes Ereignis. Es hat mir Genugtuung gegeben zu erfahren, dass Sie sind, was man einen ›erfolgreichen Michael Kohlhaas‹ nennen kann, d. h. es ist schoen, dass Sie schliesslich die ersten Erfolge zur Reetablierung Ihrer alten Buchhandlungsfirma trotz aller Widerstaende zu verzeichnen haben.« Per Internet abrufbare Kopien meines Briefwechsels mit Berliner Behörden liegen im Leo Baeck Institute, New York, unter Berthold Winter Collection.

Exilliteratur

Die Auflösung meiner Sprachenbuchhandlung sollte für mich nicht das Ende meiner Aktivitäten im Buchhandel bedeuten. Ich nahm Kontakt mit den Staatsbibliotheken in Westberlin und in der DDR auf, um bezüglich ihrer aktuellen Nachfragen zu eruieren. Die Beschaffungsabteilung im Westen hatte alle ihre Lieferantenkreise schon eng abgesteckt und konnte mir keine Hoffnung auf zusätzliche Einbeziehung in ihre Besorgungsdienste machen. Meine Gesprächspartnerin im Gebäude der Staatsbibliothek der DDR unterhielt sich indes sehr eingehend mit mir, kam auch auf mein Exil in Argentinien zu sprechen und meinte, dass ich zur Besorgung von Titeln, die während der Nazizeit im Ausland gedruckt und vertrieben wurden, eigentlich prädestiniert sei. Da ihre diesbezügliche Sammlung noch prekär sei, gab sie mir den Rat, mich auf diesem Gebiet sachkundig zu machen und der Staatsbibliothek entsprechende Angebote zu unterbreiten. Ich war begeistert von dieser neuen Aufgabe, die meinen Neigungen sehr entsprach, und organisierte umgehend den entsprechenden Einkauf in Deutschland und im Ausland. Zu jenem Zeitpunkt hatte sich unser Enkel Marian entschlossen, mir seinen Computer zu überlassen, da er an einer neuen Version interessiert war. Ich hatte von Computern keine Ahnung. Er stellte mir das Gerät auf den Tisch und brachte mir die wichtigsten Dinge bei. Bald konnte ich Kontakt mit Antiquariatsbuchhandlungen in der ganzen Welt zum Zweck der Büchersuche aufnehmen. Ich korrespondierte mit Institutionen und Bibliotheken im In- und Ausland, die ebenfalls am Erwerb von Exilliteratur interessiert waren. So kontaktierte ich auch die Exil-Abteilungen der Deutschen Bibliothek in Frankfurt am Main und in Leipzig, mit denen dann eine jahrelange und sehr positive Zusammenarbeit begann.

Meine internationale Suche nach Exilliteratur beinhaltete ein breites Spektrum: Belletristik, Kunst, Recht und Naturwissenschaften, sowohl im jeweiligen Original als auch in allen verfügbaren Übersetzungen. Meine Kunden waren hauptsächlich Universitäten, Museen und Institute. Ich führte eine rege Korrespondenz mit Sammlungen in Berlin, Hamburg, Bonn, München, Wien, Innsbruck, New York, Chicago, Los Angeles, London, Stockholm, Amsterdam, Paris und Jerusalem. Jedes halbe Jahr gab ich eine mehrseitige Neuanschaffungsliste antiquarischer Exilliteratur heraus, die ich allen registrierten Interessenten zusandte, stellte Schwerpunktangebote bei runden Geburtstagen der verschiedenen Schriftsteller wie Lion Feuchtwanger, Thomas Mann oder Franz Werfel zusammen und widmete mich auch der »Stillen Emigration«, also den Schriftstellern und Autoren, die zwar mit Berufsverbot während der braunen Diktatur belegt, jedoch nicht ausgewandert waren.

Immer wieder stieß ich auf Autoren und Titel, die mir aus meiner Zeit in Buenos Aires als Sekretär des Literaturagenten und Übersetzers Alfredo Cahn und auch während der Zusammenarbeit mit meinem Vater in dessen Hauslieferung von Leihbüchern vertraut waren. Ich bewegte

Berthold Winter mit seinem Bücherstand beim Bücherfest der Berliner Verleger- und Buchhändlervereinigung auf dem Bebelplatz.
Privatbesitz Berthold Winter

mich in einem Metier, das ganz meinen Kenntnissen und Neigungen entsprach. Das Aufspüren verschwundener Titel aus den Beständen der weltweit etwa tausend Antiquariatslager und die Katalogarbeiten mit wiederentdeckten Schätzen deutscher Literatur waren spannende Aufgaben, die mich als Buchhändler mit innerer Genugtuung erfüllten. Mein »Stand vergessener und verbrannter Bücher« auf dem Bebelplatz neben der Berliner Staatsoper anlässlich einer Ausstellung der Berliner Verleger- und Buchhändlervereinigung erfreute sich regen Zuspruchs. Nur die Autogrammstunden der Politikerin Regina Hildebrandt und des Schriftstellers und Schauspielers Harry Rowohlt zogen dort noch größere Publikumsmengen an.

Auch dieses Kapitel beendete nach acht aktiven Jahren noch immer nicht meine berufliche Laufbahn. Meine Kunden hatten sich allmählich selbst Computer angeschafft, konnten eigenständig ihre Suchen durchführen und waren eines Tages nicht mehr auf meine Dienste angewiesen. Im Alter von 80 Jahren begann ich – nach Abschluss meiner Exilliteraturbemühungen und Auflösung meines nicht unbeträchtlichen Lagers – nochmals andere buchhändlerische Aktivitäten, wovon ich noch berichten werde.

Die Weinmeisterhöhe

Als wir noch in der Wilmersdorfer Darmstädter Straße wohnten, musste sich Hanna-Marie wegen eines Leberleidens in stationäre Behandlung begeben. Eines Tages brachte ihr Eva eine Annonce ans Bett, die für die Vermietung von noch im Bau befindlichen Wohnungen (mit »unverbaubarem Grünblick«) im südlich von Spandau gelegenen Stadtteil Gatow warb.

Hanna-Marie fühlte sich schon etwas wohler, und so beschlossen wir, uns noch am gleichen Tag das angebotene Objekt anzusehen. Das Wasser tropfte noch von den Decken, und man musste auf Brettern vorsichtig von Raum zu Raum balancieren. Es handelte sich um zwei Zimmer im ersten Stock mit Aussicht auf eine mit Bäumen bepflanzte Sackgasse plus zwei Zimmer zur Gartenseite gelegen, wovon mir das größere der beiden sofort zusagte: »Einen solch schönen Raum mit anschließendem Balkon über die ganze Breite der Wohnung wirst du nie wieder finden.« Dort zogen wir Anfang der siebziger Jahre ein. Tini bekam einen Raum an der Vorderseite. Unser Schlafzimmer lag daneben. Das kleinere Zimmer zur Gartenseite hin war für Gabi reserviert, während der große Raum als Speise-, Aufenthalts- und Fernsehzimmer diente. Im Souterrain waren die Garagen. Eva hatte mit ihrem Mann die über uns liegende Wohnung gekauft, sodass sich im ganzen Haus ein reges Familienleben entwickelte.

Die Gegend, in der wir nunmehr wohnten, war ein höher gelegenes Plateau über dem Ufer der Havel, auf dem in früheren Zeiten Spandauer Weinbau betrieben wurde, weshalb bis zum heutigen Tage einige Straßennamen (Weinmeisterhornweg, Küfernsteig, Keltererweg) auf die Vergangenheit hinweisen. Das ganze Viertel bestand aus Villen und Gärten ohne Geschäfte oder Werkstätten. Die Luft war gut und ohne Abgase.

Wir wohnten in Ufernähe und konnten von dort aus wunderbare Spaziergänge direkt am Gestade der Havel durch ein herrliches Waldstück unternehmen. Für die Kinder gab es einen gut bestückten Spielplatz auf dem Weg zur nahen Marina-Lanke Werft. Auf der Spitze des Plateaus, einige Schritte von unserer Wohnung entfernt, hatte man einen wunderschönen Blick in die Landschaft: vor uns die breite Havel – mit dem Strand von Schildhorn inmitten des Grunewalds auf dem gegenüberliegenden Ufer – und ein weites Fluss- und Waldpanorama, das sich von Spandau im Norden bis zum Wannsee im Süden erstreckte und aus dem in der Ferne noch der rote Kaiser-Wilhelm-Gedächtnisturm hervorschimmerte. Es war zwar noch Berlin, erschien uns aber fast wie ein Urlaubsort.

Büchersuche

Die Detektivarbeit zur internationalen Suche nach verschwundener Exilliteratur hatte sich, wie berichtet, nicht mehr gelohnt. Aber das Gros der Privatkundschaft hatte Anfang des Millenniums noch keine Computer, und so machte ich mich daran, meine Erfahrungen bei der Büchersuche der Allgemeinheit zur Verfügung zu stellen. Ich inserierte in den auflagenstärksten Zeitungen der Bundesrepublik, der Schweiz und Österreichs und bot meine Dienste zur Suche nach verlorenen und nicht mehr auffindbaren Büchern an.

Hier eröffnete sich mir ein bislang ungeahntes Feld kleinster Verdienstmöglichkeiten, die in ihrer Summe aber stattliche Beträge abwarfen. Das Angebot meiner Dienste beinhaltete die kostenlose Forschung nach gewünschten Titeln in jeder beliebigen Menge und Besorgungen bzw. Lieferungen nur nach vorheriger Übereinkunft über Preis und Beschaffenheit der gefundenen Titel. Für meine Suchen standen mir sämtliche Antiquariatsbuchhandlungen in der ganzen Welt, mit denen ich über das Internet in Kontakt kommen konnte, zur Verfügung. Ich übersandte ihnen meine wöchentlichen Suchlisten per E-Mail und unterhielt bald mit Buchfreunden in den deutschsprachigen Ländern, die für ihre Privatsammlungen oder auch für Studien- und Forschungszwecke nach im Handel schwer auffindbaren Titeln suchten, eine rege Korrespondenz. Diese Tätigkeit erfüllte mein Leben mit Sinn. Es erreichte mich so manch glückliches Dankesschreiben, wenn ich ein gewünschtes Buch, nach dem der Kunde sehr gesucht hatte, letztendlich entdecken konnte.

Da war zum Beispiel eine Ärztin, die erst in späten Jahren über Dritte einen nebulösen Hinweis darüber bekommen hatte, dass ihr Vater während des Zweiten Weltkrieges offensichtlich ein Agent des deutschen und später auch des französischen Geheimdienstes gewesen war. Sie hatte mein Inserat in einer Stuttgarter Zeitung gelesen und beauftragte mich, möglichst Biografien und Berichte zu ermitteln, aus denen die Tätigkeiten ihres Vaters, der sich nach dem Krieg als bescheidener Kaufmann im Schwäbischen niedergelassen hatte, ersichtlich waren. Die Frau Doktor bekam durch meine Dienste im Laufe einiger Wochen an die zwanzig deutsche, französische und englische Bücher, die ihr die Augen über ihren Vater öffneten, der im Zweitem Weltkrieg für Leben und Tod vieler Mitmenschen mitverantwortlich gewesen war. Im Zivilleben des Nachkriegs hatte er jedoch die Rolle des biederen Vaters gespielt, ohne seiner Familie je etwas über seine wahren Tätigkeit erzählt zu haben.

Oder der Wunsch einer Hausfrau, die ein Buch aus ihrer Kindheit, das sie liebte, einer Freundin geliehen hatte, die das Exemplar aber verloren hatte. Ich machte den gewünschten Titel in Australien ausfindig. Die »Wiedersehensfreude«, telefonisch durchgegeben, war umwerfend.

Die verschiedenen Inhalte der schwer zu beschaffenden Titel zwangen mich, mich mit vielen menschlichen Interessengebieten vertraut zu machen, um meiner Aufgabe gerecht werden zu können. Das waren medizinische, schöngeistige und künstlerische Themen jeder Art oder geschichtliche Bücher, Berichte von den Nürnberger Prozessen, vom französischen Widerstand, dann natürlich auch Sachtitel und alte Kochbücher etc. Die Suchpalette war so bunt wie das Leben selbst.

Privates

Hanna-Maries Töchter wurden bisher immer nur am Rande erwähnt. Tatsache ist jedoch, dass sie in der zweiten Hälfte meines Lebens eine unübersehbare Rolle gespielt haben. Sie waren für mich all die Jahre, als wären Sie meine eigenen Töchter. Ich erlebte mit ihnen alle Freuden und Leiden eines Vaters.

Die Älteste, Eva-Marie, Jahrgang 1950, heiratete nach bestandenem Jurastudium einen Bankkaufmann. Ihren Sohn Marian nahmen wir, Hanna-Marie und ich, einige Jahre unter unsere Fittiche. Nach ihrer Scheidung heiratete sie einen Arzt, hatte dann noch zwei Kinder und wurde Richterin in Berlin.

Gabi, Jahrgang 1951, studierte Fremdsprachen und heiratete einen Immobilienkaufmann. Das Ehepaar hat eine Tochter. Die Familie liebt das Landleben mit Pferden, Kleinvieh und Hunden, hat sich am Rande Berlins auf einer Parzelle mit anschließendem Waldstück niedergelassen und züchtet schottische Hochlandrinder.

Die Jüngste, Tini, Jahrgang 1961, hat Jura in Berlin und München studiert, ist Prokuristin in einem Züricher Unternehmen. Sie hat einen Mathematiker geheiratet, der als selbstständiger Fachmann für elektronische Datenverarbeitung tätig ist. Die Familie bewohnt mit ihren zwei Kindern und zwei Hunden ein schmuckes Häuschen mit Garten in einem schweizerischen Dorf.

Unser Familienleben war immer lebendig, aber nicht immer ohne Spannungen. Nach Hanna-Maries Tod gab es Meinungsverschiedenheiten, die bis heute leider nicht ausgeräumt werden konnten.

Hanna-Marie war als ehemalige Schülerin einer Höheren Handelsschule in Chemnitz in geschäftlichen Dingen sehr bewandert. Sie hatte zwanzig Jahre meine Geschäftsbücher geführt und damit Einblick in die defizitäre Lage meines Geschäftes in dieser Zeit. Sie bot mir wiederholt an, sich finanziell an meiner Buchhandlung zu beteiligen, was ich jedoch standhaft ablehnte. Ich wollte die Behörden zur Erfüllung der juristischen und politisch-moralischen Verbindlichkeiten mir gegenüber zwingen und es nicht zulassen, dass die öffentliche

Verantwortung letztlich auf das Vermögen meiner Lebensgefährtin abgewälzt wurde.

Dies wiederum gab wiederholt Anlass zu Zerwürfnissen zwischen uns, da Hanna-Marie der Meinung war, dass man den früheren Dingen nicht weiterhin nachhängen, sondern endlich einen Schlussstrich unter begangenes Unrecht ziehen sollte. Ich war für meinen Teil noch nicht bereit, einen solchen Schlussstrich zu ziehen. Zu groß und schmerzlich war das angerichtete Unrecht an so vielen Unschuldigen im Dritten Reich, das zu einem gewiss kleinen Teil auch mich getroffen hatte.

Zu großer Dankbarkeit bin ich Hanna-Marie jedoch verpflichtet, weil sie in dem Moment, als sich die Berliner Schulverwaltung zur Unterstützung meines Eingliederungsverfahrens entschlossen hatte, mir bei der Vorfinanzierung der Aufträge in den ersten Jahren behilflich war, bis ich so weit war, auf eigenen Füßen stehen zu können. Die vorgestreckten Summen betrachtete ich als Darlehen, die nach Abwicklung der Schulbuchlieferungen automatisch zurückgeführt werden sollten.

Rolf Kralovitz

Eines Tages erhielt ich den Anruf eines Herrn Rolf Kralovitz. Er erzählte mir, dass er als Minderjähriger im Konzentrationslager Buchenwald interniert gewesen sei und über seine dortigen Erlebnisse ein Buch geschrieben habe. Nunmehr suche er einen Vertrieb für sein Werk. Es gehe ihm nicht darum, Gewinne zu machen, sondern um die größtmögliche Verbreitung seiner Schilderungen, speziell unter Jugendlichen. Ich bat ihn um die Übersendung eines Exemplars. Seine Erzählung bestach durch die schonungslose Beschreibung von den Zuständen in diesem unmenschlichen Lager, geschrieben ganz ohne Pathos.

Als er mich wieder anrief, machte er mir einen verblüffenden Vorschlag: Er würde mir jede benötigte Menge seines Buches »ZehnNull-Neunzig in Buchenwald. Ein jüdischer Häftling erzählt« vollkommen kostenfrei zur Verfügung stellen und ich könne meine Spesen für die bundesweite Werbung aus den zu erwartenden Verkäufen zu einem bestimmten Preis decken. Wir trafen uns mit dem Ehepaar Kralovitz in Berlin und vereinbarten eine Zusammenarbeit.

Rolf Kralovitz wurde 1925 in Leipzig geboren. Seine gesamte Familie wurde in Auschwitz und im KZ Ravensbrück ermordet. 1943 wurde er in das Konzentrationslager Buchenwald verbracht. Nach der Befreiung kehrte er zunächst nach Leipzig zurück und wurde Schauspieler, bevor er 1946 nach München ging und in einem Kabarett arbeitete. 1949 wanderte er in die USA aus, ließ sich jedoch 1953 wieder nach Deutschland nieder. Er wurde Fernseh-Produktionsleiter beim Westdeutschen Rundfunk in Köln. Gemeinsam mit seiner Frau Brigitte schrieb er Bücher und produzierte Hörspiele und Dokumentationen.

Die Verbreitung seines Buches hielt ich für eine sehr wichtige politische Aufgabe, die bald zu meiner vordringlichsten geschäftlichen Tätigkeit wurde. Ich stellte einen Plan zum Vertrieb des Buches auf, sandte Ansichtsexemplare an alle bundesdeutschen Schulministerien und Schulämter mit entsprechenden Anschreiben, bot Klassensätze zu verbilligten Preisen in Gymnasien und Fachschulen quer durch die Republik an und erreichte derart, Hunderte Klassensätze zu verkaufen. »ZehnNullNeunzig in Buchenwald. Ein jüdischer Häftling erzählt« wurde ein sehr erfolgreiches Buch.

Schüler einer Abiturklasse im Ruhrgebiet arrangierten einige Episoden des Buches als kurze Theaterszenen, die sie in öffentlichen Verkehrsmitteln während der jeweiligen Fahrten zwischen zwei Haltestellen mit verteilten Rollen aufführten, um Mitfahrer an die Verfolgung im Nazistaat und die Konsequenzen zu erinnern. Es hat mich sehr gefreut, als ich bei Amazon eine Kundenmeinung über dieses »Theater in der S-Bahn« gefunden habe. Sie ist es wert, auch hier auszugsweise veröffentlicht zu werden:

»Die Bühnenfassung ist in zweierlei Hinsicht interessant. Zum einen, weil die Inszenierung modern ist und darauf ausgerichtet, in einer fahrenden S-Bahn stattzufinden. Zum anderen, weil die Bühnenfassung von Schülern ausgearbeitet und umgesetzt wurde. Die szenische Collage enthält, zusätzlich zur exakten Bühnenfassung, spannende

Informationen zum Erarbeitungsprozess. Beleuchtet wird dabei die Arbeit mit und von den Schülern, aber auch auftretende Probleme bei der Umsetzung eines Stückes in der S-Bahn und Lösungen. [...] Im Schlussteil der Collage sind noch Abdrucke einiger Zeitungsartikel, über die zahlreichen Aufführungen, enthalten. [...] Mich hat sehr beeindruckt, an was für einen schwierigen Stoff sich die Schüler mit ihrem Lehrer rangewagt haben, und was sie daraus gemacht haben. Es gibt einem das Vertrauen in die Lehrerschaft zurück, wenn man sieht, wie ein engagierter Lehrer seine Schüler mitreißt und zu solchen außergewöhnlichen Leistungen motiviert. Dieses Buch ist nicht nur für Menschen empfehlenswert, die sich mit dem Holocaust oder Nationalsozialismus beschäftigen, sondern auch für Theaterinteressierte, die sich für die Umsetzung einer Inszenierung in der S-Bahn begeistern können, und natürlich für Schüler und Lehrer, die es der Theatertruppe des Essener Helmholtz-Gymnasium gleichtun wollen.«

Familie und Freunde

Hanna-Marie stammte aus der Familie des einst im Erzgebirge ansässigen Textilunternehmers Bahner. Dessen Nachkommen waren weit verstreut, was sie nicht abhielt, jedes zweite Jahr ein großes Familientreffen zu arrangieren, das jeweils am Wohnort eines der zahlreichen Verwandten stattfand. Es kamen dann bis zu 150 Familienangehörige zusammen, die sich immer noch etwas Neues zu berichten hatten. Auf diese Weise trafen wir regelmäßig vertraute Gesichter in einer freundschaftlich-festlichen Atmosphäre, wie ich sie bislang nicht gekannt hatte. Altersbedingt ebbten diese Treffen später langsam ab.

Für Hanna-Marie und mich hatte die Freundschaft mit Gisela und Hermann eine große Bedeutung. Er war Ingenieur bei Siemens, Spezialität Aufbau von Radio- und Fernsehsendern mit mannigfaltigen Aufgaben in Entwicklungsländern. Sie hatten sich beim gemeinsamen Arbeitgeber kennengelernt und wohnten oberhalb des Halenseeufers in einer schönen Etage mit Blick auf Strand und See. Hermann hatte zwei

Leidenschaften: Motorradfahren und klassische Musik. Wir besuchten uns oft gegenseitig, wobei das Thema Musik meist im Vordergrund stand. Als die beiden älteren Töchter den Motorradführerschein gemacht hatten, kaufte er ihnen zwei Motorräder, und die ganze Corona ratterte gemeinsam u. a. nach Spanien und Portugal: Vorneweg Papa und die beiden Älteren, hinterher fuhren Mutter und die kleinere Tochter im Auto mit Proviant und Kleidung. Ein herrlicher Anblick.

Wir unternahmen mit Gisela und Hermann eine wunderschöne Reise nach Toledo, an die Wirkungsstätte von El Greco, an den europäischen Ort, an dem sich die Kulturen von Arabern, Christen und Juden gemeinsam entwickeln konnten.

Gisela und Hermann haben vor einigen Jahren ihre letzte Reise angetreten und eine große Lücke, nicht nur bei uns, hinterlassen.

Argentinien an Weihnachten

Weihnachten fällt in Buenos Aires in die Sommerzeit. Bei Temperaturen um die dreißig Grad kommt für den Mitteleuropäer keine echte Weihnachtsstimmung auf, denn er assoziiert dieses Fest mit Kälte und Schnee. Wenn die Hitze gepaart ist mit drückender Schwüle, dann muss er alle Gedanken auf das Kalenderblatt des 24. Dezember konzentrieren, damit er halbwegs fröhlich »O Tannenbaum« mitsingen kann.

Ende der 1940er-Jahre waren wir zu Weihnachten vom subtropischen Klima in Buenos Aires nach Mar del Plata am Südatlantik geflohen, um dort wenigstens etwas Abkühlung im Meer genießen zu können. Wir gingen am 24. Dezember gegen 23 Uhr zur Mitternachtsmesse. Die Kirche war, wie man in Deutschland sagt, »gerammelt voll«. Es war schwer, auch nur einen Stehplatz zu ergattern. Man sah nichts, denn das Innere der Kirche war in völliges Dunkel gehüllt. Kurz vor Mitternacht waren alle Gebete und Gesänge verstummt, man hörte keinen Laut mehr außer dem Geräusch der nahen Meereswogen.

Und plötzlich änderte sich alles simultan wie mit einem Paukenschlag: Das Kirchenschiff wurde in gleißendes Licht getaucht, die Orgel fing brausend und dröhnend an zu jubeln, die bislang verschlossene Straßentür der Kirche wurde aufgerissen und herein stürmte der Pfarrer mit der Puppe des Jesuskindes auf dem Arm. Mit fliegender Soutane lief er durch das Mittelschiff zum Altar, wo die Krippe im angedeuteten Stall auf das Neugeborene wartete, das er dort hineinlegte.

Die Szene wurde von jubelnden Chören begleitet. Einen so beeindruckenden Heiligen Abend hatte ich noch nie erlebt. Er ist bis heute für mich der Inbegriff eines fröhlichen Kirchenfestes. Freunde und Verwandte feierten gemeinsam den Heiligen Abend. Man besuchte sich gegenseitig; man saß auf der Terrasse, im Garten oder auf dem Balkon, um vielleicht doch noch einen Luftzug in freier Luft zu ergattern, und feierte in festlicher Gemeinsamkeit. Jeder hatte ein kleines Geschenk für den Nächsten mitgebracht: eine angenehm duftende Seife, ein gutes Buch, ein Fläschchen Kölnisch Wasser oder einige Süßigkeiten, weiter nichts.

Die Kinder wurden am 6. Januar beschenkt. Zu diesem Zweck bekamen die Spielwarengeschäfte die Erlaubnis, ihre Waren am 5. Januar bis 24 Uhr auf dem Gehweg vor dem Laden auszustellen. Und so sah man viele Eltern mit ihren Kindern noch kurz vor Mitternacht, um auf der Straße die Geschenke auszusuchen. Am nächsten Tag wurden die Kinder immer wieder gefragt, was ihnen denn die Könige als Geschenk gebracht hätten. Eine Geschenkorgie, wie ich sie nach meiner Rückkehr nach Berlin erlebt habe, gab es damals in Argentinien nicht. Weihnachten war in Argentinien das Fest der Bescheidenheit, das Fest vom Stall in Bethlehem.

April 1993

Die beiden Teile Deutschlands hatten zueinander gefunden, bekamen das Plazet der »befreundeten« Mächte aber nur, wenn auch die Belange der früheren NS-Verfolgten adäquat geregelt würden. Dies zu berücksichtigen, hatten sich beide Vertragspartner verpflichtet. Aus diesem Politikum ging das »Bundesamt für zentrale Dienste und offene Vermögensfragen« hervor.

Mein Rechtsanwalt in Entschädigungsdingen bat mich um Unterlagen, um entsprechende Anträge stellen zu können. Ich besaß aber keine Dokumente mehr, da Exil und Krieg alle Zeugnisse zerstört hatten und unser früheres Ladengeschäft in der Berliner Invalidenstraße dem Erdboden gleichgemacht worden war. Also bezog sich die neue Behörde auf die Verhandlungen meines verstorbenen Vaters mit der Wiedergutmachungsbehörde des Landes Berlin, die fast nichts erbracht hatten, und pauschalierte meine Entschädigung auf etwa 12 000,- Euro, die ich auf Empfehlung meines Anwaltes dann auch akzeptierte, um nicht in das jahrelange Dickicht schleppender Prozesse mit ungewissem Ausgang zu geraten. Ursprünglich hatte ich unseren Schaden inklusive Zinseszins, wie in der Berechnung von Schulden üblich, auf einen beträchtlichen Wert geschätzt, speziell die gestohlenen und die vielen bei der Flucht im Stich gelassenen Werke der unter den Nazis indizierten Autoren, deren wenige noch erhältliche Exemplare nunmehr hohe Preise auf dem Antiquariatsmarkt erzielt hätten. Als Fachmann konnte ich abschätzen, dass der Wiederbeschaffungswert der im Laden meines Vaters zurückgelassenen Bücher zum Zeitpunkt der Entschädigung mehr als 500 000 Euro betragen hätte.

Es ist das Schicksal der Überlebenden, dass sie die Zahlungen der Gesellschaft dankbar entgegennehmen dürfen. Ihr Wort allein aber genügt nicht.

Heirat

Hanna-Marie Wichmann · Berthold Winter
Wilzenweg 17 · 13595 Berlin
Berlin, d. 7. November 2004

EINLADUNG
Liebe Freundin, lieber Freund,
unserer Einladung möchte ich einige Ergänzungen zum besseren Verständnis voranstellen:

Es ist wirklich erstaunlich, welch ungewöhnliche Schicksalswege vielen Menschen des zwanzigsten Jahrhunderts bereitet wurden. So war auch mir der seinerzeitige Aufenthalt in Argentinien vom Deutschen Reich durch Existenzentzug aufgezwungen worden.

Meine Heirat und auch spätere Scheidung wurden in Buenos Aires nach argentinischen Gesetzen durchgeführt. Nach meiner 1964 erfolgten Rückkehr nach Berlin wurde eine 1970 beantragte Anerkennung des Scheidungsurteils (zum Zwecke der Heirat mit Hanna-Marie) abgelehnt mit der Begründung, dass die s. Zt. In Argentinien ausgesprochene Scheidung lediglich die Separation der Eheleute beinhaltete, der Ehebund aber nicht aufgelöst war. Die damals in Argentinien geltende Scheidung, deren Modalitäten den Forderungen der römisch-katholischen Kirche hinsichtlich der Unauflöslichkeit der Ehe entsprachen, stimmte also nicht mit der deutschen Rechtsauffassung überein; so mussten wir seitdem in »wilder Ehe« miteinander leben. Meine frühere Ehefrau ist im Mai 2003 verstorben; daher beantragte ich im April 2004 die neuerliche Überprüfung meines Familienstandes durch die Berliner Justizverwaltung. Diese ergab vorige Woche das lapidare Ergebnis, dass jetzt kein Ehehindernis mehr besteht, weshalb Hanna-Marie und ich endlich am 19. November heiraten werden.

Wir laden dich sehr herzlich ein, mit uns dieses mehr als ungewöhnliche Ereignis im Restaurant »Don Giovanni«, Bismarckstr. 28 – neben der Deutschen Oper – am 19. November ab 18 Uhr zu feiern.

Unsere Einladung enthält die aufrichtige Bitte, von Geschenken Abstand nehmen zu wollen, denn wir sind glücklich und zufrieden, nach 34-jähriger Wartezeit eine familiäre Normalität erreicht zu haben. Die ist für uns ein zwar spätes, aber mehr als ausreichendes Geschenk des Schicksals.

Berthold und Hanna-Marie

Argentinien und die Falklandinseln (Malwinen)

In der Zeitschrift »Newsweek« erschien am 10. März. 2010 ein Artikel des argentinischen Außenministers Jorge E. Taiana:

»Der Souveränitätsstreit um die Malwinen, Südgeorgien und die Südlichen Sandwichinseln sowie die sie umgebenden Seegebiete lebte wegen der einseitig und illegal von Großbritannien im Gebiet der ebenfalls widerrechtlich von diesem Land besetzten argentinischen Kontinentalplattform durchgeführten Aktionen wieder stark auf. Wir sollten jedoch nicht vergessen, dass dieser anachronistische Disput bereits 177 Jahre seit der britischen Usurpation dieses Teil des argentinischen Territoriums andauert.
So wird es von der UNO seit 1965 festgestellt, mittels mehrfacher Stellungnahmen der Vollversammlung und des Entkolonialisierungsausschusses. Sie erkennen ausdrücklich das Bestehen des Souveränitätsstreits an und fordern dessen einzige beiden Parteien – Argentinien und Großbritannien – auf, die Verhandlungen über die Souveränität wieder aufzunehmen.«

Anlässlich der Uraufführung eines Films über die frühere britische Premierministerin Margaret Thatcher kam mir meine argentinische Vergangenheit wieder in den Sinn: Durch meinen Schulbesuch in Argentinien und die in Buenos Aires erworbenen Kenntnissen der argentinischen Geschichte gab es für mich keinen Zweifel, dass die Inselgruppe der Malwinen im Südatlantik argentinisches Eigentum war, als britische Kanonenboote Anfang des 19. Jahrhunderts dort aufkreuzten, die vor der Verwaltung wehende argentinische Flagge herunterholten, sie durch den Union Jack ersetzten, die ansässige Bevölkerung verjagten und den amtierenden Gouverneur unter Machtmissbrauch nach Montevideo brachten.

Argentinien ist Gründungsmitglied der Vereinten Nationen und hatte sich als solches verpflichtet, seine Ansprüche jedweder Art mit friedlichen Mitteln zu betreiben. Die Militärregierung in Buenos Aires hatte sich dennoch Anfang der 1990er-Jahre entschlossen, die Inseln militärisch zu besetzen, was die britische Regierung unter Frau Thatcher veranlasste, die Marine in den Südatlantik zu entsenden, um dem argentinischen Coup ein blutiges Ende zu bereiten.

Meine Einstellung zu Großbritannien ist zwiespältiger Natur. Im Vordergrund steht erstens die Tatsache, dass wir das parlamentarische System zusammen mit der Bill of Rights als Vorstufe zu unserer demokratischen Staatsordnung von England geerbt haben. Zweitens wird der heroische Einsatz der britischen Truppen gegen das Hitlerregime unvergessen bleiben. Andererseits stehen dem Respekt die Ausuferungen der Piraten- und Kolonialpolitik der Vergangenheit im Wege. Ein zwiespältiges Gefühl.

Meine Liebe zu Argentinien, dem Land, das mich in meiner größten Not aufgenommen und mein Überleben ermöglicht hat, macht mich nicht blind gegenüber den unmenschlichen Exzessen seiner Militärdiktatur und seinen internationalen Fehlern. Dass sich aber Deutschland, das erst vor wenigen Jahrzehnten von der Zwangsherrschaft befreit worden war, den Wirtschaftssanktionen gegen Argentinien, das sich von der früheren britischen Vergewaltigung – wie auch immer – befreien wollte, anschloss und die hiesige Presse fast einseitig in das britische Horn blies, war für mich, der ich nun wieder in Deutschland lebte, nicht mit Stillschweigen hinnehmbar.

Ich traf mich daher mit meinem Freund, dem argentinischen Generalkonsul in Berlin, und schlug ihm einen kleinen Plan vor, den ich aus Dankbarkeit für den in der Vergangenheit erwiesenen Schutz in die Tat umsetzen wollte und dem er sein Einverständnis gab. Ich machte mich also hinsichtlich der deutschsprachigen historischen und politischen Literatur über das Thema Falklandinseln kundig, stellte ein Angebot der lieferbaren Veröffentlichungen zusammen – mit einem kurzen Abriss über den realen Ursprung und die Entwicklung des kolonialen Unrechts – und versandte Kopien meiner Broschüre an alle Mitglieder des Deutschen Bundestages, an alle bundesdeutschen Ministerien, an die deutschen Mitarbeiter in der Europäischen Gemeinschaft und an die wichtigsten Verlagshäuser.

Zu unserer Überraschung wurden die von der Bundesregierung verfügten Sanktionen gegen Argentinien kurze Zeit später eingestellt. Vielleicht hat meine Pressekampagne ein klein wenig dazu beigetragen. Vom Konsulat der Republik Argentinien erhielt ich am 26. April 1982 folgenden Brief (meine Übersetzung):

»Mit meinem Respekt,

gerne bestätige ich den Empfang Ihres Rundbriefes vom 20. d. M. zusammen mit einigen Abzügen Ihres Prospektes ›Islas Malvinas‹. Ich möchte Ihnen meine persönliche Anerkennung hinsichtlich Ihres Verständnisses und Ihrer Sympathie bezüglich der Position meines Landes, wie sie aus Ihrem Brief ersichtlich sind, und auch wegen Ihrer ausdrücklichen Solidarität mit dem argentinischen Volk in seinen aktuellen Umständen zum Ausdruck bringen. Gleichzeitig übermittle ich Ihnen einen Scheck über DM 43,– zum Kauf eines Exemplars des Buches von Dr. Weber für die Bibliothek dieses Konsulats. Ich wäre Ihnen außerdem dankbar, wenn Sie uns weitere 50 Abzüge Ihres Prospektes zur diesseitigen Verteilung übersenden würden.
Ich grüße Sie hochachtungsvoll
Enrique Rubio
Generalkonsul«

Die Botschaft der Republik Argentinien schrieb mir am 2. Juli 1982 (meine Übersetzung):

»Mit meinem größten Respekt,

Nachdem der Krisenmoment, der die ganze Konzentration praktisch aller Anstrengungen dieser diplomatischen Vertretung in Anspruch genommen hat, nunmehr vorüber ist, will ich nicht noch mehr Zeit verstreichen lassen, um für Ihre Haltung während der erwähnten Gelegenheit, wie sie aus Ihrem Rundbrief vom 20. April 1982 ersichtlich ist, zu danken.

Ihr Wunsch, das Ungleichgewicht, das sich aus der von der großen Menge der Medien übernommenen Position ergeben hat, auszugleichen, die Meinung, die Sie von der Bevölkerung meines Landes haben, und der Ausdruck der Solidarität mit dieser sind in jeder Hinsicht sehr lobenswert.
Stets gerne zu Ihren Diensten, grüße ich Sie hochachtungsvoll
Eduardo Pellegrini
Botschaftssekretär«

Berthold Winter und seine Lebensgefährtin Edeltraud Sturmheit als Gäste des argentinischen Botschafters in Berlin, März 2012. Thema des Gesprächs war der Einsatz von Berthold Winter zugunsten Argentiniens während des Malwinen-Krieges.

Wir werden langsam älter

Hanna-Marie und ich kamen in die Jahre, und so häuften sich die notwendigen Reparaturen am Skelett und an den Organen. In den ersten Jahren unseres Lebens an der Weinmeisterhöhe besuchte uns des Öfteren eine wunderbare Ärztin fortgeschrittenen Alters, Frau Dr. Heilbrun, die ihre Praxis im ersten Stock eines kleinen, in Gatow gelegenen Wohnhauses hatte. Bewaffnet mit ihrer unverwüstlichen Hebammentasche, musste sie mal Hanna-Marie, mal mich behandeln.

Die Ortschaft Gatow, einst ein Ausflugsgebiet der Berliner, gehörte eigentlich zu Seeburg im Landkreis Potsdam Mittelmark. Dort hatte die deutsche Luftwaffe einst einen Flugplatz mit Kasernen und sonstigen Einrichtungen gebaut. Nach dem Zweiten Weltkrieg beanspruchten die Briten den Flugplatz Gatow samt Umgebung für ihre Aufgaben. Gatow und die Nachbarortschaft Kladow wurden in den Westberliner Bezirk Spandau eingemeindet und gehörten seitdem zu Berlin. Während des jährlichen Urlaubs ließ sich Frau Dr. Heilbrun von Gerd Teicher, einem tüchtigen Chirurgen und Arzt der Allgemeinmedizin, vertreten. Als sich Frau Dr. Heilbrun später zurückzog, übernahm Herr Teicher die Praxis und setzte die Hausbesuche fort. Er kam regelmäßig auch zu uns und sorgte für unsere gesundheitliche Ordnung.

Als er eines Tages sah, dass Hanna-Marie mit der Führung des Haushalts überfordert war und ich deshalb einen Großteil der täglichen Aufgaben übernommen hatte, riet er uns, stundenweise die Hilfe von Edeltraud, einer erfahrenen Altenpflegerin aus seinem Bekanntenkreis, für die gröbsten Hausarbeiten und den medizinischen Beistand in Anspruch zu nehmen. Edeltraud ging damals gerade in Rente. Sie stellte sich bei uns vor und bot Nachbarschaftshilfe an. Ihre Aufgaben wollte sie ehrenamtlich und nur gegen Erstattung der anfallenden Fahrtkosten wahrnehmen.

Edeltraud genoss bald Hanna-Maries Freundschaft und wurde allmählich Teil unseres Lebens. Sie pflegte sie gemeinsam mit mir bis zu Hanna-Maries Tod. Edeltraud sorgte dafür, dass sich der unser Alltag während der letzten schweren Jahre in absoluter Harmonie gestaltete. Wir gönnten uns keinen Urlaub und waren tagtäglich nur für unsere Kranke da. Wir bekamen gelegentlich Hilfe von Hanna-Maries Jugendfreundin Helene und Kusine Ingrid, die in entlegenen Bezirken Berlins wohnten und uns jeweils für ein paar Stunden ablösen konnten.

Als Edeltraud eines Morgens bei uns erschien, sah sie mich völlig geschwächt. Die irrtümliche Dosis eines Medikaments durch einen Nierenarzt, in dessen Behandlung ich mich auf Anraten meines Hausarztes begab, hatte meine Herztätigkeit fast zum Erliegen gebracht. Als Edeltraud kam, lag ich wie ohnmächtig in meinem Bett und konnte mich kaum bewegen. Sie erkannte sofort den Ursprung meines Zusammenbruchs, lud mich kurzerhand in ihren »Smart« und brachte mich eilends in das Spandauer Krankenhaus. Dort stellte man eine lebensbedrohende Krise fest, brachte mich in die Intensivstation und päppelte mich in wenigen Tagen medizinisch wieder auf. Ich war gerettet.

Edeltraud

Edeltraud zeigte uns eines Tages das im Nachbardorf Kladow gelegene kleine Haus, das Herrn Teicher, unserem Hausarzt, gehörte und in dem sie schon seit Jahren – lange auch mit ihrem verstorbenen Ehemann – wohnte. Das Anwesen stand in einem großzügigen, von üppigen Sträuchern und hohen Bäumen gesäumten Garten. Ein kleines Paradies in der Großstadt. Hanna-Marie liebte es, auf der Terrasse ein Sonnenbad zu genießen, während Kater »Ramirez« sich schnurrend von ihr streicheln ließ.

Bald stellte mir Edeltraud während Hanna-Maries letzter schwerer Lebenszeit den Büroraum ihres Häuschens für meine beruflichen und sonstigen Aktivitäten zur Verfügung. Sie kümmerte sich vorbildlich um Hanna-Maries und mein Wohlbefinden, versorgte uns unter der Aufsicht unseres neuen Hausarztes Dr. Langer, der Herrn Teichers Nachfolge angetreten hatte, mit den notwendigen Medikamenten und Anwendungen.

Nach Hanna-Maries Tod im Dezember 2006 waren Edeltraud und ich, trotz des großen Altersunterschiedes von über zwanzig Jahren, übereingekommen, unser weiteres Leben gemeinsam zu gestalten, und so zog ich nach Kladow in das »Kleine Häuschen«. Ich erstand ein Gewächshaus, das ich mithilfe eines befreundeten Nachbarn am

Rande des Gartens aufbaute, und legte einige Staudenbeete an, die uns Jahr um Jahr sehr erfreuen.

Mein Leben hatte, unerwartet und in einer Art, wie ich sie nie erhoffen konnte, eine beschauliche, wundervolle Wende in liebevoller Zweisamkeit mit Edeltraud erfahren und trotz der Trauer um meine jahrelange vertraute Gefährtin Hanna-Marie einer inneren Ruhe und einem bislang unbekannten Gefühl der Geborgenheit Platz gemacht. In dieser Atmosphäre konnte ich nun beginnen, meine Lebenserinnerungen in Episoden aufzuzeichnen.

Helene

Hanna-Maries Eltern bewohnten im sächsischen Lichtenstein eine Villa in der Gegend der Fabrik des Opas. Opa Gustav-Adolph war einer von drei Söhnen des erwähnten Textilfabrikanten im Erzgebirge. Angesichts seiner Chancenlosigkeit im väterlichen Unternehmen zog er es vor, sich in amerikanischen Textilfabriken über die modernsten Herstellungssysteme des 19. Jahrhunderts zu informieren und nach der Rückkehr nach Deutschland seine frischen Kenntnisse in einem eigenen Unternehmen anzuwenden.

Hanna-Maries Mutter war Prokuristin im väterlichen Betrieb, weshalb Hanna-Marie als Kind hauptsächlich von einer Diakonissin namens Emma betreut wurde. Aus dieser Zeit stammte Hanna-Maries Freundschaft mit dem bescheidenen Nachbarkind Helene. Die Freundschaft hielt länger als acht Jahrzehnte. Gemeinsam gingen sie zur Schule, verbrachten ihre Freizeit auf den Bäumen im Garten, in deren Kronen sie sich traute Spielecken eingerichtet hatten, und ihre Ferien an der Ostsee. Sie waren schier unzertrennlich.

Helene hatte Buchhaltung gelernt und war in der Zeit des Zweiten Weltkriegs Angestellte in Hanna-Maries großväterlichem Unternehmen, das zu jener Zeit von Opas beiden Söhnen geleitet wurde. Nach Kriegsende saß Helene unter dem Verdacht, vertrauliche Unterlagen des inzwischen von der DDR enteigneten Unternehmens weitergegeben zu haben, in Untersuchungshaft. Sie wurde aber mangels Beweisen freigelassen und siedelte nach Westberlin über, wo Hanna-Marie inzwischen ihre Zelte aufgeschlagen hatte. Helene arbeitete erfolgreich in ihrem Beruf. Sie war während vieler Jahre Prokuristin in einem großen Berliner Immobilienunternehmen.

Als Hanna-Marie schwer erkrankte, kam Helene regelmäßig, um uns bei der Betreuung ihrer Freundin behilflich zu sein. Nach Hanna-Maries Tod übernahm Helene unseren kleinen Terrier »Ypsi«. Auch Edeltraud und ich halten ständig Kontakt mit Helene. Wir besuchen uns gelegentlich und halten uns auf dem Laufenden über das gegenseitige Wohlergehen.

Madame M.

Die Fremde, eine stattliche Mittfünfzigerin aus der Nachbarschaft, kam in mein Geschäft, um mir ohne Umschweife zu sagen: »Ich liebe Sie«. Ich war völlig überrascht und bemühte mich sehr, ihr eindringlich zu sagen, dass ich glücklich liiert sei und daher keinen Anlass zu einer Änderung meines Privatlebens hätte, worauf sie mir entgegnete, dass auch sie einen Gefährten habe, was sie aber nicht davon abbringen könne, mir ihre Liebe zu erklären. Eine solche Situation hatte ich noch nie erlebt!

Aus dieser eigenartigen Episode entwickelte sich allmählich eine Bekanntschaft und später auch eine Freundschaft. Madame M., eine ausgebildete Altissin, war Mitglied eines Rundfunkchors. Als ihr Mann gestorben war, fragte sie mich, ob sie mir mit Schreibarbeiten, die sie in ihrer Freizeit gerne übernehmen würde, behilflich sein könne. Ich kam eines Tages ihrem Wunsch nach. Und so tippte sie dann gewissenhaft Antiquariatslisten, die ich für meine Exilliteratur-Kataloge benutzen konnte. Intensiv besprachen wir Sonderseiten mit Biografien und Ehrungen bedeutender Schriftsteller, die Deutschland den Rücken gekehrt hatten, und auch der Autoren der »inneren Emigration«.

Nachdem ich meine Buchhandlung in der Kantstraße jedoch aufgelöst hatte und meine Verkaufsaktivitäten nur noch von meinem Privatdomizil aus betreiben konnte, wurden die Kontakte langsam spärlicher, bis sie eines Tages völlig einschliefen.

Ich denke dankbar an die schöne Zeit der Zusammenarbeit mit Madame M. zurück.

Janina

Eines Tages bekam ich den Anruf einer Mitarbeiterin der »Gedenkstätte Haus der Wannsee-Konferenz«, die gerne wissen wollte, ob ich Schüler des ehemaligen Charlottenburger Schiller-Realgymnasiums gewesen sei. Ich bejahte dies, worauf mir die Anruferin erklärte, dass sich Janina, eine Schülerin des jetzigen Schiller-Gymnasiums, an ihr Büro gewandt habe, mit der Bitte, ihr für die Abiturarbeit eventuelle Überlebende des damaligen Realgymnasiums zu nennen. Die Mitarbeiterin der Gedenkstätte hatte sich daher mit der Charlottenburger Schulbehörde in Verbindung gesetzt und von dieser die Kopie einer Liste von Schulabgängern meiner damaligen Klasse erhalten, in der auch meine Umschulung zur Jüdischen Mittelschule vermerkt worden war.

Janina besuchte mich bald danach, um weitere Einzelheiten aus jenen Tagen zu erfahren und mich im Namen ihrer Klasse zu einem Vortrag über die wichtigsten Stationen meines Lebens einzuladen. Ich folgte dieser freundlichen Einladung gerne. Im Zwiegespräch mit den aufgeschlossenen Jugendlichen konnte ich eine unvergessene Stunde erleben, die beredtes Zeugnis ablegte von der politisch-sozialen Wachsamkeit der jungen Generation.

Auf Wiedersehen

»Schreib es auf, notier es!«, sagte mir Edeltraud. »Es ist gut, wenn man erfährt, was ihr alles erlebt habt: Du musst es tun.«

Das war der Imperativ, der mich dazu veranlasste, mein Leben in Episoden aufzuschreiben. Ich habe diesem Wunsch so gut es ging entsprochen. Das Gelebte wieder lebendig werden zu lassen hatte mich, ich muss es gestehen, viele schlaflose Nächte und nachträgliche Emotionen gekostet. Das war der Preis, den ich für meine Erinnerungen bezahlen musste.

Berthold Winter zu Besuch bei mediacampus frankfurt. Er berichtete den zahlreich erschienenen Auszubildenden aus seinem bewegten Leben, Oktober 2010.
© *mediacampus frankfurt*

Einigen befreundeten Personen und Institutionen habe ich meine Episoden zugesandt, um ihr Urteil und ihren Rat zu vernehmen. Ganz besonders danke ich der Gedenk- und Bildungsstätte Haus der Wannsee-Konferenz, die unter ihrem Leiter Dr. Norbert Kampe meine Erinnerungen zum Zwecke der Weitergabe an spätere Generationen gesammelt hat; dem Bund der Verfolgten des Naziregimes, der unter der Verantwortung von Frau Dr. Waltraud Rehfeld seit Januar 2011 meine Texte in seinem Monatsheft »Die Mahnung« publiziert; und den Schulen des deutschen Buchhandels in Frankfurt am Main, in deren Räumen ich Auszubildenden von meinem Leben erzählen durfte.

Der Kreis schließt sich

Als ich vor ein paar Jahren zum Einkauf ins Charlottenburger KaDeWe ging, standen einige ältere Damen mit ihren Sammelbüchsen vor dem Kaufhaus. Sie sammelten für einen wohltätigen Zweck. Ich erkannte unter ihnen sofort die frühere Berliner Schulsenatorin. Ich trat an sie heran, um ihr eine Münze in die Büchse zu stecken, und fragte sie:
»Sind Sie nicht Frau Dr. Laurien?«
»Ja, die bin ich.«
»Ich bin der Buchhändler Berthold Winter.«
»Ach, Sie sind der Herr Winter? Oh, das freut mich aber, dass ich Sie doch noch persönlich kennenlerne!«

Wir tauschten einige Erinnerungen aus, freuten uns beide über dieses zufällige Treffen und verabschiedeten uns mit einer Umarmung.

Diese Umarmung deute ich als Symbol für die Beendigung der jahrzehntelangen Fehde zwischen mir, dem einstmals Ausgestoßenen, und den Behörden der Bundesrepublik. Ich empfinde nunmehr, dass meine Würde wiederhergestellt ist.